"十三五"江苏省高等学校重点教材

电子商务大数据分析

Big Data Analytics in E-Commerce

主　编　曹　杰　李树青
副主编　孙宏亮　杨　帆　蒋　婷

高等教育出版社·北京

内容提要

本书是"十三五"江苏省高等学校重点教材（编号：2019-2-172）。本书共分6章，主要内容包括电子商务与大数据分析导论、数据采集与预处理、轨迹大数据挖掘技术、电子商务欺诈与反欺诈、推荐系统以及案例分析。本书结构清晰，内容新颖，案例丰富，实用性强。

本书可作为高等学校电子商务专业大数据分析课程教材，也可供对电子商务大数据分析感兴趣的管理人员、技术人员及研究人员阅读参考。

图书在版编目（CIP）数据

电子商务大数据分析 / 曹杰，李树青主编. -- 北京：高等教育出版社，2020.12（2023.1重印）
ISBN 978-7-04-054392-6

Ⅰ. ①电… Ⅱ. ①曹… ②李… Ⅲ. ①电子商务-数据处理-高等学校-教材 Ⅳ. ①F713.36②TP274

中国版本图书馆CIP数据核字（2020）第111341号

Dianzi Shangwu Dashuju Fenxi

| 策划编辑 | 刘 艳 | 责任编辑 | 孙美玲 | 封面设计 | 李卫青 | 版式设计 | 马 云 |
| 插图绘制 | 于 博 | 责任校对 | 张 薇 | 责任印制 | 朱 琦 | | |

出版发行	高等教育出版社	网　　址	http://www.hep.edu.cn
社　　址	北京市西城区德外大街4号		http://www.hep.com.cn
邮政编码	100120	网上订购	http://www.hepmall.com.cn
印　　刷	涿州市京南印刷厂		http://www.hepmall.com
开　　本	787mm×1092mm 1/16		http://www.hepmall.cn
印　　张	13		
字　　数	280千字	版　　次	2020年12月第1版
购书热线	010-58581118	印　　次	2023年1月第2次印刷
咨询电话	400-810-0598	定　　价	29.00元

本书如有缺页、倒页、脱页等质量问题，请到所购图书销售部门联系调换
版权所有　侵权必究
物　料　号　54392-A0

前言

在电子商务大数据的各个应用分析领域中,人们最熟悉的就是个性化用户服务。借助海量用户访问和消费形成的大数据资源,电子商务平台可以建立"千人千面"的个性化服务模式,并实现对每一个用户的个性化导购、个性化界面呈现和商品推荐服务,最终实现电子商务平台服务变革、商家销售额增长、用户满意度提高的多赢共利局面。

其实,电子商务领域中的大数据分析应用远远不止这些。比如,在线上线下一体化的O2O电子商务模式中,通过轨迹大数据挖掘技术和多渠道知识融合方法,不仅可以进行室内空间建模、用户驻留点定位及行走路径推测,还可以结合用户线下行为模式及其时空特性,进行不同类型室内场景中线下行为与购买动机、购买决策、策划活动之间的关联及相互影响分析。再比如,对于以社交互动为特点的电子商务应用领域,大量的恶意买家也对整个行业生态产生了巨大的不利影响,尤其是网络水军通过发布虚假评论来影响某件商品的评论走势,最终影响用户的购买决定,为其雇主或自身带来不正当的商业利益。而借助基于评论数据识别虚假评论的半监督方法,就可以实现有效的机器识别功能。以上内容都会在本书中详细介绍。

同时,我们也注意到,很多读者在学习电子商务大数据分析原理和方法时,缺乏相应的实践指导,所以本书融入了大量应用案例。本书中的案例主要分为两部分:一是现代电子商务企业的真实应用案例,二是指导读者具体实践的操作案例,这些案例主要采用包括Python在内的各种常见编程语言,结合真实应用场景和分析目标,详细地介绍了相关方法的具体实现过程及其注意事项,为读者掌握相关知识提供了必要的条件。

本书是在作者团队多年讲授相关课程和从事相关课题研究的基础上编写而成的,同时也借鉴了国内外学者的相关研究成果。在理论阐述上力求简洁扼要、深入浅出,在应用介绍上力求清晰、详尽而有针对性。因此,本书是一本适合管理人员、技术人员、相关专业本科生及硕士生学习电子商务大数据分析的参考书。

本书共分6章,由曹杰、李树青、孙宏亮、杨帆、蒋婷、陈俊鹏、蒋伟伟等教师完成,也得到了陈舒畅、丁力、冯昊、徐桂莹、于正一、张明珠、周金林等多名学生的帮助,最后由曹杰、李树青统稿。同时,本书的写作还得到了南京财经大学信息工程学院的大力支持,在此一并表示感谢!

由于作者水平有限,不足之处在所难免,恳请广大读者批评指正。

作 者
2020年8月

目 录

第1章 电子商务与大数据分析导论 1
  1.1 电子商务的定义 2
  1.2 电子商务发展现状 3
    1.2.1 全球电子商务发展现状 3
    1.2.2 国内电子商务发展现状 3
  1.3 电子商务的主要模式 4
  1.4 电子商务的相关概念 6
    1.4.1 电子商务构成要素 6
    1.4.2 电子商务关联对象 8
  1.5 电子商务发展历程 11
  1.6 电子商务中的数据 20
  1.7 大数据简介 21
    1.7.1 大数据时代背景 21
    1.7.2 大数据概念 22
    1.7.3 大数据融合 23
    1.7.4 大数据的分类及国内外研究现状 24
  1.8 电子商务大数据 24
    1.8.1 大数据在电子商务中的应用 24
    1.8.2 O2O电子商务大数据的融合 26
  1.9 本章小结 28
  习题 29

第2章 数据采集与预处理 31
  2.1 数据采集 32
    2.1.1 数据来源 32
    2.1.2 数据分类 32
    2.1.3 采集方式 32
    2.1.4 网络爬虫 34
  2.2 电子商务数据采集 44
    2.2.1 数据来源及分类 44
    2.2.2 电子商务平台数据采集 45
    2.2.3 面临的问题 45
  2.3 数据预处理 46
    2.3.1 数据清理 46
    2.3.2 数据集成 47
    2.3.3 数据变换 49
    2.3.4 数据归约 51
  2.4 综合案例 52
    2.4.1 数据获取 52
    2.4.2 数据分析 55
  2.5 本章小结 60
  习题 62

第3章 轨迹大数据挖掘技术 63
  3.1 轨迹大数据现状与应用 64
  3.2 轨迹数据预处理技术 67
    3.2.1 噪声过滤 67
    3.2.2 驻留点检测 68
    3.2.3 轨迹压缩 69
    3.2.4 轨迹分割 70
    3.2.5 地图匹配 71
  3.3 轨迹模式挖掘技术 72
    3.3.1 伴行模式 72
    3.3.2 轨迹聚类 73
    3.3.3 序列模式 73
    3.3.4 周期模式 74
  3.4 轨迹语义建模和标注 75
    3.4.1 轨迹语义转化 75
    3.4.2 轨迹语义标注 75
  3.5 苏宁云商轨迹大数据实例 76
    3.5.1 研究思路 76
    3.5.2 数据采集 76
    3.5.3 数据预处理 78
    3.5.4 顾客行为分析 80
  3.6 本章小结 84
  习题 86

第4章 电子商务欺诈与反欺诈 87
  4.1 电子商务欺诈 88
    4.1.1 电子商务欺诈定义 88

4.1.2 电子商务欺诈形成原因 …… 88
4.1.3 电子商务欺诈危害 …… 89
4.2 电子商务反欺诈 …… 89
    4.2.1 电子商务推荐系统恶意用户检测 …… 89
    4.2.2 电子商务网站恶意评论用户检测 …… 93
    4.2.3 社会化商务恶意用户检测 …… 96
4.3 基于评论数据识别虚假评论案例 …… 98
    4.3.1 基于评论数据识别虚假评论架构 …… 99
    4.3.2 虚假评论语料库构建 …… 99
    4.3.3 虚假评论识别 …… 100
    4.3.4 基于评论数据识别虚假评论实验 …… 102
4.4 本章小结 …… 103
习题 …… 105

第5章 推荐系统 …… 107
5.1 推荐系统简介 …… 108
    5.1.1 什么是推荐系统 …… 108
    5.1.2 推荐系统实验简介 …… 110
5.2 基于内容的推荐 …… 111
    5.2.1 引例 …… 112
    5.2.2 特征提取 …… 113
    5.2.3 兴趣学习与推荐生成 …… 114
    5.2.4 案例 …… 115
5.3 基于协同过滤的推荐 …… 116
    5.3.1 引例 …… 117
    5.3.2 基于用户的协同过滤推荐 …… 117
    5.3.3 基于物品的协同过滤推荐 …… 119
    5.3.4 案例 …… 121
5.4 基于内容的推荐与协同过滤推荐的对比 …… 122
    5.4.1 基于内容的推荐 …… 122
    5.4.2 协同过滤推荐 …… 123
5.5 大数据时代的推荐系统 …… 124
    5.5.1 基于情境感知的推荐 …… 124
    5.5.2 基于用户行为的推荐 …… 125
5.6 本章小结 …… 125
习题 …… 127

第6章 案例分析 …… 129
6.1 Python开发环境的搭建 …… 129
    6.1.1 Python语言简介 …… 129
    6.1.2 Python程序安装 …… 130
    6.1.3 Anaconda——流行的Python数据科学版本 …… 132
6.2 Python IDE …… 134
6.3 Python数据科学常用库简介 …… 135
    6.3.1 Python库的概念简介 …… 135
    6.3.2 Python第三方库的安装 …… 135
    6.3.3 NumPy库 …… 136
    6.3.4 Pandas库 …… 145
    6.3.5 PyQuery库 …… 156
6.4 Selenium工具 …… 159
6.5 Tesseract OCR引擎 …… 161
6.6 具体案例分析 …… 162
    6.6.1 目标 …… 162
    6.6.2 数据获取 …… 162
    6.6.3 数据处理 …… 171
    6.6.4 数据分析 …… 177

参考文献 …… 195

第1章

电子商务与大数据分析导论

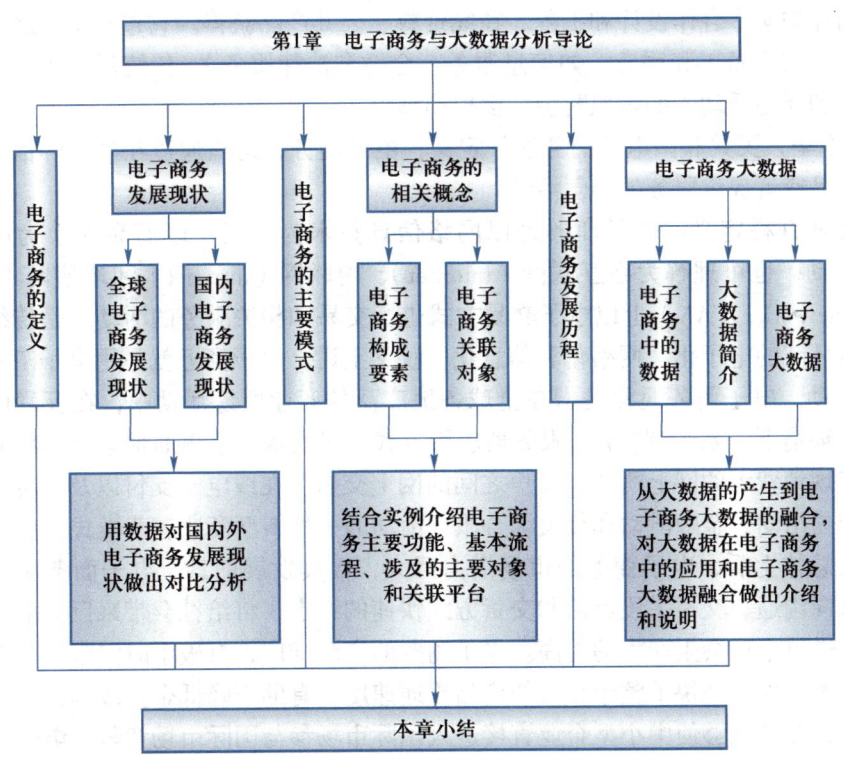

1.1 电子商务的定义

在开放的互联网环境下，买卖双方已经可以通过电子通信手段进行各种商务、贸易等活动。1997年，国际商会在法国巴黎举行了世界电子商务会议，共同探讨了电子商务的概念问题。会议一致认为，电子商务是指对整个贸易活动实现电子化，交易各方以电子交易方式进行各种形式的商业交易。在技术上，电子商务采用电子数据交换、电子邮件、共享数据库、电子公告牌以及条形码等多种技术。随后各国政府、学者、企业界人士均倾向将传统商业活动各环节的电子化、网络化、信息化现象都称为电子商务，并给出不同的定义。

欧洲议会给出的定义是：电子商务是指通过电子方式进行商务活动，它通过电子方式处理和传输数据，包括文本、声音和图像。它涉及许多方面的活动，包括货物电子贸易和服务、在线数据传递、电子资金划拨、电子证券交易、电子货运单证、商业拍卖、合作设计和工程、在线资料、公共产品获得。它包括了产品（如消费品、专门设备）和服务（如信息服务、金融和法律服务）、传统活动（如健身和体育）和新型活动（如虚拟购物、虚拟训练）。

《中华人民共和国电子商务法》定义：电子商务，是指通过互联网等信息网络销售商品或者提供服务的经营活动。

百度百科定义：电子商务是以网络信息技术为手段，以商品交换为中心的商务活动，也可理解为在互联网（internet）、内联网（intranet）和增值网（value-added network，VAN）上以电子交易方式进行交易和相关服务的活动，是传统商业活动各环节的电子化、网络化和信息化，狭义上讲，电子商务就是用电子工具从事商业活动。电子商务通常是指在全球各地广泛的商业贸易活动中，在互联网开放的网络环境下，基于浏览器/服务器应用方式，买卖双方不谋面地进行各种商贸活动，实现消费者的网上购物、商户之间的网上交易、在线电子支付以及各种商务活动、交易活动、金融活动和相关综合服务活动的一种新型商业运营模式。

从总体上看，电子商务的市场潜力巨大，极具发展前景。电子商务所具有的信息双向沟通、交易手段灵活和交货方式快速的特点，将给社会带来巨大的经济效益，促进整个社会生产力的提高。电子商务的广泛推广，打破了时空限制，改变了贸易形态，大大加快了整个社会的商品流通速度，有助于降低企业成本，提高企业竞争力，尤其能够使中小型企业直接进入国际市场参与国际市场竞争。电子商务给消费者提供了更多的选择，提供了更好的便利性，它是商务领域的一场信息革命，对人们的思维方式、经济活动、工作方式和生活方式都将产生根本性的影响。

1.2 电子商务发展现状

1.2.1 全球电子商务发展现状

互联网和电子商务加快全球市场效率提升,使得商品信息更加对称,贸易门槛逐步降低。跨境电子商务给全球贸易格局带来新的变化,世界各国、各地区的经济联系愈发紧密。同时数字经济、人工智能对人类社会和经济产生深刻影响。

全球电子商务市场在过去10多年中快速增长,并且这种势头仍在持续。当前,全球网民人数已达41.57亿,互联网普及率达54.4%,亚洲网民数在全球网民数中所占的比重最高,达48.7%。全球已有7个国家网购用户数量过亿,中国是全球最大的互联网用户市场,网民规模达7.72亿人,互联网普及率达到55.8%。从网购人数增长区域来看,未来几年增长最快的地区将是中东和非洲。2018年,有16亿人至少在网上购物一次。其中,亚太地区网购人数将占全球的一半。2017年,全球网络零售交易额达2.304万亿美元,同比增长24.8%,占全球零售总额的比重由2016年的8.6%上升至10.2%。美国电子商务零售市场位列世界第一,其次是中国,全球电子商务销售额排名前五的网站中,有三家在美国,两家在中国,如图1-1所示,这几家电子商务网站占据了全球大部分的电子商务销售额。

排序	公司	截止时间	电子商务销售额/百万美元	占总销售额比例
1	亚马逊	2016年12月	136 000	90%
2	京东	2016年12月	37 500	100%
3	苹果	2017年9月	31 542	6%
4	阿里巴巴	2017年3月	17 644	90.7%
5	沃尔玛	2017年1月	14 577	3%

图1-1 全球电子商务销售额排名前五的网站

近年来,全球电子商务交易额增速始终明显高于经济增长速度,并且在经济增长总额中占有较大的比例,电子商务已经成为信息时代最有活力的代表之一,对世界经济的发展和文明的进步形成了强大的推动力。

1.2.2 国内电子商务发展现状

2017上半年,中国电子商务交易额达到13.35万亿元,同比增长27.1%。其中,

B2B市场交易额为9.8万亿元,网络零售市场交易额为3.1万亿元,生活服务电子商务交易额为0.45万亿元,各年数据如图1-2所示。2017年上半年,我国电子商务发展仍保持较快增长。政策继续加持,体系已较为完备。随着中国经济转型发展跨入"消费升级"的全新时代,电子商务不断创造着新的消费需求,引发了新一轮的投资热潮,开辟了就业增收新渠道,为大众创业、万众创新提供了空间与舞台。随着行业的积累与沉淀,B2B迎来发展期,B2B将更加有助于传统制造业的发展,电子商务优势明显助力传统产业上下游生态链。2017年以来,国内新零售风行,电子商务巨头向传统零售行业大举扩张,试图以打通线上线下渠道、整合用户数据的方式,给传统零售注入活力。

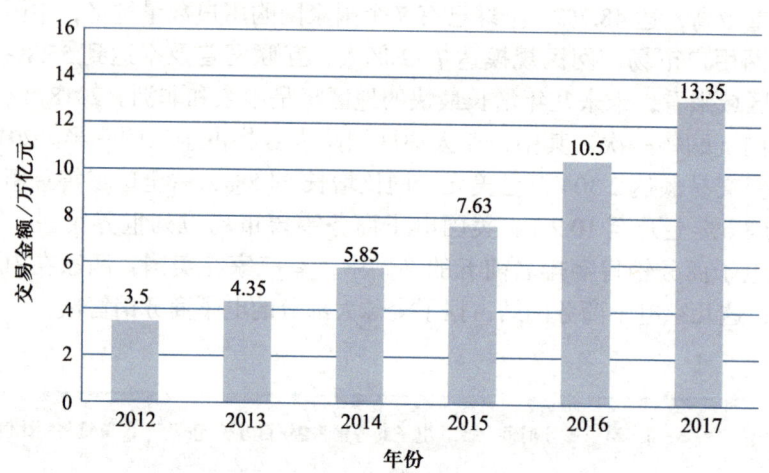

图1-2 2012—2017年中国电子商务市场规模

1.3 电子商务的主要模式

各国政府、学者、企业界人士根据自己所处的地位和对电子商务参与角度和程度的不同,对电子商务给出了不同的定义,一般分为ABC、B2B、B2C、C2C、C2B、O2O、B2G、M2B等模式类型。

(1)ABC(agent-business-consumer)

ABC模式是由代理商(agent)、商家(business)和消费者(consumer)共同搭建的集生产、经营、消费为一体的电子商务平台。商家通过ABC平台发布产品,消费者通过购买ABC平台上的产品而获得积分,积分累加到一定数额,即可提升为"代理商",同时享受购买折扣。成为"代理商"的消费者可向其他消费者推荐ABC平台上的产品,若达成交易,可从中获取提成。同时,当其引荐的消费者购买积分达到成为代理商的要求时,便自动成为其下线成员。典型代表有淘众福等。

(2)B2B(business to business)

B2B是指进行电子商务交易的供需双方都是商家、企业或公司,它们使用了互联网的技术或各种网络商务平台，完成商务交易的过程。这些过程包括发布供求信息、订货及确认订货、支付及票据的签发、传送和接收、确定配送方案并监控配送等。

B2B 电子商务模式是当前电子商务交易模式中份额最大、最具操作性、最容易成功的模式，是当前电子商务的重点，现在已进入新的发展阶段。以信息服务、广告服务、企业推广为主的时代已经渐渐远去，以在线交易、数据服务、金融服务、物流服务等为主的 B2B 电子商务正在快速发展。B2B 电子商务引起了企业供应链的变革，实现了在整个产业乃至全球供应链网络上的增值。典型代表有阿里巴巴、慧聪网、58 同城、货拉拉等。

（3）B2C（business to consumer）

B2C 是指直接面向消费者销售产品和服务的商业零售模式。B2C 电子商务的付款方式是货到付款与网上支付相结合，而大多数企业的配送选择物流外包方式以节约运营成本。随着用户消费习惯的改变以及优秀企业示范效应的促进，网上购物的用户不断增长。B2C 商务模式是近年来各类电子商务模式发展最快的一个模式，互联网为企业与消费者之间搭建了新的桥梁。典型代表有京东商城、天猫商城、亚马逊等。

（4）C2C（consumer to consumer）

C2C 是指消费者个人间的电子商务行为。比如一个消费者有一台计算机，通过网络进行交易，把它出售给另外一个消费者，此种交易类型就称为 C2C 电子商务。它将现实中的"跳蚤市场"移植到网上，建立了一个消费者之间的交易平台，让众多消费者在完全自愿的基础上就转让商品进行一对一交易，一手交钱一手交货，公平、公正地进行竞价。典型代表有闲鱼、淘宝网、eBay 等。

（5）C2B（consumer to business）

虽然 C2B 与 B2C 的差别只是两个对象的顺序调换了一下，但却是两种不同的模式，C2B 以消费者为中心，通常情况是消费者根据自身需求定制产品和价格，或主动参与产品设计、生产和定价，产品、价格等可以彰显消费者的个性化需求，生产企业则据此进行个性化、定制化生产。典型代表有网易印象派、耐克（高端鞋网上定制）等。

（6）O2O（online to offline）

O2O 即在线到离线或者线上到线下，是指将线下的商务机会与互联网结合，让互联网成为线下交易的平台。O2O 模式充分利用了互联网跨地域、无边界、海量信息、海量用户的优势，同时充分挖掘线下资源，进而促成线上用户与线下商品与服务的交易。

O2O 模式分两种，一种是把消费者从线上带到线下的实体店，即在线支付和线下享受服务，如京东商城之类的 B2C 零售模式发展非常快，它被认可的主要原因是它解决了价格不透明的消费痛点，但还是存在质量不透明的消费痛点，这是线上购物消费者最大的顾虑，而 O2O 模式打通了线上线下信息和体验环节，采用体验营销的方式，实现线上消费者的售前体验；另一种是把线下群体带到线上去消费。这种模式与传统实体企业合作而非竞争，通过线上的推广优势，扩大实体店的销售,采用线上支付,从而使线上与实体店共同分享增值收益。典型代表有携程网、美团、饿了么、瓜子二手车等。

(7) B2G(business to government)

B2G 模式即企业与政府之间通过网络进行交易活动的运作模式,比如电子通关、电子报税等。典型代表有支持对公业务的企业银行等。

(8) M2B(manufacturer to business)

M2B 模式是一种生产商直接面对经销商的新型交易模式,一种以节省厂商销售成本和帮助下游经销商采购链资源整合为目标的运作模式。典型代表有名客来等。

M2B、B2B、B2C 三种模式的关系如图 1-3 所示。

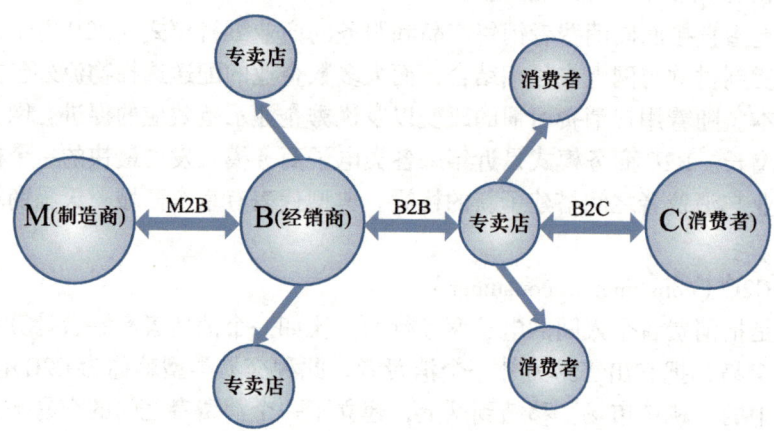

图 1-3　M2B、B2B、B2C 三种模式关系图

1.4　电子商务的相关概念

1.4.1　电子商务构成要素

电子商务的基本组成要素有网络、用户、认证中心、物流配送、网上银行等。

① 网络:包括互联网、内联网、外联网(extranet)等网络形式。互联网是电子商务的基础,是商务、业务信息传送的载体,内联网是企业内部商务活动的场所,外联网是企业与企业以及企业与个人进行商务活动的纽带。

② 用户:个人用户和企业用户。

③ 认证中心(certificate authority,CA):受法律承认的权威机构,负责发放和管理数字证书。

④ 物流配送:提供商品配送到用户的快捷服务。

⑤ 网上银行:提供 24 小时实时交易服务。

典型的电子商务模式都有这几大要素,以天猫的一次购物流程为例,来深入了解电子商务的几大要素。天猫是典型的 B2C 电子商务模式,天猫卖家是天猫官方的客户(企业用户),天猫买家是天猫卖家的客户(个人用户)。小明(个人用户)在天猫上买一本关于 Hadoop 的书籍,通过互联网查找到了相关商品信息,如图 1-4 所示。

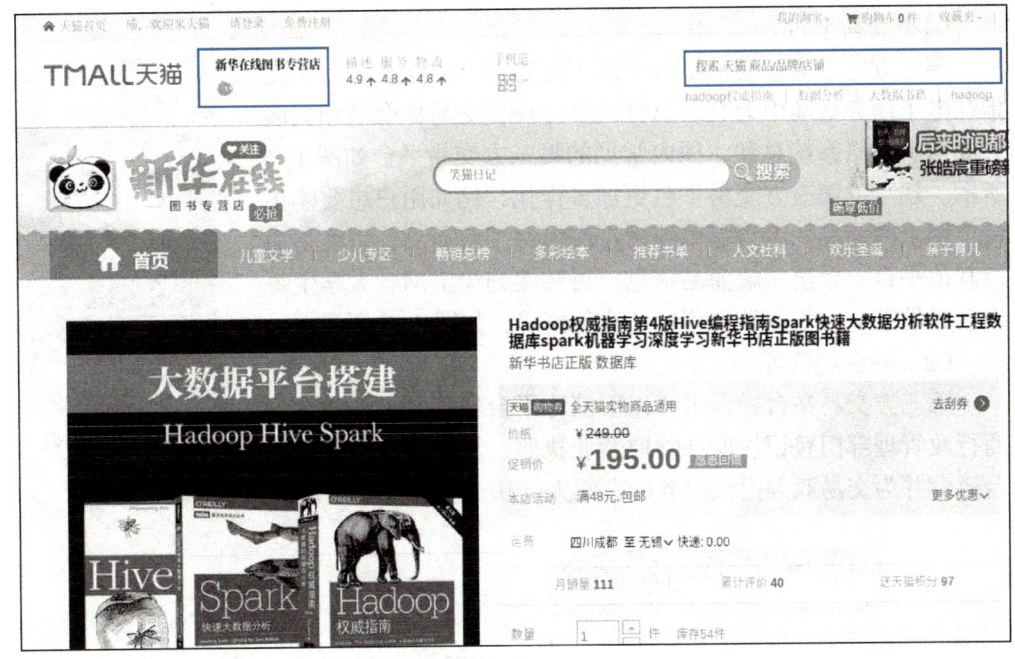

图 1-4 天猫商品信息

天猫卖家是新华在线图书专营店(企业用户),在确认订单后,小明开始支付订单,用开通了网上银行功能(网上银行)的中国银行卡支付订单费用,须由官方认证中心支付宝(认证中心)来保证交易的安全,它签发这笔交易的数字证书,确认交易对象的真实身份,解决了用户与商家之间的信任问题,费用先转入支付宝,等到商家发货后,快递(物流配送)将商品配送到用户手中。用户也可以通过菜鸟裹裹(网络)查看物流全程的动态,用户确认收货后,支付宝再将费用转给卖家;若用户没有收到货并提出申诉,支付宝(认证中心)将暂时扣留这笔交易款,直到查明交易真相。到此为止一次足不出户的 B2C 电子商务交易就完成了,如图 1-5 所示。

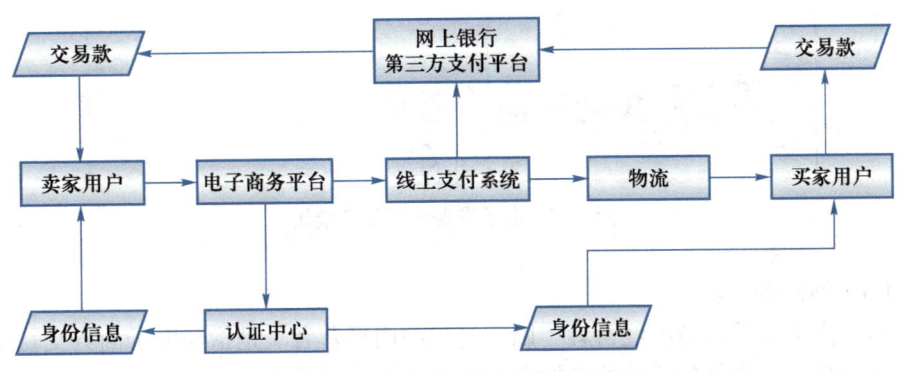

图 1-5 一般的电商平台交易流程图

1.4.2 电子商务关联对象

电子商务的形成与交易离不开以下五个方面的关系。

（1）交易平台

第三方电子商务交易平台（以下简称第三方交易平台）是指在电子商务活动中为交易双方或多方提供交易撮合及相关服务的信息网络系统总和，国内常见的第三方交易平台如图1-6所示。现今的第三方交易平台更加多样化，例如用户想要购买淘宝网上的商品，不再是单纯通过淘宝网了解商品，可能是通过其他平台、渠道了解商品信息，再链接到淘宝网。大学生每天接触的掌上大学商品推荐就是这种模式，如图1-7所示。

（2）平台经营者

第三方交易平台经营者（以下简称平台经营者）是指在工商行政管理部门登记注册并领取营业执照，从事第三方交易平台运营并为交易双方提供服务的自然人、法人和其他组织。

图1-6 国内常见的第三方交易平台

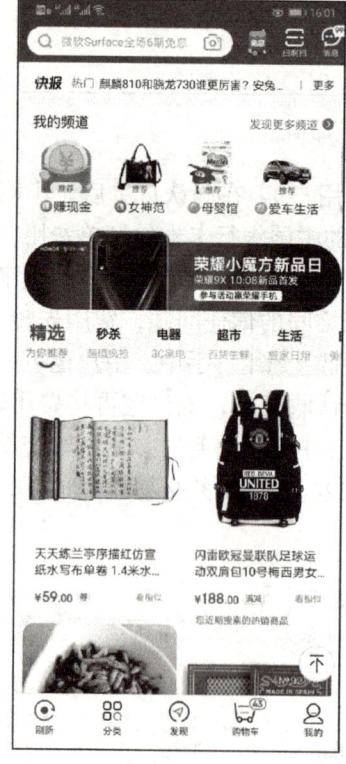
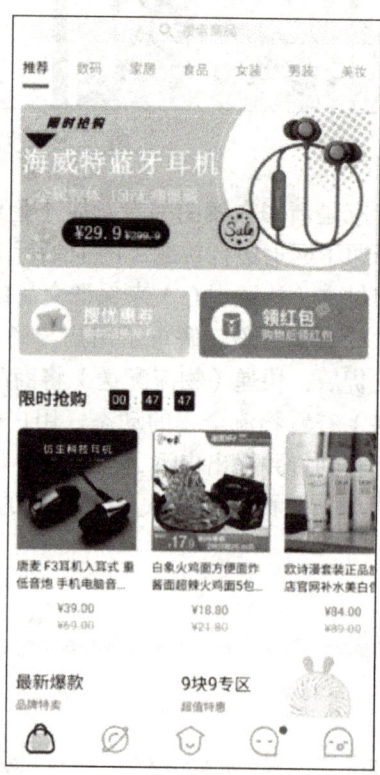

图1-7 电子商务常见推荐模块

（3）站内经营者

第三方交易平台站内经营者（以下简称站内经营者）是指在电子商务交易平台上从事交易及有关服务活动的自然人、法人和其他组织。

（4）支付系统

支付系统（payment system）是由提供支付清算服务的中介机构和实现支付指令传送及资金清算的专业技术手段共同组成，用以实现债权债务清偿及资金转移。从用户角度来说就是用于付钱、收钱的系统。如今国内比较常用的支付产品有支付宝、微信支付、银联支付等，国外比较常用的有 PayPal、Apple Pay、Worldpay 等。

从用户角度来讲支付系统非常简单，看起来是十分直接的个人用户之间的转账行为，其实不然，以银联为例，深入了解支付系统的相关概念。

中国银联（China UnionPay）成立于 2002 年 3 月，是经国务院和中国人民银行批准设立的中国银行卡联合组织。作为中国的银行卡联合组织，中国银联处于我国银行卡产业的核心和枢纽地位，对我国银行卡产业发展发挥着基础性作用，各银行通过银联跨行交易清算系统，实现了系统间的互联互通，进而使银行卡得以跨银行、跨地区和跨境使用。

如图 1-8 所示，假设 A 和 B 使用的是不同的银行卡，A 要给 B 发工资，那么并不是甲银行扣除 A 的钱并将款项直接转账给乙银行，事实上这笔钱短时间内还是存在甲银行账户里，但是银联会将这笔交易记录下来（收单、记账），然后它会通知乙银行结算 B 的款项，因此 B 可以及时得到这一笔款项。当过了一段时间后，银联累积了一定的账务，会进行账务清算，清算出甲、乙两银行的进出账务从而得出一个总的单向账务，如此就大大减少甲和乙两银行之间的业务结算，这也是银联成立的最大目的。

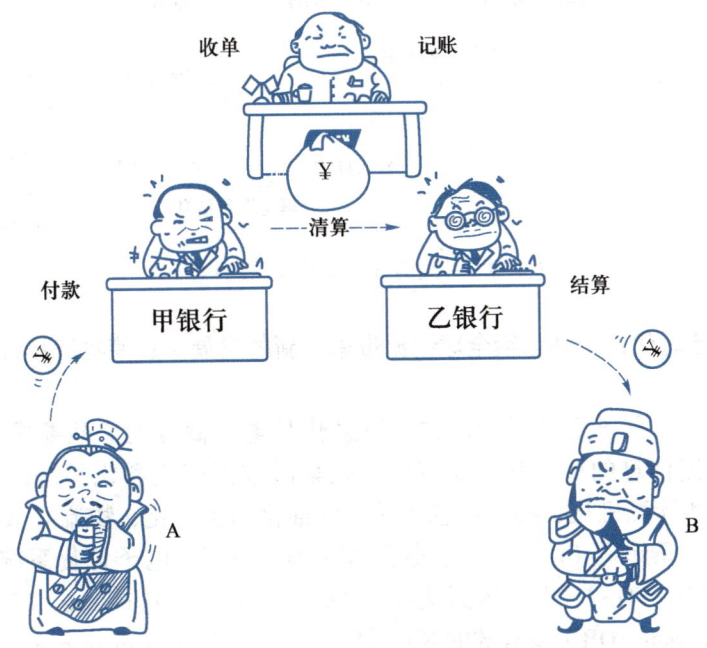

图 1-8　银联跨行转账业务

此处有两个容易混淆的概念——清算与结算。结算亦称货币结算，是在商品经济条件下，各经济单位间由于商品交易、劳务供应和资金调拨等经济活动而引起的货币收付行为。结算按支付方式的不同分为现金结算、票据转让和转账结算。清算一般指一定经济行为引起的货币资金关系里应收应付的计算。

(5)电子商务物流系统

电子商务作为一种新的数字化商务方式,代表了未来的贸易、消费和服务方式。为了完善整体商务环境,需要打破原有工业的传统体系,建立以商品代理和配送为主要特征,将物流、商流、信息流三者有机结合的社会化物流配送体系。电子商务物流是伴随着电子商务技术和社会需求的发展而出现的,它是电子商务真正经济价值实现不可或缺的重要组成部分。一般的B2C平台交易结构流程如图1-9所示。

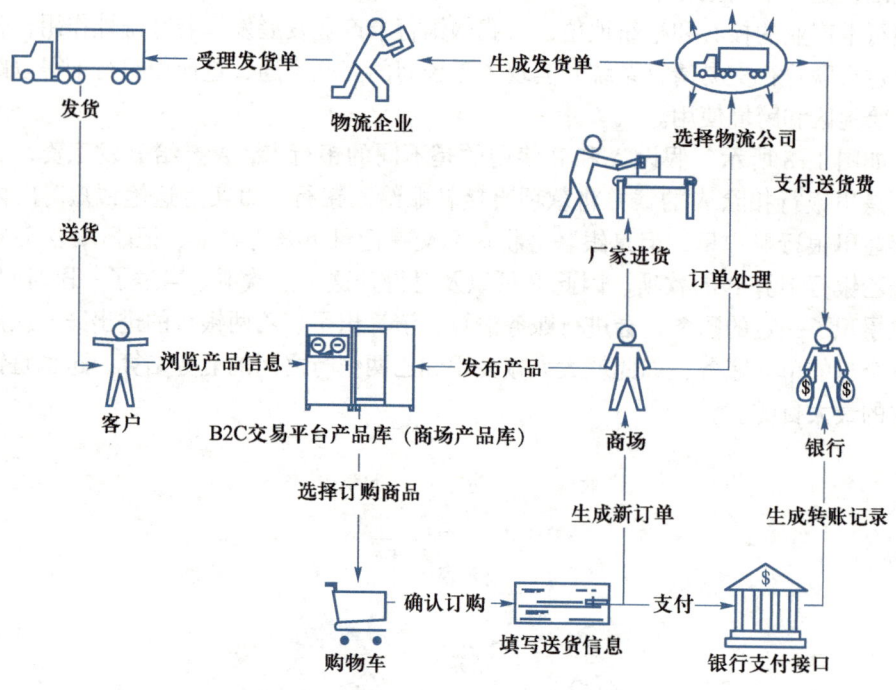

图1-9 一般的B2C平台交易结构流程

电子商务时代的来临,给全球物流带来了新的发展,这使物流具备了一系列新的特点。

信息化:在电子商务时代,物流信息化是电子商务的必然要求。物流信息化表现为物流信息的商品化、物流信息收集的数据库化和代码化、物流信息处理的电子化和计算机化、物流信息传递的标准化和实时化、物流信息存储的数字化等。因此,条形码(bar code)、数据库(database)、电子订货系统(electronic ordering system,EOS)、电子数据交换(electronic data interchange,EDI)、快速反应(quick reaction,QR)及有效的客户反映(effective customer response,ECR)、企业资源计划(enterprise resource planning,ERP)等技术与观念在我国的物流中将会得到普遍的应用。

自动化:物流自动化的基础是信息化,核心是机电一体化,外在表现是无人化,效果是省力化。物流自动化的设施非常多,如条形码/语音/射频自动识别系统、自动分拣系统、自动存取系统、自动导向车、货物自动跟踪系统等。

网络化：物流网络化的基础也是信息化，这里指的网络化有两层含义，一是物流配送系统的计算机通信网络，其中物流配送中心与供应商或制造商的联系要通过计算机网络，另外与下游顾客之间的联系也要通过计算机网络通信；二是组织的网络化，即所谓的内联网。这一过程需要有高效的物流网络支持，当然物流网络的基础是信息与计算机网络。物流的网络化是物流信息化的必然结果，也是电子商务物流活动的主要特征之一。

智能化：物流智能化是物流自动化、信息化的一种高层次应用，物流作业过程中大量的运筹和决策，如库存水平的确定、运输（搬运）路径的选择、自动导向车的运行轨迹与作业控制、自动分拣机的运行、物流配送中心经营管理的决策支持等问题都需要借助大量的知识才能解决。在物流自动化的进程中，物流智能化是不可回避的关键技术，而如今专家系统、机器人系统等相关技术在国际上也已取得较成熟的应用成果。为了提高物流现代化的水平，物流智能化已成为电子商务物流发展的一个新趋势。

柔性化：物流柔性化本来是为实现"以顾客为中心"的理念而在生产领域中被提出，但要真正做到柔性化，即真正地能根据消费者需求的变化来灵活调节生产工艺，没有配套的柔性化的物流系统则无法完成。柔性化的物流正是适应生产、流通与消费的需求而发展起来的一种新型物流模式。这就要求物流配送中心要根据消费需求"多品种、小批量、多批次、短周期"的特点，灵活组织和实施物流作业。

1.5 电子商务发展历程

根据电子商务发展史上的重要节点，电子商务大体分为如下4个发展阶段。

（1）第一阶段：EDI

第一阶段可以认为是从 20 世纪 70 年代开始，该阶段以后平均通信量以每年几倍的速度增长。第一阶段中 EDI 商务模式开始盛行，EDI 即电子数据交换，它是一种利用计算机进行商务处理的方式。在基于互联网的电子商务普及应用之前，曾是一种主要的电子商务模式。EDI 是按照商定的协议，将商业文件标准化和格式化，并通过计算机网络，在贸易伙伴的计算机网络系统之间进行数据交换和自动处理，俗称"无纸化贸易"。换言之，EDI 就是供应商、零售商、制造商和客户等在其各自的应用系统之间利用 EDI 技术，通过公共 EDI 网络，自动交换和处理商业单据的过程。

早在 20 世纪 60 年代末，欧洲和美国几乎同时提出了 EDI 的概念，早期的 EDI 只是在两个商业伙伴之间，依靠计算机之间的直接通信完成。20 世纪 70 年代，数字通信技术的发展使 EDI 技术越发成熟，也促进了跨行业 EDI 系统的出现。20 世纪 80 年代，EDI 标准的国际化又使 EDI 应用跃入了一个新的阶段。1994 年之前的企业层面的电子商务是通过 EDI 进行的，EDI 应用也大大加快了商业文件处理速度。

我国自 1990 年引入 EDI 技术以来，EDI 的应用与推广得到政府的高度重视，先后召开了中文 EDI 标准研讨会和国际无纸贸易战略与技术研讨会，并把 EDI 列入"八五"国家科技攻关项目。1991年，我国成立了"中国促进EDI应用协调小组"，并以"中国EDI理事会（CEC）"的名义参加了亚洲EDIFACT理事会，随后成为该组织的正式会员，这也有力地促进了EDI技术在我国的推广应用。

1992年5月，我国召开了"中国EDI发展战略与标准化"研讨会，决定建立国家EDI试验系统（海关总署、中国远洋运输集团公司的外运海运空运管理EDI系统）、地区EDI试验系统（广东、山东、江苏、上海、福建）和行业EDI试验系统（山东抽纱企业集团公司的轻纺出口业务EDI系统、中国电子工业总公司EDI应用系统）。1995年1月，中国海关完成了EDI海关系统的全部开发工作，制定了EDI海关系统所需的15个EDIFACT标准报文子集，开通了北京、天津、上海、广州等EDI海关系统。1996年2月，我国外经贸部成立了国际贸易EDI服务中心。同年12月18日，联合国贸易网络组织中国发展中心（CNTPDC）在北京成立，北京海关与中国银行北京分行也在我国首次开通EDI通关电子划款业务。

（2）第二阶段：电子商务

20世纪90年代起，互联网在全球迅速普及和发展，逐步从军事、大学、科研机构走向普通家庭和企业。从1995年起，互联网上的商业业务信息量首超科教业务信息量，以Web技术为代表的信息发布系统爆炸式地成长起来，成为互联网的主要应用。1995年，IBM公司提出电子商务发展战略，推动全球范围内电子商务的发展，国外亚马逊、eBay这些未来的电商巨头悄然成立，国内电商也开始萌芽，如瀛海威等互联网公司注册成立。

之所以把该阶段列为一个划时代的阶段，是因为互联网的最终主要商业用途就是电子商务。也可以说，若干年后的商业信息，主要是通过互联网传递。互联网即将成为商业信息社会的神经系统。1997年年底，在加拿大温哥华举行的第五次亚太经合组织（APEC）领导人非正式会议上，时任美国总统克林顿提出的敦促各国共同促进电子商务发展的议案，引起了全球领导人的关注。IBM公司、惠普公司和Sun公司等国际著名的信息技术厂商已经宣布1998年为电子商务元年。1999年可以算是中国的电子商务元年，中国电商在这一年真正进入实质化商业阶段：5月，8848网成立；8月，易趣网成立；9月，阿里巴巴成立；11月，当当网上线；还有携程、盛大等巨头企业在这一年也相继注册成立。

（3）第三阶段：全程电子商务

随着软件即服务模式（software as a service，SaaS）的出现，软件纷纷登录互联网，延长了电子商务链条，形成了"全程电子商务"概念模式。"全程电子商务"是一个由电子商务延伸出来的概念。全程电子商务是以电子商务时代所需要的管理模式为核心，通过网络技术和SaaS交付模式，为企业提供在线管理以及电子商务服务，实现企业内部管理以及企业之间的商务流程的有效协同，是企业与企业之间的交互协议。简单来讲，全程电子商务就是电子商务模式下的"一条龙"服务。企业在全程电子商务活动各个流程中都引入电子商务，在进行全程电子商务时需要借助一些系统，用以实现资源、信息的有效整合。

淘宝网作为中国最大的电商平台，也正朝着全程电子商务的方向发展。2013年，淘宝网推出了生意参谋服务产品以延长其电子商务链。生意参谋服务产品给千万淘宝卖家提供服务,主要辅助淘宝卖家管理自己的店铺并做出经营调整决策,可以为淘宝卖家全面展示店铺经营全链路的各项核心数据,包括店铺实时数据、商品实时排行、店铺行业排名、店铺经营概况、流量分析、商品分析、交易分析、服务分析、营销分析和市场行情,这项服务也帮助淘宝网从单一地做卖家与买家之间的对接工作升级到了帮助卖家进行店铺辅助管理经营。

当然,生意参谋服务作为淘宝网全程电子商务的一个功能模块,采用的也是SaaS模式,淘宝卖家可以通过购买、租赁和升级各种额外辅助功能,帮助自身更好地经营店铺,如图1-10所示。

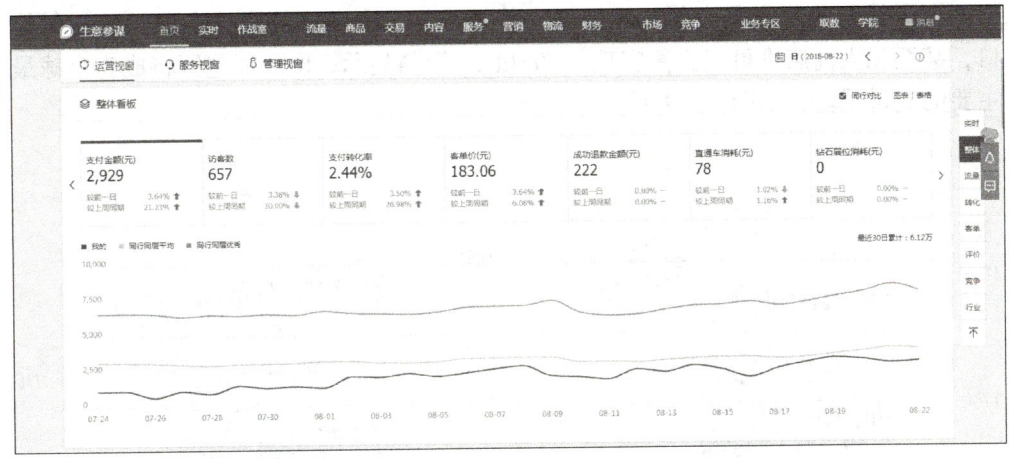

图1-10 淘宝网生意参谋服务的整体运营展示模块

事实上,生意参谋服务不仅属于全程电子商务的范畴,因为其运用的大数据和云计算手段,可以更加人性化和准确地帮助卖家管理店铺、分析经营状况,因此也属于电子商务智慧阶段的产物,如图1-11所示。

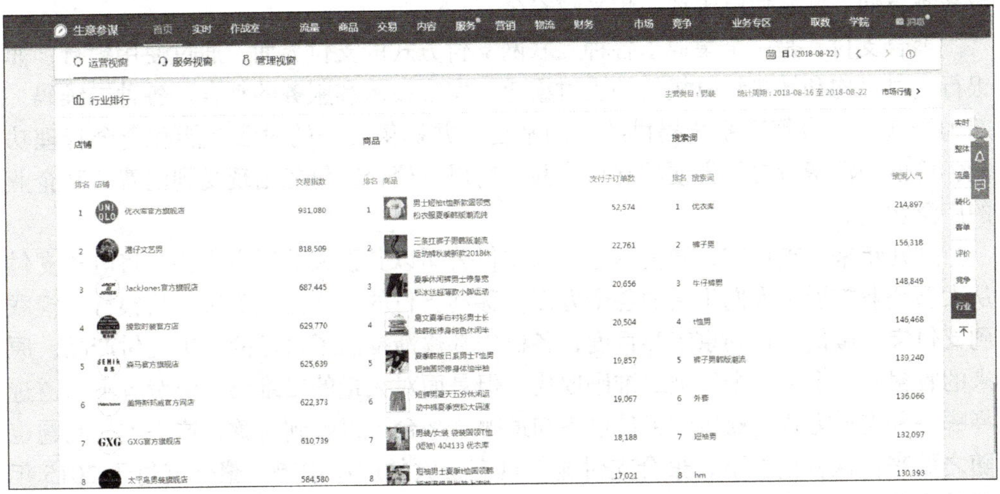

图1-11 淘宝网生意参谋服务的行业排行功能模块

（4）第四阶段：智慧阶段

2011年，随着互联网信息碎片化以及云计算技术愈发成熟，i-Commerce（individual commerce）顺势而出，电子商务以主动、互动、用户关怀等多角度与用户进行深层次沟通，更加准确地挖掘用户需求，更加人性化地满足用户需要。

智慧阶段的电子商务的发展主要是由各种新技术推动的，如人工智能、大数据技术等，这些新技术不断应用于电子商务中，使得电子商务从各个方面不断改善进化。电子商务的新技术应用其实就在人们生活中，通过几个现实生活中的实际应用可以了解现阶段电子商务的智慧。

① 电子钱包

电子钱包的优点是方便、易消费，普及率高，商家不用设计多种类的支付接口，甚至无人商店也可以方便实现。Worldpay 资料显示，电子钱包即将成为全球最主要的支付手段，如图 1-12 所示。

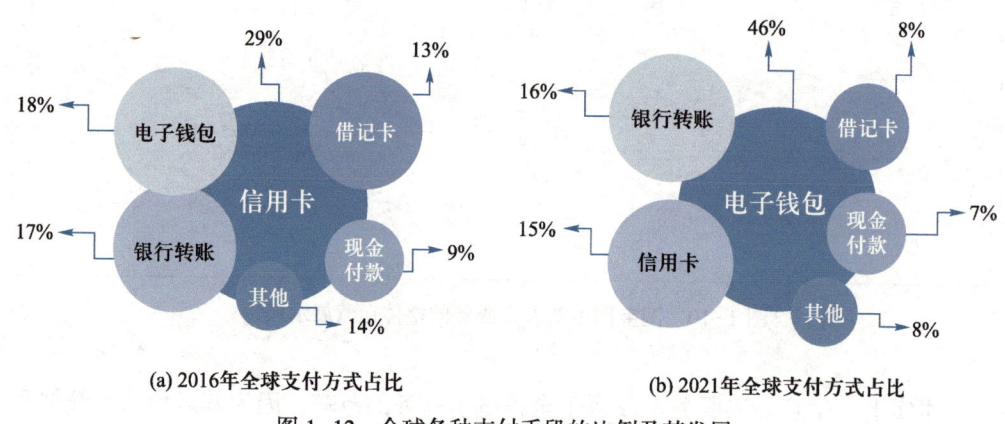

图 1-12　全球各种支付手段的比例及其发展

近年来，聚合支付对电子钱包的发展也起到了重大作用，聚合支付使电子钱包越来越方便，网联使电子钱包越来越安全。

聚合支付，是一个集成了各种互联网支付方式的支付界面，通过使用银行、非银行支付机构和转账结算机构的支付渠道，实现技术和服务的整合。各种二维码一起为企业和后台管理系统提供统一的平台，并提供统一的对账功能和资金管理功能，可以为消费者提供方便的支付体验。所以，聚合支付的出现受到消费者和企业的广泛欢迎。

这几年来，支付宝、微信等互联网支付公司以其强大的用户优势，将电子支付从大型企业扩展到人们生活的各个方面，移动支付的时代已经到来。从银行、银联到支付宝、微信，再到京东和百度，各机构都逐渐推出了自己的手机支付产品，原来的收银机一个接一个地被二维码取代。但是面对大量的二维码，消费者不知道选择哪一种支付方式，商店收银员也不知道哪个平台可以收到付款，这一类的问题也随之而来。这种情况下，聚合支付显然具有很大的应用优势。聚合支付于2015年开始实施，2016年呈现快速发展趋势，最常见的聚合支付形式就是"通用支付二维码"，只需一个二维码就能完成支付宝、微信、翼支付等常见支付机构的支付请求，如图 1-13 所示。

图 1-13　农行聚合支付二维码

但聚合支付不只是涵盖二维码支付，随着二维码和 NFC 近场移动支付方式的普及，移动支付将逐步从购物领域迈向多元化领域。在公共支付领域中的水电费支付、有线电视费支付、停车费支付等都是聚合支付的市场。从发展的角度来看，未来的聚合支付绝对不仅仅是一个二维码，随着智能云 POS 等智能终端的应用，二维码、NFC 近场、IC 卡和其他支付方式将被大面积纳入聚合支付，这是聚合支付的发展趋势。

② 智能客服、助手

现今国内的电子商务平台巨头网站大多都设有智能客服和智能助手，这是电子商务在人工智能潮流中的一次创新。智能客服可以自动回答消费者的一些常见问题，能够有效缓减高峰时期的人工客服压力，并且为商家节省一大笔人力成本。智能助手能够引导消费者购物，有效地推荐理想商品，给消费者带来更加人性化的购物体验。下面介绍几种有名的智能助手。

JIMI：京东客服机器人 JIMI（JD instant messaging intelligence）是一款由京东 DNN Lab 开发的智能软件，它可以通过自然语言处理、深度神经网络、机器学习、用户画像等技术，完成全天候、无限量的用户服务，涵盖售前咨询、售后服务等电子商务的各个环节，如图 1-14 所示。2014 年的"双十一"活动中 JIMI 就接待了近百万的用户，有效缓解了人工客服的压力。

阿里小蜜：集合了阿里巴巴集团淘宝网、天猫商城、支付宝等平台日常使用规范、交易规则、平台公告等信息，凭借阿里巴巴在大数据、自然语言处理、机器学习方面的技术积累，精炼为几千万条真实有趣并且实用的语料库（此库每天净增 0.1%），通过理解对话的语境与语义，实现了超越简单人机问答的自然交互，是智能的私人购物助手。

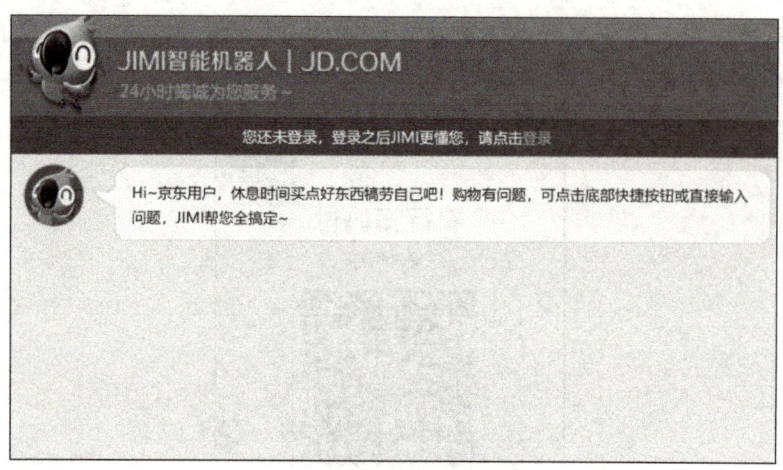

图 1-14　JD 智能服务机器人 JIMI

③ 智能推荐

随着互联网技术和社会化网络的发展，每天有大量包括博客、图片、视频、微博等信息被发布到网上。传统的搜索技术已经不能满足用户对信息发现的需求，其中原因有多种，可能是用户很难用合适的关键词来描述自己的需求，也可能是用户需要更加符合他们兴趣喜好的结果，又或者是用户无法对自己未知而又可能感兴趣的信息做出描述。推荐引擎的出现，可以帮助用户获取更丰富、更符合个人兴趣和更加有意义的信息。

从电子商务平台的角度来讲，个性化推荐技术可以让每一个流量得到更加充分的利用，最大限度地提高流量效率，因为它会根据数据分析结果，把消费者最有可能成交的产品优先推荐给消费者。现今推荐系统在主流的电子商务平台都有很广泛的应用。

智能推荐是通过数据+算法来实现的，获取的用户数据类型非常多，如年龄、浏览记录、购买记录、评价信息等。而推荐的算法也有多种，如基于内容的推荐、基于物品的推荐、基于用户的推荐、基于协同过滤的推荐、基于关联规则的推荐等。

例如，淘宝网的推荐系统。在淘宝 App 搜索栏输入"笔记本电脑"搜索后，搜索栏出现了"超薄笔记本电脑"，界面如图 1-15 所示，这就是淘宝网的智能推荐系统根据用户访问信息给出推荐的实际表现。

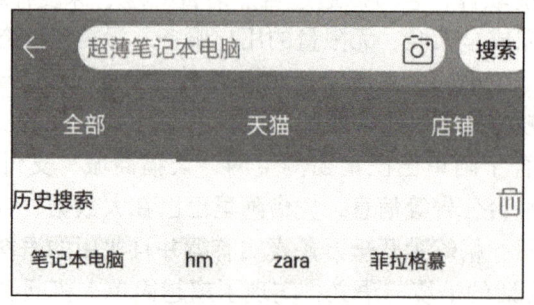

图 1-15　淘宝网搜索推荐

之后回到主页面，发现主页面会展示一些关于计算机配件的商品，如图 1-16 所示，这也是淘宝网智能推荐系统的表现形式。

图 1-16　淘宝网推荐商品展示

　　淘宝网推荐系统的目标就是要为各个产品提供关于商品、店铺、人这些类目属性的推荐，它的核心就是以类目属性和社会属性为纽带，将人、商品和店铺建立起联系。根据用户的购买和收藏记录还能够产生可推荐的关联规则。对优质宝贝的算分需要考虑商品的相关属性，包括描述、评价、名称、违规、收藏人气、累计销量、UV（独立访客）以及 PV 流量（页面浏览量）等。此外，推荐系统根据用户的浏览、收藏、购买行为以及反馈信息，在 Hadoop 等分布式框架上计算用户带权重的标签，用于进行个性化推荐。

　　在个性化推荐之上，淘宝网还实现了基于内容的广告投放。由于通过个性化推荐得出的物品是用户所感兴趣的，可以想象，基于此之上的广告投放也应该行之有效。

　　众所周知，淘宝网具有海量的数据和商品信息，这里列举了淘宝网数据的一些参数，如超过 8 亿种在线商品，100 万种产品，4 万种属性等。在淘宝网实现推荐系统可能遇到的各种各样的难题，比如商品种类繁多、生命周期短、很难及时收集到足够多的点击或购买数据,这使得基于用户行为的推荐方法发挥空间有限。因为商品是由卖家而非网站登记,数据的规范性差这又给基于内容的推荐带来了很大的困难。8亿种商品中,重复的商品种类应该非常多,需要尽量避免推荐重复种类的商品给用户,但在数据规范性差、区分度差的情况下,如何归并重复商品种类,这本身也是个很大的难题。大多数平台的推荐系统只需要考虑如何满足买家的需求,而淘宝网还要考虑卖家的需求。

④ VR、AR 新技术

VR(virtual reality)即虚拟现实技术,是一种可以创建和体验虚拟世界的计算机仿真系统,它利用计算机生成一种模拟环境,通过多源信息融合的、交互式的三维动态视景和实体行为的系统仿真,使用户沉浸到该环境中。它与一般三维技术比如 3D 电影相比,更有沉浸感,能给人身临其境的视觉体验。

一般地,体验 VR 需要佩戴 VR 眼镜,主流的 VR 眼镜有 HTC VIVE、PSVR、Oculus Rift 等,如图 1-17 所示。

AR(augmented reality)是增强现实技术,它是一种将真实世界信息和虚拟世界信息"无缝"集成的新技术,是把原本在现实世界的一定时间空间范围内很难体验到的实体信息(视觉信息、声音、味道、触觉等),通过计算机等科学技术,模拟仿真后再叠加,将虚拟的信息应用到真实世界被人类感官所感知,从而达到超越现实的感官体验。真实的环境和虚拟的物体实时地叠加到了同一个画面或空间中同时存在。

与 VR 不同,体验 AR 技术不需佩戴相应的眼镜,可以在一些多媒体设备上直接体验,当然也有一些 AR 眼镜可以充当微型手机使用,主流的 AR 眼镜有 Google Glass 等,如图 1-18 所示。

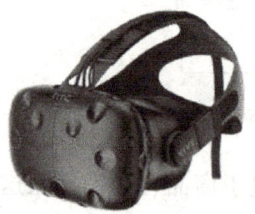
图 1-17　HTC VIVE VR 眼镜

图 1-18　Google Glass

VR 和 AR 技术在电子商务中也有广泛的应用。如 VR 技术主要应用于 VR 商城。VR 商城是采用 VR 技术生成的可交互的三维购物环境,戴上一副连接传感系统的"眼镜",就能"看到"3D 真实场景中的商铺和商品,随意挑选自己感兴趣的商铺和商品。2016 年,阿里巴巴推出"buy+"VR 购物,其中有琳琅满目的各种虚拟商品展示,同时在 VR 购物中叠加旅行的元素,提供当地景点、门店外景的虚拟场景,让海淘者过把海淘瘾,这也是一个营销热点。

如图 1-19 中有美国 Target、梅西百货、Costoco、澳大利亚牧场、Chemist Warehouse、日本松本清和东京宅 7 个商场,点击照片墙上的图片即可进入对应虚拟场景。在加载过程中用户还能体验到不同的交通工具,体验不同的城市的风光,如图 1-20 和图 1-21 所示。

图 1-19 电子商务 VR 虚拟场景 1

图 1-20 电子商务 VR 虚拟场景 2

图 1-21 电子商务 VR 购物中的样品展示

VR 购物给人们带来了新奇的体验，也非常便利，足不出户就能去世界著名的商城购物中心体验购物，并且能够更加真实地观察体验商品。在电子商务解决了价格不透明这个购物问题后，VR 购物正尝试着解决品质不透明这个购物问题。

再如 AR 技术主要用于如室内装修预览、智能试衣镜等应用，AR 技术主要是能够把虚拟的物品置放到现实场景中，给人一种视觉上的增强效果。

南京新街口有一家苏宁第二代无人店，里面的有一款智能试衣镜，其采用的就是 AR 技术，客户只要将所选衣服靠近镜面，屏幕就会智能切换显示该商品详情，并提供搭配建议，如图 1-22 所示。智慧试衣间则能根据衣服的颜色、质料及客户需求，把屏幕画面调到室内、户外及夜跑等不同场景，从而让客户体验到具体场景下的穿衣效果。除此之外，还有智能衣架和智能鞋架。智能衣架是客户取下悬挂衣服的衣架后，屏幕上即刻显示该商品及关联商品的详细数据，如果有心仪商品，直接点击购买二维码即可。智能鞋架与智能衣架类似，只要拿起所选鞋子，客户就能从屏幕上得知商品详细信息，并实现智能化购买。同时店内还采用最新的刷脸支付，不用带任何支付工具就能完成物品的购买，十分先进与便捷。

图 1-22　AR 智能试衣镜

1.6　电子商务中的数据

电子商务中产生的数据种类繁多、产生来源众多、数量庞大，但不管如何特别的数据都能分为三大类：结构化数据、非结构化数据和半结构化数据。

结构化数据：可以使用关系数据库如 MySQL、Oracle、SQL Server 等来表示和存储成二维形式的数据，可以通过固有键值获取相应信息。一般特点是数据以行为单位，一行数据表示一个实体的信息，每一行数据的属性相同。结构化数据的存储和排列很有规律，这对查询和修改等操作很有帮助。但是与此同时，数据化结构具有较差的扩展性。

非结构化数据：没有固定结构的数据，如包含全部格式的办公文档、文本、图片、XML、HTML、各类报表、图像、音频和视频信息等。这些数据一般直接进行整体存储，而且一般存储为二进制的数据格式。

半结构化数据：可以通过灵活的键值调整获取相应信息，且数据的格式不固定，同一键值下存储的信息可能是数值型，可能是文本型，也可能是字典或者列表。半结构化数据属于同一类实体可以有不同的属性，即使它们被组合在一起，这些属性的顺序并不重要。常见的半结构数据有 XML 和 JSON。

除了此类分法，电子商务中的数据还可按产生对象分为以下四大类。

交易数据（transaction data）：大数据平台能够获取时间跨度更大、更海量的结构化交易数据，这样就可以对更广泛的交易数据类型进行分析，不仅仅包括 POS 或电子商务购物数据，还包括行为交易数据，例如 Web 服务器记录的互联网点击流数据日志。

人为数据（human-generated data）：广泛存在于文档、图片、音频、视频，或淘宝网、京东等电子商务网站上的成千上万商品评价中，尤其是在社交媒体产生的数据流中。这些数据为使用文本分析功能进行用户分析和商品分析提供了丰富的数据源。

移动数据（mobile data）：能够上网的智能手机和平板电脑越来越普遍。这些移动设备上的 App 都能够追踪和沟通无数事件，从 App 内的交易数据（如搜索产品的记录事件）到个人信息资料或状态报告事件（如地点变更即报告一个新的地理编码）。

机器和传感器数据（machine and sensor data）：这类数据包括功能设备创建或生成的数据，例如智能电表、智能温度控制器、工厂机器和连接互联网的家用电器。这些设备可以配置为与互联网络中的其他节点通信，还可以自动向中央服务器传输数据，这样就可以对数据进行分析，例如苏宁易购线下店通过传感器收集线下用户在商城中的轨迹来分析商品的受欢迎程度。

1.7 大数据简介

1.7.1 大数据时代背景

随着计算机网络用户数量的增长，每天都产生上万亿 GB 的数据，大数据时代已经到来，这是过去几十年计算机领域无法预见的现实巨变之一。这些趋势使科学技术发展日新月异，商业模式发生了颠覆式变化。《分析的时代：在大数据的世界竞争》是 2016 年 12 月麦肯锡全球研究院（MGI）发表的一份报告，其中指出大数据分析在基于定位的服务、零售业、制造业、公共管理部门及健康医疗领域都有很大的增长潜力，数据正在被商业化，来自网络、智能手机、传感器、相机、支付系统以及其他途径的数据形成了一项资产，产生了巨大的商业价值。苹果公司、亚马逊公司、Facebook 公司、谷歌公司、通用公司、微软公司以及阿里巴巴集团利用大数据分析自己的优势改变了竞争的基础，建立了全新的商业模式。稀缺数据的所有者利用数字化网络平台在一些市场近乎垄断，只需用独特方式将数据整合分析，提供有价值的数据分析，几乎可以"赢家通吃"。2011 年全球的数据储量就达到 1.8 ZB，而与 2011 年相比，2015 年大数据存储量增长了近 4 倍，未来 10 年，全球数据存储量还将增长 10 倍，研究大数据将成为提升产业竞争力和开创创新商业模式的新途径。

大数据研究在企业中得到了充分的应用并实现了巨大的商业价值。梅西百货的 SAS 系统可以根据 7 300 种货品的需求和库存实现实时定价，零售业巨头沃尔玛通过最新的搜索引擎 Polaris，利用语义数据技术使得在线购物的完成率提升了 10% 到 15%。我国信息数据资源 80% 以上掌握在各级政府部门手里，但很多数据却"深藏闺中"，成为极大的浪费。2015 年，国务院印发《促进大数据发展行动纲要》，明确要求"2018 年底前建成国家政府数据统一开放平台"。2017 年 5 月，国务院办公厅又印发《政务信息系统整合共享实施方案》，进一步推动政府数据向社会开放。

大数据可以把人们从旧的价值观和发展观中解放出来，从全新的视角和角度理解世界的科技进步和复杂技术的涌现，对人们关于工作、生活和思维的看法产生变革。大数据的应用十分广泛，通过对大规模数据的分析，利用数据整体性与涌现性、相关性与不确定性、多样性与非线性、并行性与实时性研究大数据在公共交通、公共安全、社会管理等领域的应用。大数据与云计算、物联网一起使得很多事情成为可能，这也将会是新的经济增长点。大数据随着以数据科学为核心的计算机技术的迅猛发展，推动了社会科学与自然科学等跨科学研究的发展。

1.7.2 大数据概念

（1）大数据定义

大数据是近年来的一个技术热点，历史上数据库、数据仓库、数据集市等信息管理领域的技术研究，很大程度上也是为了解决大规模数据的问题。被誉为数据仓库之父的 Bill Inmon 早在 20 世纪 90 年代就经常提及大数据。2011 年 5 月，在以"云计算相遇大数据"为主题的 EMC World 2011 会议中，EMC 提出了大数据概念。

大数据（big data）是指大小超出了常用的软件工具在运行时间内可以承受的收集、管理和处理数据能力的数据集。大数据是目前存储模式和计算模式与能力不能满足存储与处理现有数据集规模这一现状而产生的相对概念。

数据中隐藏着有价值的模式和信息，在以往需要相当的时间和成本才能提取这些信息。如沃尔玛或谷歌公司这类领先企业都要付出高昂的代价才能从大数据中挖掘信息，而当今的各种资源，如硬件、云架构和开源软件使得大数据的处理更为方便和廉价。即使是在车库中创业的公司也可以用较低的价格租用云服务时间。

对于企业组织来讲，大数据的价值体现在两个方面，即分析使用和二次开发。对大数据进行分析能揭示隐藏其中的信息，例如零售业中对门店销售、地理和社会信息的分析能提升对客户的理解。对大数据的二次开发则是那些成功的网络公司的长处,例如 Facebook 公司通过结合大量用户信息,定制出高度个性化的用户体验,并创造出一种新的广告模式。这种通过大数据创造出新产品和服务的商业行为并非巧合,谷歌公司、亚马逊公司和 Facebook 公司都是大数据时代的创新者。

(2)大数据特征

大数据的特征可以用 4 个 "V" 来概括。

规模性(volume):大数据的起始计量单位至少是 PB(1 024 TB)、EB(1024^2 TB)或 ZB(1024^3 TB)。非结构化数据规模超大,且其增长比结构化数据增长快 10 倍到 50 倍,是传统数据仓库的 10 倍到 50 倍。

多样性(variety):大数据的类型可以包括网络日志、音频、视频、图片、地理位置信息等,具有异构性和多样性的特点,没有明显的模式,也没有连贯的语法和语义,多类型的数据对数据的处理能力提出了更高的要求。

高速性(velocity):处理速度快,时效性要求高,需要实时分析而非批量式分析,数据能连贯性地输入、处理和分析,这是大数据分析区分于传统数据挖掘最显著的特征。

价值高(value):大数据价值更高,如今随着物联网的广泛应用,信息感知无处不在,信息海量,但存在大量不相关信息。大数据分析可以从中得出高价值的数据内容,帮助人们进行更好的研究。因此需要对未来趋势与模式做可预测分析,利用机器学习、人工智能等进行深度复杂分析。

面对大数据的全新特征,已有的技术架构和路线已经无法高效地处理如此海量的数据,而对于相关组织来说,如果投入巨大而采集的信息无法通过及时处理反馈有效信息,那将是得不偿失。可以说大数据时代对人类的数据驾驭能力提出了新的挑战,也为人们获得更为深刻全面的洞察能力提供了前所未有的空间与潜力。

1.7.3 大数据融合

大数据融合(big data blending)是一种数据处理过程,在遵循一定规则的情况下,运用计算机技术对感知数据进行分析、处理,以满足相关决策和任务需求。

大数据融合包含以下 3 层含义。

数据的全空间:数据包括确定的和模糊的、全空间的和子空间的、同步的和异步的、数字的和非数字的,涵盖复杂的多维多源的数据集合,覆盖全频段。

数据的融合:不同于组合,组合指的是外部性,融合指的是内部性,它是系统动态过程中的一种数据综合加工处理。

数据的互补过程:数据表达方式的互补、结构上的互补、功能上的互补、不同层次的互补,这些都是数据融合的核心,只有互补数据的融合才可以使系统发生质的飞跃。

在大数据环境下需要的关键技术主要针对海量数据的存储和运算。大数据融合是最大程度发挥大数据价值的一种手段,它的实现可以使人类对世界的探索和认识向新的深度和广度拓展。大数据融合不同于传统的数据集成或知识库技术,需要大跨度、深层次和综合性的研究方法。

传统的数据融合主要针对规模较小且语义清楚的结构化数据,而面向大数据的数据融合是一个需要深入研究的课题。具体而言，需要在现有的数据集成与融合技术的基础上，结合大数据的异构性、冗余性和相关性等特性，研究大数据的数据融合和集成方法，以有效地解决大数据获取的全面性和一致性问题。

1.7.4 大数据的分类及国内外研究现状

（1）大数据的分类

网络时代发展越来越快，大数据方面的应用也越来越普遍，根据大数据的相关特征，可以把它分为以下 3 类。

传统公司数据（traditional enterprise data）：包括 CRM 系统的消费者数据、传统的 ERP 数据、库存数据以及账目数据等。

机器和传感器数据（machine and sensor data）：包括呼叫记载（call detail record）、智能仪表、工业设备传感器、设备日志（通常是 digital exhaust）、交易数据等。

社交数据（social data）：包括用户做法记载、反应数据等。如 Twitter、Facebook 等社交媒体途径。

（2）国外大数据的研究现状

当前，大数据所蕴含的战略价值已经引起多数发达国家政府的重视，各国相继出台大数据战略规划和配套法规促进大数据应用与发展。在各国政府大数据战略部署和政策推动下，政府部门、企业、高校及研究机构都开始积极探索大数据应用。例如，早在 2012 年 1 月，世界经济论坛年会就把"大数据，大影响"作为重要议题之一。而在美国，自 2009 年至今，美国政府数据库就全面开放了 40 万政府原始数据集，大数据已成为美国国家创新战略、国家安全战略以及国家信息网络安全战略的交叉领域和核心领域。

（3）国内大数据的研究现状

我国政府、学术界和产业界也早已经开始高度重视大数据的研究和应用的工作，并纷纷启动了相应的研究计划。在政府层面，2014 年大数据首次写入政府工作报告，标志着我国大数据产业进入蓬勃发展时期。2015 年，《促进大数据发展行动纲要》发布，大数据上升为国家战略。2016 年，国家大数据战略作为"十三五"十四大战略之一，首次被写进五年规划中，大数据创新应用向纵深发展。2017 年，《大数据产业发展规划（2016—2020 年）》正式发布，全面部署"十三五"时期大数据产业发展工作，推动大数据产业健康快速发展。同时，在学术研究层面和产业层面，我国的大数据均有蓬勃发展。

1.8 电子商务大数据

1.8.1 大数据在电子商务中的应用

电子商务是将传统的商务活动转移到网络平台的方式，通过安全和高效的网络信息技术实现了电子商务的各项活动，一般来说交易双方并不见面，更多是通过 Web 浏览器来完成交易。所以这种商务活动的特点也注定其与大数据时代有着密不可分的关系，而大数据时代的到来也预示着电子商务的新一轮技术革新，如何在技术革新下保持服务水平的增长也是电子商务整个行业亟待解决的问题。众所周知，电子商务经济活动的开展需要以市场为导向，其最大目的就是吸引用户，实现自身的经济效益。这就要求电子商务企业在开展经济活动的过程中借助大数据分析总结出一套行业应用垂直标准，从企业的文化战略、产品营销、市场开拓、技术管理等内容出发，促进自身产业结构的转型。

大数据时代下电子商务服务模式上有以下4点创新。

（1）个性化的数据导购模式

大数据时代的到来使得社会对数据的搜集能力有了质的提升，数据的搜集方式也发生了根本性的变化，所搜集到的数据非常准确地反映出市场的真实情况。因此，电子商务在运营过程中一定要充分合理地利用数据信息，加强数据导购，实现个性化的数据导购模式。用户在利用互联网浏览网页时，会留下消费痕迹，这些消费痕迹蕴含着非常丰富的数据信息，电子商务必须要利用这些数据信息，挖掘出其中隐藏的价值，进行个性化导购。常见的应用有个性化广告，它是指在分析用户的网页浏览记录、消费记录的情况下，利用数据信息库自动对用户的消费理念和消费习惯进行调查，在相关页面向用户推荐同类型的产品。再如个性化推荐，用户在网络环境下，面对各式各样的商品，虽然选择很多，但是选择起来却非常困难，尤其是对选择困难的用户而言选择的难度更大。个性化推荐要为用户推荐更多有价值的产品，尽可能地缩短用户选购的时间，将用户从烦琐的商品信息中"拯救"出来。

（2）专业化的数据服务模式

在大数据背景下，数据信息是经济活动开展的基础与核心，电子商务企业若想充分掌握市场信息，就必须对数据信息有所掌握，掌握用户的第一手资料，对所掌握的信息资料进行整合处理。专业人员利用专业数据分析设备，对数据消息进一步研究和解读，从中了解用户的需求，包括消费诉求、消费建议、消费习惯等，再将这些数据信息转化成有价值的资源，实现数据服务模式上的创新和转变。

（3）低交易成本的商品流通模式

电子商务的到来让人们的商务活动可以突破时间和空间的限制，极大地改变购物习惯的同时也对物流提出了更高的要求。人们可以随时随地在网上浏览并购买商品，但有时候也会因为物流不顺畅导致较差的购物体验。因此电子商务网站需要调取消费者的消费数据和喜好，对于不同区域和类别的消费者推荐物流时间和成本较短的商家，从而大大减少商品在流通环节的时间成本，通过对数据的应用进一步提升消费者的应用体验。

（4）构建垂直细分的服务模式

大数据分析在电子商务的日常运营中具有非常重要的作用，电子商务要借助大数据分析的优势，建立起垂直细分的服务模式，特别是结合当前电子商务行业的发展情况，淘宝网、京东、天猫等电子商务网站占据着大量的市场份额，一些小型的电子商务网站要想实现快速发展，就必须要利用大数据分析，从细节着手，专门构建起某一专业领域的销售网站。以某小型的电子商务网站为例，在对市场数据进行研究的基础上，了解到用户的年龄结构、地域分布，从中对用户的消费观念、消费习惯进行掌握，实现精品化发展。

1.8.2　O2O 电子商务大数据的融合

O2O（online to offline）电子商务模式，是一个连接线上用户和线下商家的多边平台商业模式。O2O 商业模式将实体经济与线上资源融合在一起，使网络成为实体经济延伸到虚拟世界的渠道。线下商业可以到线上挖掘和吸引客源，而消费者可以在线上筛选商品和服务并完成支付，再到实体店完成余下消费。

相比传统的电子商务数据，O2O 数据并不仅仅局限于平台数据，即用户在 O2O 的交易数据，还包括社交网络、用户移动终端的地理位置等数据。也就是说，O2O 电子商务用户数据是在 O2O 电子商务日常经营中产生和积累的与用户相关的交易、互动、观测数据。O2O 数据具有数据体量大、数据类型多、数据流速度快以及商业价值高的特征。

大数据应用的数据源分散自治，呈现出非中心化特征。早期分布式数据库领域的思路是将不同数据源的信息汇聚，形成面向主题的集成数据集合再进行处理，即实现了数据或信息层面的融合。当需要对大数据进行挖掘时，由于数据异质性大，模型难以胜任聚合后的异质数据挖掘。同时由于数据量大，数据聚合引起的通信代价将十分昂贵。鉴于此，大数据融合的可行思路是分别利用合适模型对多源异质数据进行挖掘，然后在知识层面（或模型层面）进行模式融合。不容忽视的是，局部挖掘将导致知识的片面性和不一致性，如"盲人摸象"所得到的令人啼笑皆非的结论一样，这对知识融合模型与方法提出了更高的要求。在 O2O 商务大数据分析中，数据融合是基础，为事务型应用和后续挖掘任务提供数据支撑，而知识融合是实现线上线下一体化进而支撑 O2O 智能商务应用的关键。

（1）数据和信息聚合

由于结构化数据属性固定且语义清晰，同时早期的决策支持需求较为简单，通过数据查询和统计报表即可满足，因此，在联邦和分布式数据库领域的研究致力于如何将多源数据统一集成。主要技术手段包含以下 3 类。

基于中间件的方法：中间件负责将数据需求分解到各个数据源，集成局部响应结果作为全局响应，该类方法的应用最为广泛，代表性的聚合框架有 Ariadne、TSIMMIS、Havasu 等。

基于数据仓库的方法：通过对异构数据的清晰和转换，形成面向主题的、集成的、相对稳定的、反映历史变化的数据集合。

基于本体的方法：通过构建跨数据源的语义知识来增强数据源间交互的理解，典型的聚合框架包含 KRAFT、SIMS、OntoBroker、InfoSleuth 等。

非结构化异质数据具有不确定性、歧义性、模糊性及不完整性等特征，利用语义技术对数据建模，进而生成结构化的语义描述对融合非结构化数据至关重要。目前，对此问题的主流研究范式是在非结构化数据存储的基础上，构建一个结构化的语义描述模型，形成二层映射关系。针对不同领域的实际应用，大量研究沿着这一思路提出了很多方法和实际系统，比如用于处理遥感数据的语义 Web 架构

SWASN、利用本体和 RDF 数据表示和标记方法来描述异构数据的统一模型以及数据封装本体的自动产生方法。在结构化语义描述之上，非结构化数据的融合被建模为统计或机器学习的问题，从数学模型角度来看，已有的数据融合方法包含基于概率的方法、基于证据信念推理的方法、基于模糊推理的方法及基于粗糙集理论的方法等。

Kopanas 等人认为领域语义知识对大数据挖掘算法和分析平台的设计具有重要指导意义，如确定数据建模中的有用特征及明确大数据分析的商业目标等。尽管如今对非结构化异质数据语义建模的研究范式已经得到广泛认同，但是包含社会化、移动、O2O 等要素的新兴电子商务领域的大数据语义建模尚未有研究成果出现。

此外，无论是结构化数据还是非结构化数据，机器学习方法在处理多源异构数据时都面临两大挑战，即语义标注问题以及数据不一致性问题。群智计算和真值发现是解决这两个问题的有效策略。群智计算利用人类智慧对语义理解的天然优势，将一个复杂任务人为分解为多个关联度很小的子任务，并通过激励机制将参与者完成的子任务聚合从而完成该复杂任务。群智计算主要面临 3 个方面的问题：如何将任务合理地分解为尽可能不相关的子任务，如何设计合理的参与者分派机制，如何融合参与者完成的子任务。真值发现主要针对多源异构数据的不一致性展开研究，主要通过机器学习的方法来找到正确的信息。由于标记真值通常很难收集，因此目前的真值发现研究主要集中于无监督学习实现真值发现，如概率图模型、优化策略以及迭代策略，但该方法忽视了很多情况下噪声数据占据主导地位这一事实。目前已有研究通过提取少部分标记真值，通过半监督学习来尝试提高真值检测的准确度。由于电子商务数据大多来自互联网，博客、微博、论坛、合作知识库等社会媒体的出现很大程度上降低了信息的准入门槛，另外由于数据的时效性、传播性、信息发布者故意性和导向性，使得大量过时、错误、虚假、片面的信息充斥着 O2O 平台，因此如何提高 O2O 平台多源异构数据的语义标注和真值发现准确率还需要进一步研究。

（2）知识融合

在数据挖掘和机器学习领域，知识融合一直都是热点议题之一。已有的研究思路可以大致归纳为两类。

第一类是在各个数据源采用局部挖掘获得局部模式，经过全局组合学习融合到一起，形成全局一致的模式。这类方法采用两个阶段，模型相互独立，其优势在于局部挖掘模型可以利用已有的成熟模型，研究者仅需要致力于全局组合学习阶段的模型设计。多分类器的融合及一致性聚类本质上都沿用了两阶段思路。

第二类是直接利用多源数据，从模型训练开始就进行融合，然后在统一目标函数下学习获得在单标记或多标记上的概率。多示例学习、多标记学习及两者结合在一起的多示例多标记学习等模型都是属于模型融合的范畴。

大数据在给数据挖掘带来诸多挑战性问题的同时，也给知识融合这一重要领域带来了很多挑战。从模型层面看，样本的海量化使得标记样本与无标记样本之间更加不平衡，需要将部分监督学习融入知识融合的学习过程中，很多研究在恶意用户识别问题上做了初步尝试，将两种不同渠道的数据与部分监督学习融为一体，如利用贝叶斯推理提出了混合学习框架。能融合更多渠道且能将多示例多标记及部分监督学习融为一体的泛化框架值得进一步探索。此外,大量无标记样本的参与训练,使得知识融合学习对算法效率要求极高,研究重心需要从以往关注模型精度转变到考虑精度与效率之间的平衡。

总体而言,数据融合与知识融合目前都取得了丰富的研究成果,但是由于领域需求的差异及大数据时代的到来,无论是上述领域的理论模型还是应用研究中依然有很多开放性问题需要进一步探索。

1.9 本章小结

总体来说,电子商务就是用一些电子方式去处理人们以往所遇见的商务贸易活动,它是互联网爆发式发展的产物,是一种网络技术应用新的发展方向。随着近些年来我国电子商务的迅速发展,它正在用一种前所未有的方式改变传统的商业模式和人们的生活购物习惯。人们逐渐接受这种即使不见面也可以进行的购物、交易、支付等活动,消费者们得到了更多的便利,人们的生产生活也产生了根本性的变化。

电子商务从不同的角度有着不同的模式类型,如 ABC、B2B、O2O 等,这些不同的模式类型服务于不同的行业领域,来满足各方各不相同的需求。传统商务具有信息资料不完善、生产周期长、生产成本高和客户服务有限等特点,而电子商务则针对这些情况进行完善,通过涵盖交易的各个环节,采用电子方式打破了时空的限制,提高效率,同时也为企业带来更大的效益。人都有一种欲望,就是希望可以花更少的钱,购买到更多更好的东西。有需求就有市场,而电子商务则可以更好地满足消费者需求,因此更多精打细算的消费者也加入了电子商务的大军。

从本章的数据可以看出,随着近年互联网和电子商务的发展,全球市场快速增长,其中网络用户、互联网普及率和网络零售交易额的占比增长尤为显著。在中国经济迅速发展迈入新时代的这个时期,电子商务发展不仅提供了更多的消费需求和就业机会,也给传统商业提供了新的机遇和挑战。随着未来经济模式更多的融合,各行各业都能在发展的同时焕发生机。

电子商务的发展带来了庞大的数据内容,大数据时代也随之到来。在大数据时代,数据逐渐成为一项宝贵的资产。通过对大数据的分析,人们逐渐从过去的价值观中走出来,用全新的眼光去看待周边这个世界,在变革思想的同时也推动了社会科学的进步。对大数据的处理分析正成为新一代信息技术融合应用的结点。移动互联网、物联网、社交网络、电子商务等是新一代信息技术的应用形态,人们在应用这些程序软件中会不断产生大数据。云计算可以为这些海量的大数据提供存储和运算平台。通过对不同来源数据的管理、处理、分析与优化,将结果再反馈到上述应用中,可以创造出巨大的经济和社会价值。

电子商务的本质目的还是盈利,因此在大数据时代下,电子商务企业更需要利用大数据的分析,从企业文化、市场营销、技术管理等方面进行总结,了解客户的心理需求,预测很多事情的未来发展方向。企业可以根据这些数据发现自己的不足和管理漏洞，及时改变和处理，延长企业的寿命，增加企业的资产和提高竞争能力。

习 题

1. 简述电子商务的定义。
2. 简述全球电子商务的发展历程。
3. 电子商务的数据种类繁多，但按照其组织结构可以分为结构化数据、非结构化数据和半结构化数据。请给出以上三类数据的定义，并举例说明其应用范围。
4. 简述大数据的概念和特点，并结合电子商务进行分析。

第 2 章

数据采集与预处理

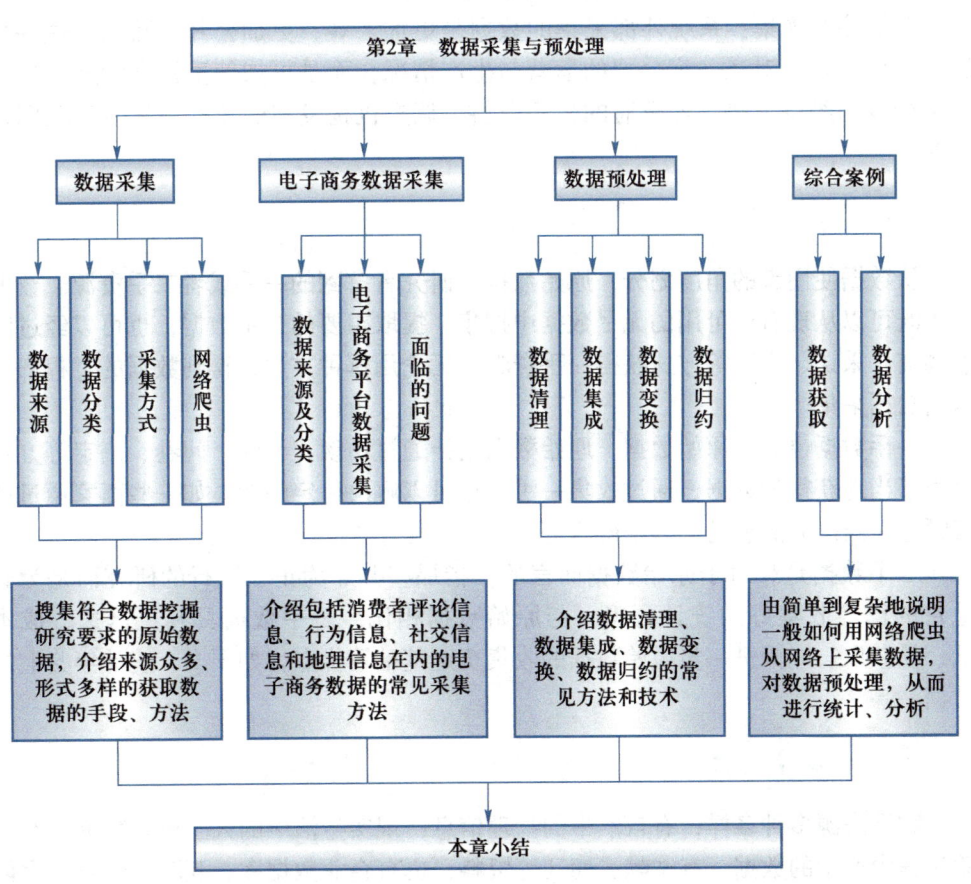

数据是数据分析的原料。有什么数据，数据从何而来，获取需要的数据是分析前必要的准备工作。实际采集到的数据往往极不规整，无法直接应用，所以必须先将其处理成可以使用的形式，即需要对数据进行预处理，之后才可以顺利地探索数据及建立模型、进行分析，从而发现新颖有趣的模式，得出一些有用的结论。本章将对数据获取和预处理的一些概念、任务和常见处理方式进行介绍。

2.1 数据采集

数据采集就是搜集符合数据挖掘研究要求的原始数据。实际生活中的数据来源众多，形式多样，获取数据的手段、方法随着技术的发展也在不断增加。

2.1.1 数据来源

系统内部采集：系统内部数据一般都与企业的生产相关，涉及用户信息的保密与商业机密等问题，如网站、业务数据库等系统中的数据。

系统外部采集：系统外部采集的数据是更加宏观、更加公开的数据。这些数据大部分不是针对某一家公司的运营与生产情况，而是更加偏重社会的外部环境以及行业的经济形势，如政府的公开资料、调查机构发布的数据情报及互联网数据等。

2.1.2 数据分类

从数据使用者的角度划分，原始数据是研究者拿到的一手或者二手资源。数据采集既可以从现有、可用的无尽数据中搜集、提取想要的二手数据，也可以经过问卷调查、采访、沟通等方式获得一手资料。无论用哪种方法，得到数据的过程都可以叫数据采集。

一手数据也称为原始数据，原始数据是指通过访谈、询问、问卷、测定等方式直截了当地获得的数据，通过收集一手数据可以解决待定问题，如一些商家通过征集顾客对新产品的意见，以获得改进。

二手数据是相对于原始数据而言的，指那些并非为正在进行的研究而是为其他目的的已经收集好的统计资料。与原始数据相比，二手数据具有更迅速、成本低、易获取、能为进一步原始数据的收集奠定基础等优点，如图书、统计年鉴上的数据。

2.1.3 采集方式

数据来源多种多样，有自然中的物理信息，现实生活中的人工调查数据，有实验过程中产生的数据，有文献、期刊等资料，也有企业数据库、互联网信息等大体量数据。对这些数据的采集，包括传统的采集方式和新兴采集技术，已经出现了众多不同的采集手段。本小节将介绍一些常用的采集方法，鉴于网络爬虫的广泛性和重要性，本小节只做简单介绍，后面将单独用一小节的内容详细说明。

（1）问卷调查

问卷调查是指通过制定详细周密的问卷，要求被调查者据此进行回答以收集资料的方法。问卷调查是人们在社会调查研究活动中用来收集资料的一种常用工具，调研人员借助这一工具对社会活动过程进行准确、具体的测定，并应用社会学统计方法进行定量的描述和分析，获取所需要的调查资料。根据载体的不同，可分为纸质问卷调查和网络问卷调查，其中纸质问卷调查分析与统计结果比较麻烦，成本比较高，网络问卷调查无地域限制，成本相对低廉，但答卷质量无法保证。

（2）物联网技术

物联网技术是指利用物联网采集原始数据。物联网通过智能感知、识别技术与普适计算等通信感知技术，将测量所得的物理变量的测量值转化为数字信号，传送到数据采集点，这些技术广泛应用于网络的融合中。它可以利用机械设备识别并获取物体的属性信息，转化成计算机能够处理的数据格式进行存储和传输。如常见的监控设备采集图像、视频信息，话筒获取声音信息，扫描器读取物体尺寸信息，还有各式传感器采集气压、温度、湿度等信息。此种方式通过选择设备、设定参数可实时自动采集到目标数据。

（3）网络日志

对互联网上用户（行为）数据的采集一般都是基于日志信息的，根据不同类型又可以分为浏览器页面日志采集、客户端日志采集。

浏览器页面日志采集主要收集页面的浏览日志和交互操作日志。这些日志的采集一般是在页面上植入标准的统计 JavaScript 代码来执行。植入代码的过程可以在页面功能开发阶段由开发者手动写入，也可以在项目运行时由服务器在相应页面请求时动态地植入。页面日志在收集上来之后，需要在服务器端进行一定的清洗和预处理。比如清洗假流量数据、识别攻击、数据的正常补全、无效数据的剔除、数据格式化、数据隔离等。

客户端日志采集一般会开发专用的统计工具用于客户端的数据采集。客户端数据的采集因为具有高度的业务特征，自定义要求比较高，因此除应用环境的一些基本数据以外，更多的是从"事件"的角度来采集数据，比如点击事件、登录事件、业务操作事件等。基础数据可由工具软件默认采集，其他事件由业务来定义后，按照规范调用工具软件接口。

还可以借助第三方网站数据统计分析工具采集用户数据，比较常用的有谷歌分析、百度统计和腾讯分析等。

网络端常用的实现日志功能从而追踪用户行为的方式有三种：网络日志、JavaScript 标记和包嗅探器。网络日志可以记录远程主机名（或者是 IP 地址）、登录名、登录全名、发请求的日期、发请求的时间、请求的详细内容等信息。通过 JavaScript 可以实现自定义事件和自定义指标的跟踪和分析，如可从访问者的 Cookie 中取得访问时间、浏览器信息、当前访问者的 userID 等信息。目前主流的收集网站数据的方式基本都是基于 JavaScript。三种追踪用户行为方法的优缺点如表 2-1 所示。

表 2-1 三种追踪用户行为方法的优缺点

方法	网络日志	JavaScript 标记	包嗅探器
优点	比较容易获取数据源,方便对历史数据再处理,可以记录搜索引擎爬虫的访问记录,记录文件下载状况	数据收集灵活,可定制性强,可以记录缓存、代理服务器访问,对访问者行动追踪更为准确	对跨域访问的监测比较方便,取得实时数据比较方便
缺点	无法记录缓存、代理服务器访问,无法捕获自定义的业务信息,对访问者的定位过于模糊,对跨域访问的监测比较麻烦	用户端的 JavaScript 设置会影响数据收集,记录下载和重定向数据比较困难,会增加网站的 JavaScript 脚本负荷	初期导入费用较高,无法记录缓存、代理服务器访问,对用户数据隐私有安全隐患

（4）网络爬虫

互联网中包含了海量的信息,但这些信息分布得极其分散,而且信息载体形式（文本、视频、图片等）多样,即使借助搜索引擎搜索,每次也只能检索到很小一部分。如何充分利用互联网的资源以达到特定的信息需求呢？通过互联网进行自动数据采集这件事和互联网存在的时间一样久远,网络数据采集是一种通过多种手段采集网络数据的方式,通常把网络数据采集程序称为网络机器人,即今天经常使用的网络爬虫。

（5）其他

提供已收集整理好的数据集网站,如政府部门、行业网站和一些咨询公司、数据公司的网站。接下来介绍几种常见的第三方数据库。

商业数据库：商业数据库大多为金融投资所用,主要分为国内与国外数据库两大类。国内数据库主要有万德、恒生聚源、锐思数据库、CSMAR 数据库、巨潮数据库等。国外数据库主要有彭博、路透社、CEIC、OECD、Haver Database、Thomson Financial One Banker 等。

学术数据库：学术数据库基本为高校、研究机构所用,也分为国内与国外两大类,学术数据库中一些学术论文、行业数据、统计年鉴能起到借鉴作用,缺点就是其中有些数据相对较旧,无法做到实时更新。国内学术数据库有中国知网、万方数据、维普、中经网、国研网、上海公共研发平台等。国外学术数据库有 EBSCO,其中包含较多的商业数据。此外还有 Elsevier,它的特点是学术文章全,更新速度快。还有其他一些免费可用的数据库,如数据汇、数据圈、FRED、OECD、arXiv 等。还有一些网站提供指数查询的功能,如百度指数、阿里指数和新浪指数等。这些数据库和网站都可作为收集数据的参考。

2.1.4 网络爬虫

1. 网络爬虫的定义和分类

网络爬虫（web crawler）也叫网络蜘蛛（web spider）、蚂蚁（ant）、自动索引工具（automatic indexer）,在 FOAF 等软件概念中称为网络疾走（web scutter）。它

是一种利用 HTTP，根据超链接和网络文档检索的方法遍历网络空间的程序，是一种"自动化浏览网络"的程序，或者说是一种网络机器人。网络爬虫被广泛用于互联网搜索引擎或其他类似网站，以获取或更新这些网站的内容和检索方式。它们可以自动采集所有能够访问到的页面内容，以提供给搜索引擎做进一步处理（整理下载的页面），而使得用户能更快地检索到他们需要的信息。

如果把互联网比喻成一个蜘蛛网，那么网络爬虫就是在网上爬来爬去的蜘蛛。网络蜘蛛通过网页的链接地址（URL）来寻找网页，从网站某一个页面（通常是首页）开始，读取并解析网页的内容，找到在网页中的其他链接地址，通过这些链接地址寻找下一个网页，一直循环下去，直至满足某个条件时停止。

网络爬虫可以分为通用网络爬虫、聚焦网络爬虫、增量式网络爬虫和深层网络爬虫。

通用网络爬虫又称全网爬虫，爬行对象从一些种子 URL 扩充到整个网络，主要为门户站点搜索引擎和大型网络服务提供商采集数据。由于商业原因，它们的技术细节很少公布出来。

聚焦网络爬虫又称主题网络爬虫，是只爬行与主题相关网络资源的爬虫。它极大地节省了硬件和网络资源，保存的数据也由于数量少而更新快，可以很好地满足一些特定人群对特定领域信息的需求。

增量式网络爬虫是只爬取新产生的或者发生变化的数据的爬虫，它能够在一定程度上保证爬取到的数据尽可能最新，并不重新下载没有发生变化的数据，可有效地减少下载量，及时更新已经爬取的数据，减小时间和空间上的耗费。

深层网络爬虫则可以抓取深层网页的数据。一般网络页面分为表层网页和深层网页。表层网页是指传统搜索引擎可以索引到的页面，而深层网页是只有用户提交一些关键词才能获得的页面，如用户注册后才可见的网页等。

2. 实现网络爬虫前的基础知识

一旦开始采集网络数据，爬虫就需要完成平时浏览器请求网页内容所做的所有细节。如浏览器创建信息的数据包，发送它们，然后把获取的数据解释成漂亮的图像、声音、视频和文字。实现网络爬虫时，往往需要手动编写代码来完成浏览器的功能。

首先，需要了解客户端与服务器的交换机制。尽管互联网的多层结构（OSI 模型）非常复杂，但其本质依然是由一组消息构成的。一些消息用于信息请求，一些消息用于不断地响应请求，还有一些消息包含发给机器的某个应用程序的文件信息或指令。这些请求不断地从一个客户端（桌面或移动设备）发送到一台服务器上，循环往复。这些消息也会在服务器之间相互传递，可以用于收集更多客户端的信息。常见的数据交换方式如图 2-1 所示。

许多不同类型的协议或语言控制了客户端和服务器之间的通信方式。人们可以通过 SMTP 协议收邮件，通过 VOIP 协议打电话，还可以通过 FTP 上传邮件。每个协议都为请求 Headers 定义了不同的字段，采用了不同的数据编码、收发地址或名称以及其他数据类型。

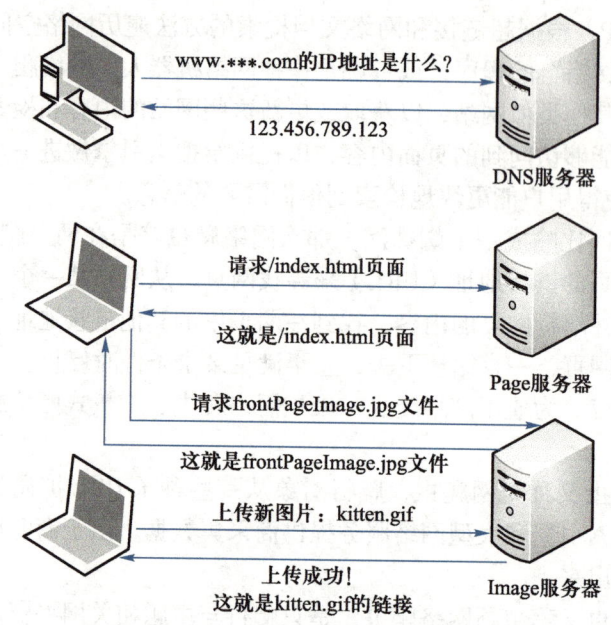

图 2-1 常见客户-服务器模型数据交换方式

一般用于网站信息的请求、发送和接收的协议是 HTTP（hypertext transfer protocol，超文本传送协议）。对绝大多数爬虫来说，HTTP 是用来和远程网络服务器通信，也是最常接触的一种协议。每次通过浏览器访问页面，实际上都是在向服务器发起请求（request），主要包含了 8 种方法：get、post、head、put、options、connect、trace 和 delete。其中大多数时候只需用到 get 方法。服务器接到请求后，会给出一个回应（response），一般都是一个 HTML 网页文件。简言之，HTTP 是客户端（浏览器）与服务器会话的一种方式，如图 2-2 所示。

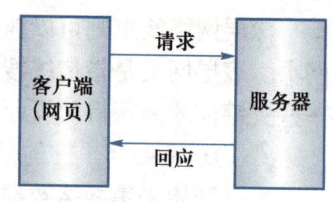

图 2-2 HTTP 协议简单示意图

一个 HTTP 消息包括两部分：头字段（header field）和数据字段（data field）。每个头字段由一对标题和值构成。这些字段的标题是 HTTP 预先定义好的。比如，可能会看到一个头字段如下：

Content-Type：application/json

它表示 HTTP 数据包中的数据将用 JSON 格式。在一个 HTTP 数据包里面可能会出现 60 多种头字段，一些 HTTP 头字段都是要熟悉的，如表 2-2 所示。

其次，网页一般由 HTML（hypertext markup language，超文本标记语言）构成。虽然 HTML 通常被看成编程语言，但它其实是一个标记语言。它通过标签定义文档结构以确定各个元素，如标题（title）、正文（content）、侧边栏（sidebar）、页脚（footer）等。

表 2-2 常见 HTTP 头字段

名称	描述	示例
User-Agent	字符串，表示发出请求的浏览器和操作系统信息	Mozilla/4.0（compatible；MSIE 8.0；Windows NT 4.0；Trident/5.0；.NET CLR 3.5.12556）
Cookie	变量，被网络应用用来存储会话数据和其他信息	PHPSESSID：iroe7pknuut42vf7qsfud73df5
Status	反馈代码，表示网页请求成功与否	"200"（成功），"404"（文件未找到），"500"（服务器内部错误）

所有的 HTML 网页（至少是格式正常的页面）都是用 `<html></html>` 标签开始和结束，里面还会有 `<head>` 和 `<body>` 标签。其他标签都被放在 `<head>` 和 `<body>` 标签里构成页面的内容。

```
<html>
  <head>
    <title>An Example Page</title>
  </head>
  <body>
    <h1>An Example Page</h1>
    <div class="body">
      <p>Some example content is here</p>
    </div>
  </body>
</html>
```

在这个例子中，页面标题（会显示在浏览器的标签页）是"An Example Page"，同样的标题也放在 `<head>` 标签里。之后是一个 class 属性为 body 的 div 标签，里面会包括文章或大段的文字。

对网页内容进行解析相关的 Python 库是 BeautifulSoup。它通过定位 HTML 标签来格式化和组织复杂的网络信息，用简单易用的 Python 对象展现 XML 结构信息。

CSS（cascading style sheets，串联样式表）是配合 HTML 对网站样式进行定义的语言。CSS 可以为网站对象定义颜色、位置、尺寸和背景色等属性。在上面的示例页面中增加 CSS，代码如下。

```
h1{
  color: 'red';
  font-size: 1.5em;
},
div.body{
   border: 2px solid;
}
```

这段代码会在网站中实现一个适当尺寸的红色标题,并在正文内容外增加一个边框。

基本上,每个网站都会有层叠样式表。CSS 可以让 HTML 元素呈现差异化,使具有完全相同修饰的元素呈现不同的样式。网络爬虫可以通过 class 属性的值,轻松地区分出两种不同的标签。例如,它们可以用 BeautifulSoup 抓取网页上所有的红色文字,而绿色文字则不被抓取。

JavaScript 是网络上最常用也是支持者最多的客户端脚本语言。它可以收集用户的跟踪数据,不需要重载页面,直接提交表单,在页面嵌入多媒体文件,甚至运行网页游戏。那些看起来非常简单的页面通常也使用了许多 JavaScript 文件,这些文件可以在网页源代码的 <script> 标签之间看到。

```
<script>
   Alert("This creates a pop-up using JavaScript");
</script>
```

在查看网页源代码时,可能会看到很多常用的 JavaScript 库,如 jQuery。jQuery 是一个十分常见的库,70% 最流行的网站和约 30% 的其他网站都在使用。

jQuery 可以动态地创建 HTML 内容,只有在 JavaScript 代码执行之后才会显示。如果用传统的方法采集页面内容,就只能获得 JavaScript 代码执行之前页面上的内容。另外,这些页面还可能包含动画、用户交互内容和嵌入式媒体,这些内容对网络数据采集都是挑战。

在 Python 中可以用 Selenium 执行 JavaScript。Selenium 是一个强大的网络数据采集工具,最初它是为网站自动化测试而开发的。近几年,因为它可以直接运行在浏览器上,所以还被广泛用于获取精确的网站快照。Selenium 可以让浏览器自动加载页面,获取需要的数据,甚至页面截屏,或者判断网站上某些动作是否发生。

3. 为什么要使用爬虫

不同于通过浏览器人为地寻找网络上的信息,狭窄的显示器窗口一次只能看一个网页,网络爬虫可以一次查看几千个甚至几百万个网页,爬虫收集和处理大量数据的能力更为卓越。另外,网络爬虫可以完成传统搜索引擎做不到的事情。如用百度搜索"南京有名小吃",看到的是大量广告和主流的美食推荐网站。百度只知道这些网站的网页会显示什么内容,却不知道在美食推荐网站中查询到的准确结果。但是,设计较好的网络爬虫可以通过采集大量的网站数据,抽取出名小吃的名称、口味和特色等,甚至给出排名,提供推荐的店铺。

有时这些数据还可以通过数据源所在站点的对外 API 来获取。如果能找到一个可以解决问题的 API,那会十分便捷,它们可以非常方便地向用户提供服务器里格式完好的数据。通常来说,如果有 API 可以选择使用,它确实比写一个网络爬虫程序来获取数据更加方便,但是很多情况下所需要的 API 并不存在,这是因为要收集的数据来自不同的网站,没有一个综合多个网站数据的 API,而且如果需要的数据非常小众,相关网站也不会为此单独做一个 API,另外很多网站没有基础设施或技术能力去建立 API 接口。

即使 API 已经存在,可能还会有请求内容和次数限制,API 能够提供的数据类型或者数据格式可能也无法满足需求,这时网络数据采集就派上用场了。在浏览器上看到的内容大部分都可以通过编写网络爬虫程序来获取,也就是说,文本、图片、视频、文件等常见类型的数据均可以通过爬虫获取。如果可以通过程序获取数据,那么就可以把数据存储到数据库里或者保存成文件,以供后续使用。

4. 爬虫原理及技术框架

爬虫系统对互联网各个网页的爬取可以看作是爬虫软件对一个有向图的每个节点的遍历,其中图的每个节点可以看作是一个网页,页面之间的链接看作是有向图的边。而图的遍历又分为深度优先遍历和广度优先遍历,因此爬虫系统的爬取也可以分为深度优先爬取和广度优先爬取。在实际实现过程中,一般会两者结合,即既有深度优先也有广度优先。考虑到爬虫过程一般是一个比较耗时的过程,在实现时会采用多进程、多线程方式进行抓取。

爬虫系统首先从互联网页面中精心选择一部分网页,以这些网页的超链接地址作为种子 URL,将这些种子放入待抓取 URL 队列中,爬虫从待抓取 URL 队列依次读取,并将 URL 通过 DNS 解析,把链接地址转换为网站服务器对应的 IP 地址。然后爬虫将其和网页相对路径名称交给网页下载器,网页下载器负责页面的下载。对于下载到本地的网页,一方面将其存储到页面库中,等待建立索引等后续处理;另一方面将下载网页的 URL 放入已抓取队列中,这个队列记录了爬虫系统已经下载过的网页 URL,以避免系统的重复抓取。对于刚下载的网页,从中抽取出包含的所有链接信息,并在已下载的 URL 队列中进行检查,如果发现链接还没有被抓取过,则放到待抓取 URL 队列的末尾。在之后的抓取调度中会下载这个 URL 对应的网页。如此这般,形成循环,直到待抓取 URL 队列为空,这代表着爬虫系统已经将能够抓取的网页全部抓完,此时完成了一轮完整的抓取过程,如图 2-3 所示。

5. 爬虫基本流程和实现语言

发起请求:通过 URL 库向目标站点发起请求,即发送一个请求,请求可以包含额外的 headers 等信息,等待服务器响应。

获取响应内容:如果服务器能正常响应,会得到一个响应,响应的内容便是所

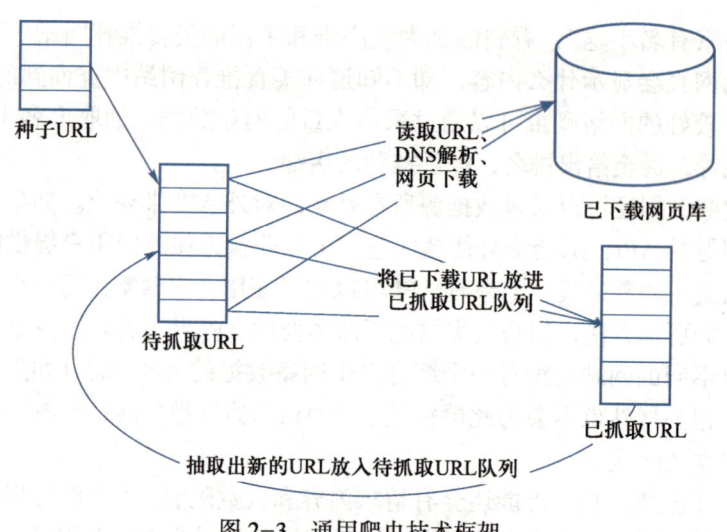

图 2-3 通用爬虫技术框架

要获取的页面内容，类型可能有 HTML、JSON 字符串、二进制数据（如图片视频）等类型。

解析内容：得到的内容可能是 HTML，可以用正则表达式、网页解析库进行解析。可能是 JSON，可以直接转为 JSON 对象解析。可能是二进制数据，可以保存或者做进一步的处理。

保存数据：保存形式多样，可以存为文本，也可以存至数据库，或者保存为特定格式的文件。

爬虫的基本流程如图 2-4 所示。

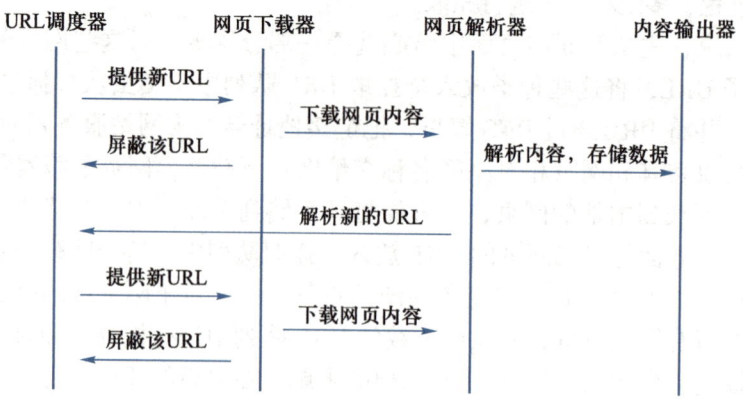

图 2-4 爬虫的基本流程图

主流的编程语言都可以编写网络爬虫程序。如 C、C++ 都适合写通用搜索引擎做全网爬取用的爬虫程序，具有高效率、速度快的优点，但是开发慢，编写代码较为困难。Perl、Python、Java 等脚本语言也可以编写爬虫程序，语言简单易学，具备良好的文本处理能力，能轻松实现对网页内容的细致提取，但效率往往不高，适合对少量网站的聚焦爬取数据预处理。PHP、C#、Ruby 等语言也可以实现爬虫功能。

选取何种语言编写爬虫程序要依据具体条件和需求。

为数据分析的任务编写爬虫获取所需数据，常用的程序语言是 Python。首先 Python 简洁的语法、众多成熟的库以及详细的帮助文档已经吸引了一大批用户。而实现爬虫功能时，相比其他动态脚本语言，如 Perl、Shell，Python 提供了较为完整的访问网页文档的 API。此外，抓取网页有时候需要模拟浏览器的行为，很多网站对于生硬的爬虫抓取都进行限制访问，这时就需要模拟 User-Agent 的行为构造合适的请求，比如模拟用户登录、模拟 Session 及 Cookie 的存储和设置，在 Python 里都有非常优秀的第三方工具包可以解决这些问题，如 Requests、Mechanize 和 Selenium。另外，抓取到的网页通常需要处理，比如过滤 HTML 标签和提取文本等，Python 的 BeautifulSoup 包提供了简洁的文档处理功能，能用极短的代码完成大部分文档的处理。当对抓取到的数据进行清洗发现常规的字符串操作方法无法处理或效率低下时，则可以尝试使用正则表达式，往往能起到事半功倍的效果，Python 的 re 模块就可以用来处理正则表达式。Python 还有 Scrapy、Crawley 等成熟的框架，即一些实现好的爬虫项目的半成品，根据实际情况手写少量需要变动的代码，并按照需要调用框架提供的接口，可以高效快速地实现一个爬虫项目。

6. 反爬虫及如何应对反爬虫

知己知彼，百战不殆。为了有效、合理地实现爬虫，实施者不仅要知道如何实现爬虫，也要了解什么是反爬虫技术以及如何应对反爬虫。

网站服务器会消耗很多的资源用于给爬虫提供服务，所以一些网站将反爬虫作为网站优化的手段之一。另外，一些以内容提供为主的网站，会利用反爬虫技术防止网站内容被盗用。还有些公司出于数据保护的目的，不希望网站上的重要数据被他人轻易获取。简单而言，反爬虫技术就是使用任何技术手段，阻止他人批量获取自己网站信息的一种方式，主要用来限制爬虫的效果。

一般网站从三个内容方面进行反爬虫探测，包括请求网站访问时的请求 Headers、用户行为、目标网站的目录和数据加载方式。前两个方面是常见反爬虫策略关注的内容，第三个则是应用 AJAX（异步加载）的方式加载页面目录或者内容，增大爬虫获取数据的难度。但是仅检验请求 Headers 或限制 IP 一般无法达到网站运营者对反爬虫的要求，还需要更进一步的反制措施，主要方式包括 Cookie 限制、验证码反爬虫以及 Noscript。

（1）通过 Headers 反爬虫

从用户请求的 Headers 着手进行反爬虫是最常见的反爬虫策略。由于正常用户访问网站时是通过浏览器访问，所以目标网站通常会在收到请求时校验 Headers 中的 User-Agent 字段，如果不是携带正常的 User-Agent 信息的请求便无法通过请求。还有一部分网站为了防盗链，还会校验请求 Headers 中的 Referer 字段。如果遇到了这类反爬虫机制，可以直接在自己写的爬虫程序中添加 Headers，将浏览器的 User-Agent 复制到爬虫的 Headers 中。另外通过对请求的抓包分析，将 Referer 值修改为目标网站域名，就能很好地绕过反爬虫限制。

（2）基于用户行为反爬虫

一些网站会通过用户的行为来检测网站的访问者是否是爬虫，例如同一 IP 短时间内多次访问同一页面，或者同一账户短时间内多次进行相同操作。大多数网站都是前一种情况，对于这种情况有两种策略。

使用代理 IP：例如，可以专门写一个在网上抓取可用代理 IP 的脚本，然后将抓取到的代理 IP 维护到代理池中供爬虫使用，当然，实际上抓取的 IP 不论是免费的还是付费的，通常的使用效果都极为一般，如果需要抓取高价值的数据，也可以考虑购买宽带 ADSL 拨号的 VPS，如果 IP 被目标网站封掉，重新拨号即可。

降低请求频率：例如，每隔一个时间段请求一次或者请求若干次之后暂停一段时间。由于网站获取到的 IP 是一个区域网的 IP，该 IP 被区域内的所有人共享，因此这个间隔时间并不需要特别长。

对于第二种情况，可以在每次请求后随机间隔几秒后再进行下一次请求。对于有逻辑漏洞的网站，可以通过请求几次→退出登录→重新登录→继续请求来绕过同一账号短时间内不能多次进行相同请求的限制，如果能有多个账户，切换使用的效果更佳。

（3）动态页面的反爬虫

上述几种情况大多出现在静态页面，动态网页需要爬取的数据是通过 AJAX 请求得到，或者通过 JavaScript 生成。可以首先用 Firebug 或者 HttpFox 对网络请求进行分析。如果能够找到 AJAX 请求，并能分析出具体的参数和响应的具体含义，就能直接利用 Requests 或者 urllib2 模拟 AJAX 请求，对响应的 JSON 进行分析得到需要的数据。

能够直接模拟 AJAX 请求获取数据固然很好，但是有些网站把 AJAX 请求的所有参数进行了加密，没有办法自行构造所需数据的请求。更有甚者，除了加密 AJAX 参数，还将一些基本的功能都进行了封装，调用自己的接口，而接口参数往往加密。遇到这样的网站，可以通过 Selenium + phantomJS 框架，调用浏览器内核，并利用 phantomJS 执行 JavaScript 模拟人为操作以及触发页面中的 JavaScript 脚本，从填写表单到点击按钮再到滚动页面，不用考虑具体的请求和响应过程，可以自动完成模拟用户浏览页面获取数据的完整过程。这套框架几乎能绕过大多数的反爬虫，因为它不是伪装成浏览器来获取数据（上述通过添加 Headers 的方法一定程度上就是为了伪装成浏览器），它本身就是浏览器，phantomJS 就是一个没有界面的浏览器，只是操控这个浏览器的不是用户本身，而是程序。

（4）Cookie 限制

与 Headers 校验的反爬虫机制类似，当用户向目标网站发送请求时，会在请求数据中携带 Cookie，网站通过校验请求信息是否存在 Cookie 以及校验 Cookie 的值来判定发起访问请求的到底是真实的用户还是爬虫。

Cookie 校验和 Headers 校验的区别在于，用户发送的 Headers 的内容形式是固定的可以被轻易伪造的，Cookie 则不然。浏览器请求网站访问的过程中得到的 Cookie 往往都是经过相关 JavaScript 代码已经改变了 domain 的 Cookie，假如直接手动修改爬虫携带的 Cookie 去访问对应的网页，由于携带的 Cookie 已经是访问之后的 domain 而不是访问之前的 domain，所以无法成功模拟整个流程，必然导致爬虫访问页面失败。Cookie 可能会携带大量的随机哈希字符串或者不同时间戳组合的字符串，并且会根据每次访问更新 domain 的值。对于这种限制，首先，在对目标网站抓包分析时，必须先清空浏览器的 Cookie，然后在初次访问时，观察浏览器完成访问的过程中的请求细节（通常会在这一过程中发生若干次 301/302 转跳，每次转跳网站返回不同的 Cookie 给浏览器，在最后一次转跳中请求成功）。在抓包完成对请求细节的分析之后，再在爬虫上模拟这一转跳过程，然后截取 Cookie 作为爬虫自身携带的 Cookie，这样就能够绕过 Cookie 的限制完成对目标网站的访问。

（5）验证码限制

这是一个相当古老但却不失有效性的反爬虫策略。更早的时候，这种验证码可以通过 OCR 技术进行简单的图像识别，从而进行破解，但是如今验证码的干扰线噪点已经多到肉眼都无法轻易识别的地步。所以就目前而言，由于 OCR 技术发展不力，验证码限制技术反而成了许多网站最有效的反爬虫手段之一。还有另外一种特殊的第三方验证码——拖动验证，更加难以用爬虫程序验证通过。

爬虫程序和反爬虫机制始终都在进行着一场无休止的博弈，新的爬虫技术不断问世，同样，反爬虫机制也在不断完善。

7. 网络爬虫的法律与道德约束

虽然理论上只要技术能够实现，爬虫就能获取到互联网上一切能够获取到的数据。但是为了网络空间的文明和规范，我们应该遵循使用互联网的道德与准则，在实现爬虫时更要注重获取的途径和所得数据合理合法，对数据的使用也正当合规。

从互联网上获取数据，首要的是遵循法律规范。未经作者或版权所有者的授权，不可以直接发布有版权的信息，如把允许自由使用的有版权信息保存在自己不公开数据库里完全合法，但若是将数据展示到网站上供人们浏览或下载，就可能侵权。侵犯服务器等动产也属于违法，如非法访问、恶意攻击服务器等。同时，利用爬虫对网站进行暴力破解，收集政府机密等行为都属于违法行为。

因此，很多网站会利用"robots.txt"文件来公开说明爬虫访问规则。1994 年 6 月 30 日，在经过搜索引擎人员以及被搜索引擎抓取的网站站长共同讨论后，世界互联网技术邮件组正式发布了一份行业规范，即 robots 协议，全称是"网络爬虫排除标准"。这份协议至今仍是该领域广泛认可并实施的行业标准，其基于以下原则建立：搜索技术应服务于人类，同时尊重信息提供者的意愿，并维护其隐私权。网站有义务保护其使用者的个人信息和隐私不被侵犯。

robots.txt 文件一般放置在网站根目录下，告知爬虫程序哪些页面能被抓取，哪些页面不能被抓取；可以屏蔽一些网站中比较大的文件，节省服务器带宽；可以屏蔽站点的一些死链接，方便搜索引擎抓取网站内容；可以设置网站地图连接，方便引导蜘蛛爬取页面。当爬虫访问一个网站时，首先应检查该网站中是否存在这个文件，如果爬虫程序找到了这个文件，爬虫将根据这个文件的内容，限制访问的范围。如果该文件不存在，表明原则上爬虫能够访问网站上所有未被口令保护的页面。

robots 协议代表了一种契约精神，虽然并不是强制性约束，但是只有互联网企业以及个人遵守这一规则，才能保证网站及用户的隐私数据不被侵犯。

2.2 电子商务数据采集

电子商务数据伴随消费者和企业的行为实时产生，广泛分布在电子商务平台、社交媒体、智能终端、企业内部系统和其他第三方服务平台上。电子商务数据的类型多种多样，既包含消费者交易信息、消费者基本信息、企业的产品信息与交易信息，也包括消费者评论信息、行为信息、社交信息和地理信息等。在大数据环境下，电子商务平台中的数据具有公开共享的特征。

2.2.1 数据来源及分类

按照数据来源划分，电子商务数据可以概括地分为基于电子商务平台的基础数据、基于电子商务专业网站的研究数据、基于电子商务媒体的报道和电子商务评论数据等。

其中，电子商务平台是指为企业或个人提供网上交易洽谈的平台，企业、商家可以充分利用电子商务平台提供的网络基础设施、支付平台、安全平台、管理平台等共享资源有效、低成本地开展自己的商业活动。电子商务平台是电子商务数据产生的基本载体，主要包括商品数据、客户基本信息数据、交易数据和客户评价数据。随着电子商务的发展，相关的研究性网站也随之增多。这些研究性网站提供了电子商务发展和现状的一些研究性数据、报告，同时还开展了相关领域的数据研究、调研、分析和咨询等活动，为电子商务增添了丰富的数据信息。电子商务媒体是指对电子商务的动态进行实时报道、评论的介质平台，国内主要包括新闻和社交两大部分。新闻网站对电子商务的发展合作动态有着准确、及时的把握，并使用专业性的语言发布，对国家电子商务政策、重大电子商务会议、论坛等宏观信息还原度高且及时，对地方电子商务发展的微小事件也有所提及，地域度和事件范围较广。社交网站中的电子商务数据主要体现为微博中的电子商务话题及用户评论数据和博客中电子商务政策解读、技术分析、事件讨论等文章性数据。

电子商务平台的数据分为公开数据和未公开数据，公开数据是指用户通过访问电子商务平台能看到的数据，未公开数据是指电子商务企业存储但未公开的数据。这里采集的数据主要是通过网络爬虫能够获取到的公开的网页数据。

一般而言，网页的内容数据和结构数据都可以公开访问，网络日志数据即用户的访问行为记录通常不对外公开。但这些也并非绝对，在网页内容数据中，有的电子商务网页采取了一定的策略防止数据被过量爬取，如对商品的评论数据使用了反爬虫技术，当爬取评论页面超过一定频次时会返回空页面或要求输入验证码。网络日志数据也并非完全的不公开，常见的用户对商品的评论、成交记录、历史购买记录等公开数据也可看作是网络使用数据的一部分。

电子商务平台的公开数据可以分为商品信息、商家信息、电子商务平台信息、网页结构信息。商品信息包括商品名、商品描述、商品类别、商品参数、商品促销信息、商品价格、商品评分、商品销量、商品评论、商品成交记录（部分电子商务平台有）、商品所属卖家等。商家信息包括商家名、商家类型、商家地址、商家等级、商家评价信息等。电子商务平台信息主要指电子商务名、电子商务类型、电子商务平台上的促销信息以及电子商务平台上不属于单独一类商品、商家的信息。网页结构信息主要是指电子商务网站的网络拓扑结构以及网页的展示结构、推荐商品等。

电子商务平台非公开的数据中包括两类重要的数据,即客户数据和交易数据。电子商务平台存储了用户的一些隐私数据,如用户姓名、性别、年龄等内在属性数据,所在城市、教育程度、工作单位等外在属性数据,注册时间、消费频率、消费金额等业务属性数据。这些数据的采集,有利于分析客户消费行为和消费倾向等特征。客户在电子商务平台上产生购买行为时,其交易数据包括购买时间、购买商品、购买数量、支付金额、支付方式等。通过对交易数据的采集和分析可以评估客户价值,将潜在客户转为价值客户,实施精准营销。这类非公开的数据很难通过一般的网络爬虫获取到。

2.2.2 电子商务平台数据采集

电子商务数据主要分为由文字、数值组成的文本类型数据和包括图片、视频等在内的多媒体数据。因此,对电子商务数据的采集可以参考文本数据和多媒体数据的采集方法。

(1) HTML 网页文本、图片数据采集

获取网页内容是电商数据采集最基本的操作,以对电子商务平台网站数据的获取为主要渠道。获取电子商务数据可以通过分析电子商务平台网页结构、定位数据位置、提取数据标签、编写爬虫程序、使用爬虫和一定的数据预处理来进行。电子商务网站种类繁多,网页结构多变,采用动态加载的方式,对采集的数据要求较高,数据分类较细这些特点都导致了其采集难度比一般的网站要大。

(2) JSON 或 XML 页面文本、图片数据采集

尽管可以通过网络爬虫及其改进技术实现电子商务平台数据的采集,但网络爬虫获取的往往是整个页面数据,缺乏针对性。另外,仅用爬虫从社会化媒体网站(如微博)上批量获取到电子商务相关数据的难度较大。调用网站自身提供的 API 可以很好地解决数据缺乏针对性的问题,很多社会化媒体网站推出了开放平台,允许用户申请平台数据的采集权限,并提供相应的 API 接口以采集数据。

开放认证(OAuth)协议不需要提供用户名和密码来采集用户数据,它给第三方应用提供一个令牌,每一个令牌授权对应特定的网站(如社交网站),并且应用只能在令牌规定的时间范围内访问特定的资源。在获得授权的情况下,第三方程序可以通过这些 API 直接获取网络数据,这些数据通常以 JSON 或 XML 的格式呈现,具有清晰的数据结构,非常便于通过程序直接进行数据抽取。

2.2.3 面临的问题

电子商务网页没有统一的格式,不同商品类型、不同电子商务网站的网页结构差异大。数据中有较多的半结构化数据和无结构化数据,这导致数据识别和定位难,同时由于电子商务网站采用动态网页技术对网页内容渲染,使得爬虫获取数据

困难，耗时长。

大量电子商务网站为了保证企业内部数据闭环，往往采用了反爬虫技术，例如使用图片代替文本来显示价格信息，采用 AJAX 技术异步传输数据，这都大大增加了电子商务网站信息采集的难度。

电子商务数据量不断增加，平台数量不断增多，一个商品不仅有商品描述、价格、属性等基本信息，还有评分、评价等信息，使得数据维度变大。虽然分布式爬虫技术和存储技术的出现一定程度上解决了数据量巨大、分布广泛的问题，但如何高效、低成本地采集电子商务数据仍然亟待解决。

近来电子商务数据从传统的电子商务平台数据延伸到了互联网中其他涵盖电子商务数据的载体上，如社交网络、智能终端等。这些拓宽的数据来源丰富了电子商务数据的广度和深度，对进一步理解、利用电子商务数据起到了促进作用，但同时也对如何行之有效地采集这些信息提出了挑战。

2.3 数据预处理

实际上获取到的数据大多都是不完整的，无法直接进行数据分析，所以必须对所收集的数据进行分类或分组，这些所做的审核、筛选、排序等必要的处理工作，就是预处理。数据预处理有多种方法，如数据清理、数据集成、数据变换、数据归约等。这些数据处理技术在数据分析之前使用，能提高数据分析的质量和效率。

2.3.1 数据清理

可以通过填写缺失值、光滑噪声数据、识别或删除离群点并解决不一致性来"清理"数据。数据清理的主要目标是格式标准化、异常数据清除、错误纠正、重复数据的清除。常见的清理对象有缺失值和异常值。

（1）缺失值

由于采集缺失、数据存储失败、有意隐瞒等多种原因，数据往往会出现缺失。对待缺失值，可以删除包含有缺失值的元组或属性，但这样会导致样本不足或者特征数不够，一般不建议采取此种做法。对缺失值的处理原则是用最可能的值代替缺失值，使缺失值与其他数值之间的关系保持最紧密。

总体来说，填充属性值缺失的常用方法有以下几种。

① 忽略元组或属性：当缺少类标号或元组有多个属性同时缺少值时可忽略元组，意味着该元组的剩余属性值也被抛弃。当一个属性有多个缺失值时，该属性可视作无效属性，可忽略。

② 人工填充缺失值。适用于数据集小，缺失值少的情况。

③ 使用一个全局常量填充缺失值，如 0 或者 "NULL" 等。

④ 使用属性的中心度量（如均值或中位数）填充缺失值。

⑤ 使用与给定元组属同一类的所有样本属性均值或中位数填充缺失值。

⑥ 使用最可能的值填充缺失值，可用回归、贝叶斯、决策树等模型通过推理归纳来确定。

（2）异常值

异常值是数据集中偏离大部分数据的数据。从数值上表现为数据集中与平均值的偏差超过两倍标准差的数据，其中与平均值的偏差超过三倍标准差的数据称为高度异常的异常值。

总的来说，对异常值的处理方式有以下几种。

① 直接删除：这种方法简单易行，但在数据量少的情况下可能会造成样本量不足。同时若直接删除的记录很多则可能会改变变量的原有分布，造成统计模型不够稳定。

② 暂且保留，待结合整体模型综合分析再做处理。

③ 用均值或其他统计量取代。

④ 视为缺失值处理。

2.3.2 数据集成

数据集成是将来自多个数据源的数据合并在一起，形成一致的数据存储，如将不同数据库中的数据集成到一个数据仓库中存储。数据集成主要涉及冗余处理和冲突数据检测和处理。良好的集成有助于减少数据集的冗余和不一致。

数据冗余是指数据属性过多，且其中部分属性可以相互代替或推导得出。对于冗余数据需要分析检测后将其删除。冗余处理的主要方法是相关性分析。

对于冲突数据检测与处理，主要原因在于数据集成时会将一个数据库的属性与另一个数据库匹配，此时要考虑数据的结构，保证原系统中的属性函数依赖和参照约束与目标系统中的匹配。例如重量属性可能在一个系统中以公制单位存放，而在另一个系统中以英制单位存放。

可以来看以下一个案例。

如表2-3和表2-4所示，其中的数据是从Kaggle网站中House Predict项目改编而来，该项目中原始数据有81个特征属性，包括要预测的价格属性，其中很多属性存在缺失值。此处改编后用以示例简单的预处理过程。

表 2-3 原 始 数 据

ID	MSZonging	LotArea	YearBuilt	MSSubClass
1	A	8 450	1950	20
2	C	NaN	1947	20
3	RH	11 250	1955	30
4	C	9 550	1952	NaN

MSZonging：房子所在区域的类型，A 代表"农业"，C 代表"商业"，I 代表"工业"，RH 代表"住宅密集区"，RL 代表"住宅稀疏区"。

LotArea：宅基地面积，单位为平方英尺。

YearBuilt：初始建造年份。

MSSubClass：住宅风格，"20"代表"一层，全新风格"，"30"代表"一层，老式风格"，"40"表示"一层，有阁楼"，"50"表示"二层，新式风格"。

表 2-4 原 始 数 据

ID	RoofStyle	PoolArea	PoolQC	GarageArea
1	Flat	950	NaN	NaN
2	Flat	1 000	Gd	NaN
3	Hip	1 800	Ex	NaN
4	Shed	0	NaN	NaN

RoofStyle：房顶风格，Flat 为平顶，Gable 为山墙型，Hip 为四坡屋顶，Shed 为单坡屋顶。

PoolArea：游泳池面积，单位为平方英尺。

PoolQC：游泳池质量，Ex 表示"特别好"，Gd 表示"好"，TA 表示"普通"，Fa 表示"可接受"，NA 表示"没有泳池"。

GarageArea：车库面积，单位为平方英尺。

下面来对这些数据进行分析和处理。

表 2-4 中的 NaN 表示"Not a Number"，即为缺失值。两张表根据 ID 判断描述的是相同的对象，涵盖了不同属性，所以可以将两张表结合到一张表中，这样更为清晰。"LotArea"属性中 2 号样本值缺失，此处采用均值填充的方法，填充值"9 750"；4 号"MSSubClass"属性缺失，因为此处的数字无数值含义，代表的是分类，可根据出现次数最多的种类猜测其最可能所属的种类，根据表格内容，可以认为其住宅风格为"20"；"GarageArea"属性全为缺失值，可能该属性没有收集到数据，所以为无效属性，可删除。对于"PoolArea"和"PoolQC"，泳池质量应与泳池面积有关，因此，对于有泳池面积数据却没有泳池质量数据的，利用泳池面积进行填充。容易得知，泳池面积为 0 的为表示无泳池，所以 Id 为 4 的样本的泳池质量可填充为"NA"；对于 ID 为 1 的样本，其泳池面积与 2 号相近，所以可简单聚类填充为"Gd"。最后，预处理后得到的结果如表 2-5 所示。

表 2-5 预处理后的数据

ID	MSZonging	LotArea	YearBuilt	MSSubClass	RoofStyle	PoolArea	PoolQC
1	A	8 450	1950	20	Flat	950	Gd
2	C	9 750	1947	20	Flat	1 000	Gd
3	RH	11 250	1955	30	Hip	1 800	Ex
4	C	9 550	1952	20	Shed	0	NA

注意：因此处数据量极少，且没有考虑应用背景，填充缺失值时只是简单示范，结果不一定符合实际情况，即不一定正确。

2.3.3 数据变换

数据变换是指通过平滑聚集、数据概化、规范化等方式将数据转换成适用于数据挖掘和进一步分析的形式。这里重点介绍数据规范的常见方法，一般有3种常见的数据规范化方法。

重缩放/归一化（rescaling）：通常是指增加或者减少一个常数，然后乘以/除以一个常数，来改变数据的衡量单位，如将温度的衡量单位从摄氏度转化为华氏度。

正则化（normalization）：通常是指除以向量的范数。例如，将一个向量的欧氏长度等价于1。在神经网络中，"正则化"通常是指将向量的范围重缩放至最小化或者一定范围，使所有的元素都在［0，1］范围内。通常用于文本分类或者文本聚类中。

标准化（standardization）：通常是为了消除不同属性或样本间的不齐性，使同一样本内的不同属性间或同一属性在不同样本内的方差减小，例如，如果一个向量包含高斯分布的随机值，可以通过减去均值后除以标准偏差，然后获得零均值单位方差的"标准正态"随机变量。

规范化数据试图赋予所有属性相等的权重。对于涉及神经网络的分类算法或基于距离度量的分类（如最近邻分类）和聚类，规范化特别有用。如果使用神经网络后向传播算法进行分类挖掘，则对训练元组中每个属性的输入值进行规范化，将有助于加快学习阶段的速度。对于基于距离的方法，规范化可以帮助防止具有较大初始值域的属性与具有较小初始值域的属性相比权重过大的问题。在没有数据的先验知识时，规范化也很有价值。

对数据进行规范化的具体操作有以下几种。

变量派生：这个技巧很常用，通过对原始变量进行简单的数学运算，生成一些有用的新变量，方便后续的计算和使用。最常见的一个例子就是对出生日期这个变量进行派生，用当前日期减去出生日期，即得到一个"用户年龄"的新字段，显然后者比前者更加有用。另一个典型例子就是回归分析中的哑变量，它就是一种派生变量。

变量转换：除了使用变量派生技巧，有时也会对变量进行直接变换。例如，为了改变变量的分布，让其近似倒钟形曲线（即近似正态分布），提升模型自变量的预测能力时，就会进行变量转换。常见的手段有取绝对值、取对数、取倒数、取指数、开平方、开平方根等。

这里特别指出对类别特征进行编码的问题。处理数据时经常会遇到一些类别特征，这些特征具有离散型的特征，如［"男性"，"女性"］，［"来自欧洲"，"来自美国"，"来自亚洲"］，［"使用Firefox浏览器"，"使用Chrome浏览器"，"使用Safari浏览器"，"使用IE浏览器"］等。这种类型的特征常常被编码为整型（int），用到一种"one-hot-encoding"的思想，如［"男性"，"来自美国"，"使用IE浏览器"］可以表示成［0，1，3］，［"女性"，"来自亚洲"，"使用Chrome浏览器"］可以表示成[1，2，1]。注意这里的数字只是名义变量（nominal），无任何数学运算上的意义，也不包含大小顺序。

分箱转换：把连续变量转换为类别变量，以便开展后续分析计算工作。一些数据挖掘算法，特别是分类算法，要求数据是分类属性形式。常常需要将连续属性变换成分类属性，即连续属性离散化。

其中常用的离散化方法有如下几种。

等宽法：将属性值域分成具有相同宽度的区间，区间的个数由数据本身的特点决定，或者由用户指定，类似于制作频率分布表。如有数据[10，11.5，13，16，17，20]，将其分成三类，即可以划为10~13.5，13.5~17，17~20.5三个区间，那么[10，11.5，13]为一类，[16]为一类，[17，20]为一类，原数据就可以编码为[0，0，0，1，2，2]。

等频法：将相同数量的记录放进每个区间。依然采用上例的数据[10，11.5，13，16，17，20]，因为数据已经排好序，设定每组观察点数量为3，则[10，11.5，13]为一类，[16，17，20]为一类，原数据就可以编码为[0，0，0，1，1，1]。

基于聚类分析的方法：首先用聚类算法（如K-means算法）进行聚类，然后处理聚类得到的簇。

数据标准化：所用的度量单位可能影响数据分析。为避免对度量单位的依赖，数据应该标准化，使之在一个较小的共同区间，如[-1，1]或[0，1]。

常用的标准化方法有如下几种。

最小-最大规范化：正指标（指标值越大越好），$X'=(X-min)/(max-min)$，新指标值均在0~1之间，正、逆指标均化为正向指标，最优值为1，最劣值为0；逆指标（指标值越小越好），$X'=(min-X)/(max-min)$，新指标值均在-1~0之间，正、逆指标均化为逆向指标，最优值为-1，最劣值为0。最小-最大规范化保持原始数据值之间的联系。

z-分数规范化：$X'=(X-mean(X))/\sigma(X)$，$mean(X)$为样本X的均值，$\sigma(X)$为样本X的标准差，该标准差也可以用均值绝对偏差替换。

按小数定标规范化：$X'=X/(10\times j)$，其中，j是满足条件的最小整数。

通过移动数据的小数点位置：其中小数点移动多少位取决于属性A的取值中的最大绝对值，如假定A的值由-986到917，A的最大绝对值为986，为使用小数定标标准化，这里用1 000（即$j=3$）除以每个值，这样，-986被规范化为-0.986。

此处采用前面案例的部分结果数据并加以改编举例说明，如表2-6所示。

表2-6 原 始 数 据

ID	MSZonging	LotArea	YearBuilt
1	A	8 450	1950
2	C	9 750	1947
3	RH	11 250	1955
4	C	9 550	1952

很多算法对变量值为字符串（类型变量）的处理都是将其编码为数据后再进行运算，能够提高算法的效率。此处展示"one-hot-encoding"的一种处理。对于 MSZonging 变量，假设其只有表格中的三种类型，即 A、C 和 RH，则每一样本只会属于其中一种类型，当其属于某一类型时，该样本在该类型下标记为"1"，否则为"0"；对于 LotArea 属性，可以采用最小-最大标准化方法对其进行正指标标准化，最大值为 11 250，最小值为 8 450，则 9 750 标准化后变换为（9 750 - 8 450）/（11 250 - 8 450）= 0.464。最后，还可以派生一个新的变量"房龄"，用年份（2020）减去房子的建造年份，所得结果比建造年份更能代表房子的质量，直观且具有可比性。处理后的结果如表 2-7 所示。

表 2-7 预处理后的数据

ID	LotArea	HouseAge	MSZonging _A	MSZonging _C	MSZonging _RH
1	0	70	1	0	0
2	0.464	73	0	1	0
3	1	65	0	0	1
4	0.393	68	0	1	0

2.3.4 数据归约

数据归约技术可以用来得到数据集的归约表示，降低数据规模，但几乎保持原数据的完整性，产生同样或接近的分析结果。策略包括维归约、数量归约和数据压缩。

维归约（dimensionality reduction）是减少所考虑的随机变量或属性的个数，方法包括小波变换、主成分分析，把原数据变换或投影到较小的空间。属性子集选择也是一种维归约方法，不相关、弱相关或冗余的属性或维将被检测和删除。

数量归约（numerosity reduction）是用替代的、较小的数据表示形式替换原始数据，包括参数方法和非参数方法。参数方法使用模型估计数据，使得只需要存放模型参数而不是实际数据，如回归和对数—线性模型。非参数方法则包括直方图、聚类、抽样和数据立方体聚集。

数据压缩（data compression）是使用变换的方法，以便得到原数据的归约或压缩表示。如果原数据能够从压缩后的数据重构，而不损失信息，则该数据归约称为无损方法，如果只能近似重构原数据，则该数据归约称为有损方法。

为了完成数据挖掘或数据分析的任务，将近 60% 的时间都将花在数据的预处理上，所以尽管已经有很多数据预处理的方法，由于不一致性或脏数据的数量巨大以及问题本身的复杂性，数据预处理仍然是一个活跃的研究领域。

2.4 综合案例

此案例分为两部分,由简单到复杂地说明一般如何用网络爬虫从网络上采集数据,对数据预处理,从而进行统计、分析。

2.4.1 数据获取

这一部分主要介绍如何从网上获取想要的数据并简单处理成容易理解和使用的格式,熟悉基本流程和操作,帮助深入第二部分更为复杂的处理。首先尝试爬取维基百科上 1970 年 Billboard 排行榜前 100 名的单曲信息,通过爬取之后可以得到它的页面部分如图 2-5 所示。

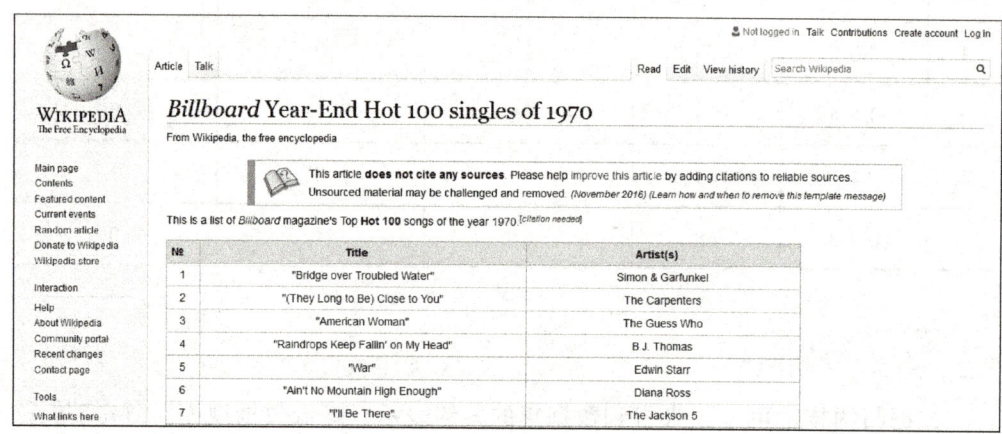

图 2-5 待采集数据的页面

首先,加载抓取页面和解析页面内容需要的库,下载抓取到的网页源代码,创建 BeautifulSoup 对象。

```
# BeautifulSoup 用于解析网页
from bs4 import BeautifulSoup
# "requests" 库比 Python 内置的 "urllib" 库处理 HTTP 请求更容易
import requests
# 用 requests 方法获取网页并下载
t1970=requests.get("http://en.wikipedia.org/wiki/Billboard_Year-End_Hot_100_singles_of_1970")
# 用获取到的 requests 对象创建 BeautifulSoup 对象
soup = BeautifulSoup(t1970.text,"html.parser")
```

此时,打印 soup 内容,可以看到源代码,如图 2-6 所示。

```
<!DOCTYPE html>
<html class="client-nojs" dir="ltr" lang="en">
<head>
<meta charset="utf-8"/>
<title>
Billboard Year-End Hot 100 singles of 1970 - Wikipedia
</title>
<script>
document.documentElement.className = document.documentElement.className.replace( /(^|\s)client-nojs(\s|$)/, "$1client-js$2" );
</script>
<script>
(window.RLQ=window.RLQ||[]).push(function(){mw.config.set({"wgCanonicalNamespace":"","wgCanonicalSpecialPageName":false,"wgNamespaceNumber":0,"wgPageName":"Billboard_Year-End_Hot_100_singles_of_1970","wgTitle":"Billboard Year-End Hot 100 singles of 1970","wgCurRevisionId":846459960,"wgRevisionId":846459960,"wgArticleId":30302961,"wgIsArticle":true,"wgIsRedirect":false,"wgAction":"view","wgUserName":null,"wgUserGroups":["*"],"wgCategories":["Articles lacking sources from November 2016","All articles lacking sources","All articles with unsourced statements","Articles with unsourced statements from November 2016","1970 record charts","Billboard charts"],"wgBreakFrames":false,"wgPageContentLanguage":"en","wgPageContentModel":"wikitext","wgSeparatorTransformTable":["",""],"wgDigitTransformTable":["",""],"wgDefaultDateFormat":"dmy","wgMonthNames":["","January","February","March","April","May","June","July","August","September","October","November","December"],"wgMonthNamesShort":["","Jan","Feb","Mar","Apr","May","Jun","Jul","Aug","Sep","Oct","Nov","Dec"],"wgRelevantPageName":"Billboard_Year-
```

图 2-6 部分页面源代码

仔细观察源代码（也可以直接借助浏览器的"查找元素"功能快速定位），发现要找的信息所在的表格包括在 class="wikitable" 的 "table" 标签内，获取表格内容的代码如下。

```
# 定位到表格后获取主体内容, 除去不需要的标题行
rows = soup.find("table", attrs={"class": "wikitable"}).find_all("tr")[1:]
```

此时变量 rows 为长度为 100 的列表，元素类型仍为 BeautifulSoup 对象，每一个元素是表格中的一行。打印前两个元素，结果如下。

```
<tr>
    <td>1</td>
    <td>"<a href="/wiki/Bridge_over_Troubled_Water_(song)" title="Bridge over Troubled Water (song)">Bridge over Troubled Water</a>"</td>
    <td><a href="/wiki/Simon_%26_Garfunkel" title="Simon &amp; Garfunkel">Simon &amp; Garfunkel</a>
    </td>
</tr>
<tr>
    <td>2</td>
    <td>"<a href="/wiki/(They_Long_to_Be)_Close_to_You" title="(They Long to Be) Close to You">(They Long to Be) Close to You</a>"</td>
    <td><a href="/wiki/The_Carpenters" title="The Carpenters">The Carpenters</a>
    </td></tr>
<tr>
```

可以看到每首单曲的信息在标签 <tr> 内，一对 <tr> 标签对应表格的一行，每行中有三对 <td> 标签，<td> 即为一列，包括了单曲的一个特征属性，经观察对比，第一列为排名，第二列为单曲名，第三列为作者（独立歌手或乐队名）。据此，编写函数抽取数据，并整理成易于操作的格式存储。

```
# 根据网页中表格内容，为存储需要的信息，定义字典的列表，元素格式如下
# {'url': '/wiki/Sugarloaf_(band)', 'ranking': 30, 'band_singer': 'Sugarloaf', 'title': 'Green-Eyed Lady'}
# 定义一个对表格中每行的每一列处理的函数
def cleaner(r):
    # 获取并存储排名
    ranking = int(r[0].get_text())
    # 获取并存取单曲名称
    title = r[1].get_text()
    # 获取并存储乐队（歌手）名称
    band_singer = r[2].get_text()
    # 获取并存储乐队（歌手）信息的超链接，后面可以用于爬取乐队（歌
    # 手）信息的 wiki 页面
    url = r[2].find("a").get("href")
    return [ranking, title, band_singer, url]
# 创建一个带名称的列表，作为字典的关键字
fields = ["ranking", "title", "band_singer", "url"]
# 现在用 cleaner 函数对给定的每一行中的每一列 "td" 处理
# zip 函数将创建两元素元组的列表，然后用 dict 函数作用于每元组创建
# 字典
# 元组的第一个元素为字典的键（key），第二个元素为值（value）
# 最终，通过列表推导（list comprehension）对每一行的处理将结果存于
# 一个列表中
songs = [dict(zip(fields, cleaner(row.find_all("td")))) for row in rows]
```

此时，变量 songs 保存了每一首单曲的基本信息，打印前三个列表元素可以看到如下内容。

```
[{'url': '/wiki/Simon_%26_Garfunkel',
'ranking': 1,
'title': '"Bridge over Troubled Water"',
```

```
    'band_singer': 'Simon & Garfunkel\n'},
   {"url": '/wiki/The_Carpenters',
    'ranking': 2,
    'title': '"(They Long to Be)Close to You"',
    'band_singer': 'The Carpenters\n'},
   {'url': '/wiki/The_Guess_Who',
    'ranking': 3,
    'title': '"American Woman"',
    'band_singer': 'The Guess Who\n'}]
```

每个元素为一个字典，对应一首单曲的信息；字典中含有三个键值对，分别保存了单曲的排名、名称、作者和作者 wiki 页面的 URL 超链接。

至此，已经完成了简单的网络爬虫程序，获取到了想要的信息。读者可以对获取到的数据做进一步分析和使用。需要说明的是，此处并未涉及错误、异常的处理，在网络爬虫的实现中，经常会遇到各种各样的问题，导致程序停止运行，此处无法一一列举，也不详细说明，读者在实践中需要重视并学习如何处理。

2.4.2 数据分析

下面主要介绍对爬取来的数据如何做简单的分析。用类似于上面获取 1970 年 Billboard 排行榜歌曲信息的过程抓取 1992—2014 年的歌曲排行榜信息，分析该类 wiki 页面的 URL 的结构，可以轻松构造出要用的 URL。用 Python 中的 Requests 模块下载存储这些网页。连续对同一网站抓取网页时，为防止网站服务器将这里对网页的请求判定为恶意机器人程序而拒绝服务，需要在连续获取网页时稍许停顿。

```
# 引入 time 模块
import time
years = range(1992, 2014)
yearstext = {}
for y in years:
    print(y)    # 可用于判断程序运行情况
    yreq = requests.get("http://en.wikipedia.org/wiki/Billboard_Year-End_Hot_100_singles_of_%i" % y)
    yearstext[y] = yreq.text
    time.sleep(1)    # 停顿一秒
```

将这段时间排行榜上的所有歌曲的信息汇总统一。具体的抽取信息并转换格式的过程比较烦琐，此处不做说明。最终，将结果存储到变量 yearinfo 中，其结构如下。

yearinfo 数据类型：<class 'dict'>

yearinfo 的 key：dict_keys（[1992, 1993, 1994, 1995, 1996, 1997, 1998, 1999, 2000, 2001, 2002, 2003, 2004, 2005, 2006, 2007, 2008, 2009, 2010, 2011, 2012, 2013, 2014]）

yearinfo 中字典值的类型：<class 'list'>

yearinfo 中字典值的列表长度：100

其中，每一年的列表的内容形式类似于如下形式。

```
[{'url':['/wiki/Ace_of_Base'],
'titletext': '"The Sign"',
'ranking': 1,
'songurl':['/wiki/The_Sign_(song)'],
'band_singer':['Ace of Base'],
'song':['The Sign(song)'] },
{'url':['/wiki/All-4-One'],
'titletext': '"I Swear"',
'ranking': 2,
'songurl':['/wiki/I_Swear#All-4-One_version'],
'band_singer':['All-4-One'],
'song':['I Swear'] },
{'url':['/wiki/Boyz_II_Men'],
'titletext': '"I\'ll Make Love to You"',
'ranking': 3,
'songurl':['/wiki/I%27ll_Make_Love_to_You'],
'band_singer':['Boyz II Men'],
'song':["I'll Make Love to You"] }]
```

yearinfo 是以年份为 key 的字典，值为 key 那年的排行榜上 100 首单曲的信息列表，每个列表元素又是一个字典，存储了一首单曲的排行（ranking）、单曲名（titletext）、作者（band_singer）、作者的超链接（url）、歌曲（song）以及歌曲的超链接（songurl）。

处理过程中需要注意以下四个方面。

① 一首单曲的作者可能不止一位（有时以逗号分开，有时以 & 号分开，还有其他分隔符），如何分别提取出来并保存（提示：根据 URL）。

② 一首单曲（single）可能包括两首歌曲（song），列表中多以"/"分开的，如何拆分并保存。

③ 字典中的键"titletext"保存的是表格中的单曲名称一栏的原始内容，用双引号表示出来，如何处理双引号。

④ 如果歌曲没有超链接，将"songurl"的值设为 [None]。"song"保存的是

无双引号的歌曲名列表（注意与"titletext"的区别）。

现在，变量 yearinfo 中含有 1992～2014 年共 23 年的 Billboard 前 100 的单曲的信息。

为了能重复利用已经获取到的数据，而不必等下次使用时重新爬取一次，可以将保存在临时变量中的数据存储到不会丢失信息的永久性的文件中。此处将数据保存到 JSON 类型的文件中。当需要文件中的数据时可以读入并保存到变量中（注：此处演示了打开文件的不同方法，两种方法等价）。

写入文件的代码如下。

```python
# 加载处理 json 类型数据的包
import json
# 新建文件并写入数据
fd = open("/tmp/yearinfo.json", "w")
json.dump(yearinfo, fd)
fd.close()
```

读出数据的代码如下。

```python
with open("/tmp/yearinfo.json", "r") as fd:
    yearinfo = json.load(fd)
```

为了方便操作，这里将 yearinfo 中的数据转换成数据框形式，如图 2-7 所示。

	year	band_singer	ranking	song	songurl	url
0	1992	Boyz II Men	1.0	End of the Road	/wiki/End_of_the_Road	/wiki/Boyz_II_Men
1	1993	Whitney Houston	1.0	I Will Always Love You	/wiki/I_Will_Always_Love_You#Whitney_Houston_v...	/wiki/Whitney_Houston
2	1994	Ace of Base	1.0	The Sign (song)	/wiki/The_Sign_(song)	/wiki/Ace_of_Base
3	1995	Coolio	1.0	Gangsta's Paradise	/wiki/Gangsta%27s_Paradise	/wiki/Coolio
4	1996	Los del Río	1.0	Macarena (song)	/wiki/Macarena_(song)	/wiki/Los_del_R%C3%ADo
5	1997	Elton John	1.0	Something About the Way You Look Tonight	/wiki/Something_About_the_Way_You_Look_Tonight	/wiki/Elton_John
6	1998	Next (group)	1.0	Too Close (Next song)	/wiki/Too_Close_(Next_song)	/wiki/Next_(group)
7	1999	Cher	1.0	Believe (Cher song)	/wiki/Believe_(Cher_song)	/wiki/Cher

图 2-7 变量 yearinfo 的数据框形式

每一行代表了一首歌曲，含有年份、歌曲名、歌手和排名的信息。先按排名进行了排序，排名相同的记录再按年份进行排序（排序方式不是必需的），并对数据类型进行了转换，例如，年份属性要设定为整型（int）。具体操作使用了 Python 中的 numpy 包和 pandas 包，这两个包对数组和数据框的处理提供了高效、易于使用的方法，是用 Python 做数据分析时最常用的包。

处理后各列属性的数据类型为 year: int64，band_singer: object，ranking: float64，song: object，songurl: object，url: object。每一行"band_singer"只含有一个元素，即将多作者进行了拆分，也就是说存在多行除了该列不同剩余属性的值均是相同的情况。

下面来看看谁是高质量的歌手。根据不同的解释有不同的依据。先根据一个歌手在这段时期内出现在Top100排行榜上的次数分析,如果一个歌手同一年内有两首歌上榜,两次均为有效上榜。此处适合用条形图展示结果。选择显示总共上榜15次以上的歌手,如图2-8所示。

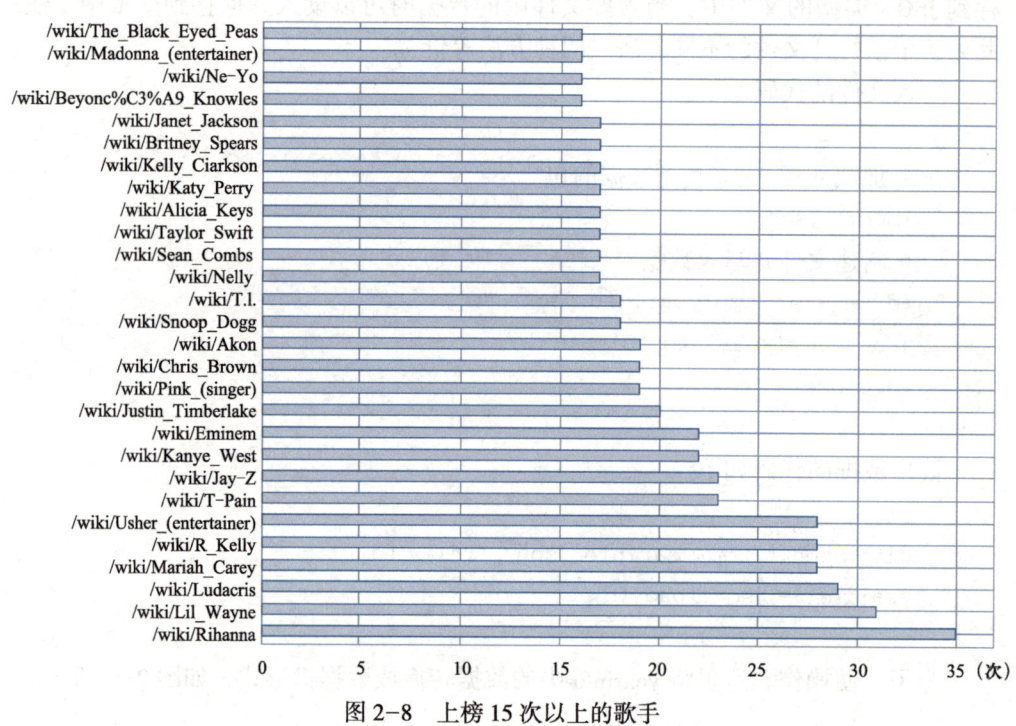

图2-8 上榜15次以上的歌手

观察图2-8,非常容易知道总共有28位选手,排在第一的为Rihanna,总上榜次数高达35次,平均一年将近2次。排在其次的是Lil_Wayne,总次数为31次,也是相当不错的表现。屈居第三的是Ludacris,也有29次。还可以对这些数据做其他的统计分析,如平均数、极值和众数等,更进一步还可以做聚类、预测等分析,读者可以自行探索和实践。

如果换一种判定标准,如根据歌手的排名信息,将每年的排名求和,则总和越低的歌手水平越高。这样似乎比一个歌手一次排在前几名,一次排在最后几名,但依然说其为"高质量"歌手更为合理。

为了方便比较,此处将每年每首歌曲的得分设为101-ranking,这样,得分越高的歌手表现越好,更符合日常做比较时的习惯。得分前20的歌手如图2-9所示。

观察图2-9,Rihanna依然排在第一,排在第二的变成了Mariah_Carey,根据上榜次数,其排在第四,并且可以简单猜测虽然她的上榜次数比不上Lil_Wayne,但几次上榜的排名都比较高,Lil_Wayne的排名仅下降一点,说明其水平比较稳定。排在第三的也更换了人员,现在的Usher按上榜次数排在第六,现在跃升了三位,说明他上榜次数虽然不是特别多,但每次上榜时排名都比较靠前。

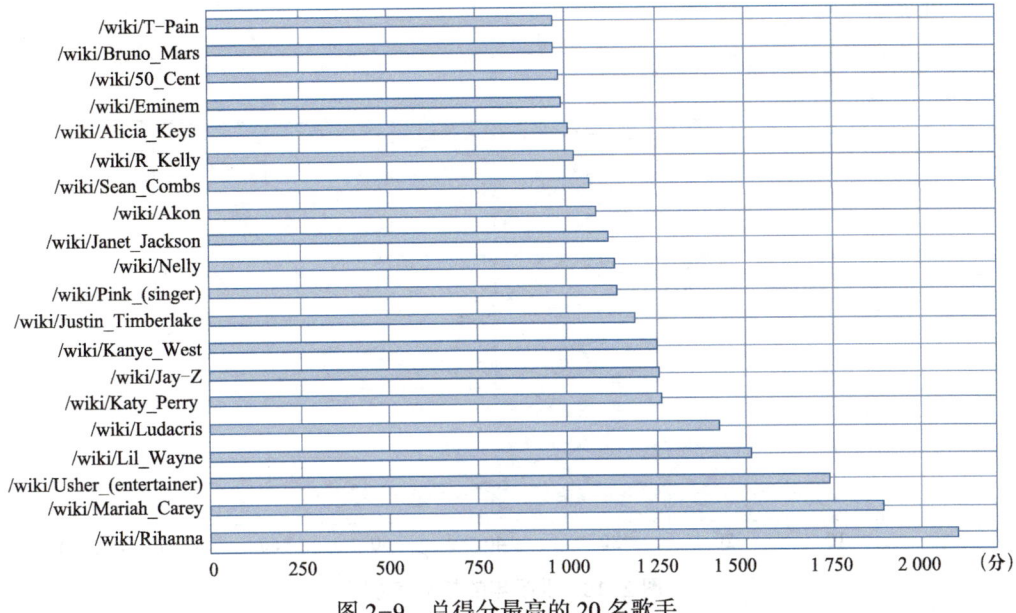

图 2-9　总得分最高的 20 名歌手

比较两个不同标准下的排名，虽然有些歌手的排名发生了变动，但变化不是很大，所以某种程度上两种标准可以相互代替。此外不管是哪种标准，Rihanna 都稳稳排在第一名，并且比排名稍微靠后的歌手表现要好出很多。因此可以说，Rihanna 是最优质的实力派唱将。

上面过程不仅获取了歌曲页面的 URL，也收集了歌手页面 URL。现在可以根据这些 URL 继续抓取网页并获取信息，分析出有用、有趣的结论。因为一个歌手可能有多首歌曲上榜，一首歌也可能在多个年份都榜上有名，也可能因为网络异常等原因导致某个 URL 获取页面失败。在根据 URL 抓取网页时可以设置一个已成功获取网页的 URL 列表，防止重复抓取同一页面。设置一个抓取失败的 URL 列表，可以尝试多次抓取未抓取到的页面，直到达到某个设定的最大重复次数或者获取成功。

对成功获取的歌手或乐队页面，从中抽取其出生日期或者成立年份，因为独立歌手和乐队的网页上有明显不同的 HTML 标签，因此很容易分出是乐队还是独立歌手。统计出的歌手年龄频率直方图如图 2-10 所示。

不难看出，20~30 岁的歌手数量最多，右边出现长尾。这样的情况是非常合理的。对于歌手，年龄很小便有所成就的非常稀少，表现非凡的多为中青年，但即使年龄较大的歌手仍能发挥出创作才能。

根据乐队的排名数据得到其排名最高的年份，减去其成立日期，便可知道其从出道到出名约经历了多少时间。将出道至出名的时间进行统计，如图 2-11 所示。

从图 2-11 可以获知，大多数乐队出道后 8 年内就可以获得很大的成就，但仍有一部分乐队奋斗了至少 10 年才能出现在 Billboard 的前 100 内。不是说榜上有名就代表了一切，但至少是一个乐队（或者歌手）所获评价的一种表现。这里有一个问题，很多乐队成立未达 10 年便解散了，那么 Billboard 上没有他们的名字也就不

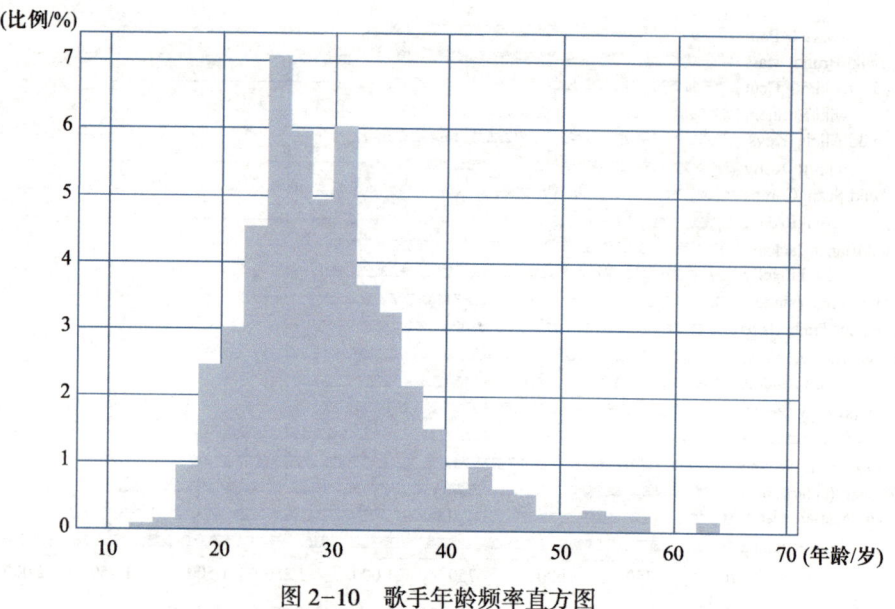

图 2-10　歌手年龄频率直方图

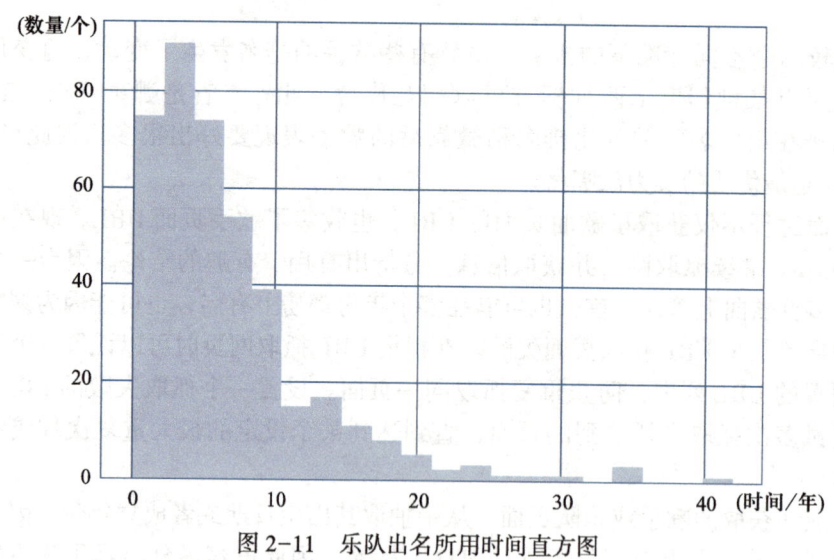

图 2-11　乐队出名所用时间直方图

足为奇了。所以，上榜的乐队何时上榜，何时解散，上榜持续时间和乐队成立时间以及解散时间之间有什么关系？这些信息在网页上都可以找到，希望读者能够动手尝试、探索。

2.5　本章小结

在大数据时代，数据是研究的重点和基础，但是数据是海量多样化的，很难从中筛选出有价值的内容，同时大量的数据杂乱无章，也无法做到一获得这些数据就能加以应用，因此研究如何获取数据和如何预处理数据就成了数据分析的第一步。

数据从来源可以分为系统内部数据和系统外部数据，其中系统内部数据多为公司企业中的用户信息等，内容多为隐私，因此一般难以获取。而系统外部数据则开放直观，不涉及公司内部内容，多为分析调研或社会公开资料等。从个人使用角度来看数据又分为一手资料和二手资料。其中一手资料的获取较为直接，有利于解决出现的问题。而二手资料则是为一些早已收集整理好的资料内容，适合用来进行分析总结，缺点在于时效性、可靠性较低。

由于数据来源的多样性，所以数据的采集方式也各不相同。一般常用的有问卷调查、物联网技术采集、网络日志采集、数据库采集和网络爬虫等。其中网络爬虫是应用最为广泛和久远的采集方式。网络爬虫作为一种自动检索工具，可以自动采集所有能够访问到的页面内容。它通过一个提供好的URL来读取该网页中的内容，如果该网页中存在其他网页链接，则自动进入网页链接重复读取操作直到满足某个条件。相比较人为的搜索数据资料，使用爬虫搜索在效率上明显更胜一等，它可以自动收集大量的网页数据，设计较好的网络爬虫甚至可以直接获取到需要的具体内容。

电子商务数据作为数据的一种，主要是与消费者和企业相关，如企业和消费者的基本信息、双方的交易信息等。电子商务数据主要分为基础数据、研究数据和评论数据，其内容主要是文本数据或多媒体数据。电子商务数据的采集主要可以通过网页页面文本内容获取和图片数据采集。然而，由于各个不同的电子商务平台的网页页面设计不同，商品类型、网页页面结构等差异较大，再加上不同的网页设计带有不同的系统动态效果，这些都导致了用网络爬虫采集数据信息的方式有着耗时长、成本高的问题。与此同时，许多企业内部的信息数据都涉及公司隐私和商业机密，因此为了防止数据的泄露，往往都设有反爬虫技术，对于重要的数据内容也通过图片替换文字的方式进行数据保护，这些都给电子商务平台上的数据采集工作带来了困难。随着如今互联网技术和电子商务的不断进步与发展，电子商务数据的数据种类和数据量愈发庞大，这虽然有利于对电子商务的进一步研究和拓展，但是同时对这些数据如何高效地采集也成了研究的重点。

即使通过一系列方法获取了大量的数据，这些数据内容也无法立刻被使用。采集到的多是些杂乱无章、格式不规范的散乱数据，因此拿到手后的第一步就需要进行预处理操作。对于采集数据缺失或部分数据偏离大部分数据的情况，通过数据清理的方法进行清除和整理；将多个数据来源采集的数据内容统一到一个数据库中，对于其中冗余或冲突的部分进行检测和筛选，对于其中重复集中的内容进行整理，进行数据集成；通过归一化、正则化、标准化的方式对数据进行数据变换，从而得到便于研究的数据格式；面对大型的数据集，通常用数据归约来进行原始数据压缩，用较小的数据表示形式进行替换从而降低数据集的规模。通过一系列的预处理操作，从海量数据集中选取出需要并且符合要求的内容加以使用。

在本章的案例分析中使用网络爬虫采集获取需要的内容，给定一个音乐网页的URL链接，在对网页进行解析之后，根据网页中的内容进行定义，通过函数创建列表并读取内容加以存入。在获取了需要的数据内容后再根据需要的格式要求对数据进行分析处理，在具体问题中根据歌手歌曲在Top100排行榜上出现的次数或歌手的排名情况或歌曲的评分高低等角度,可以更加全面地分析数据,从而得出结论。

习 题

1. 简述常用的数据采集方法。
2. 什么是网络爬虫?如何理解网络爬虫的通用技术框架?
3. 简述常用的网络反爬虫方法。
4. 简述数据变换和数据归约的区别。

第 3 章

轨迹大数据挖掘技术

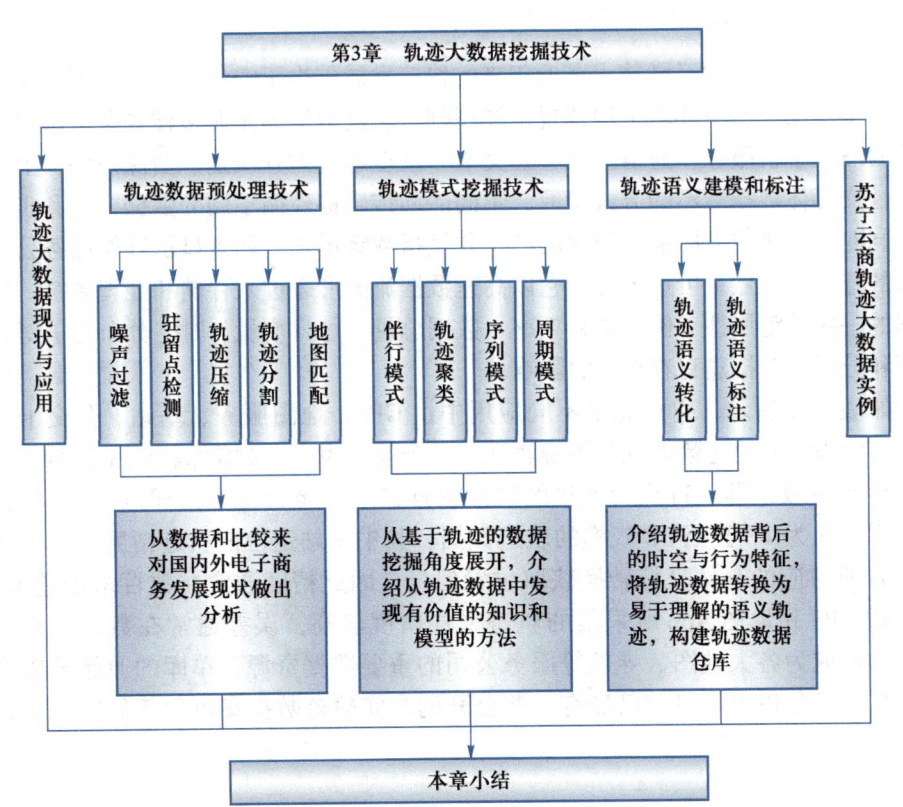

随着卫星导航、无线通信、普适计算技术的不断发展，带有定位功能的移动智能设备被广泛使用，人们在使用这些设备的同时也主动或被动地记录了大量的历史移动轨迹并被持久化保存，这形成了时空轨迹（time-space trajectories）数据。时空轨迹是地理空间加上时间轴所形成的多维空间中的一条曲线，可以表示移动对象在一段较长时间范围内的位置变化。每条轨迹由一系列时空采样点构成，其中每个采样点记录了位置、时间、方向、速度，甚至人与社会交互活动等信息，它刻画了人们在时空环境下的个体移动和行为历史。从宏观角度来看，海量的轨迹数据中不仅蕴含了群体对象的泛在移动模式与规律，例如人群的移动与活动特征、交通拥堵规律等，还揭示了交通演化的内在机理。在大数据时代，企业级的轨迹数据采集、存储已经普遍达到相当规模并得以有效利用。人们通过轨迹分析等手段进行知识发现，并将它们运用在各种交通和位置服务应用系统中，包括交通导航、城市规划、服务推荐、军事调度、交通指挥、物流配送、车辆监控等。

3.1 轨迹大数据现状与应用

卫星定位和移动互联技术在近年来的快速发展催生了海量的轨迹数据。它们记录了移动对象在时空环境下的位置采样序列。轨迹数据的来源多样复杂，可以通过车载 GPS、手机服务、通信基站、公交卡，甚至通过射频识别、图像识别、卫星遥感、社交媒体数据等不同方式获取，不同的回传轨迹遵循不同的数据格式和坐标系统。同时，轨迹数据以极快的速度产生并呈指数级增长，调查显示导航服务公司所接入的移动对象数量可达千万，它以高速数据流的形态进入存储和处理系统。轨迹数据的一些关键属性（例如更新频率、数据总量、每日增量、时空分布等）对数据处理和分析平台搭建有着直接的影响。

如表 3-1 所示，它汇总了不同应用中由 GPS、地图服务、基站、公交卡、道路卡口所采集的轨迹数据及其关键属性。在企业应用中，对象采样频率在秒级、分钟甚至小时级不等，每天所采集的轨迹数据在千万至百亿个采样点的规模区间，最终积累成为 TB 甚至 PB 规模的轨迹数据。其中基站定位的轨迹精度较差，通过 Cell ID 所对应的基站坐标转换获取位置信息，因此精度通常在数百米误差范围。而车载 GPS 和地图 App 所采集的轨迹采样精度较高，误差通常在数米以内。轨迹库已经成为各大地图、导航等服务公司的重要数据资源，单库的原始轨迹规模通常在百亿条以上。目前已经有一些公开的真实轨迹数据集可用于研究工作，如 GeoLife、T-Drive 等。

表 3-1　代表性轨迹数据

数据种类	采集方式	采样频率	日均数据量（采样点）	数据总量
车辆轨迹	车辆 GPS	秒级、分钟级	千万~亿级	TB 级
移动轨迹	地图 App	秒级、分钟级	千万~百亿级	TB、PB 级
手机轨迹	蜂窝基站	分钟级	十亿~百亿级	TB、PB 级

续表

数据种类	采集方式	采样频率	日均数据量（采样点）	数据总量
公交轨迹	公交卡	小时级	百万~千万级	TB、PB级
卡口数据	卡扣抓拍	分钟级	千万级	TB级
行为轨迹	社交媒体	分钟、小时级	百万~千万级	PB级

由表3-1可知，轨迹数据继承了大数据的经典"4V"特征，即大规模性（volume）、实时高速性（velocity）、多样性（variety）、高价值性（value）。此外，移动对象轨迹数据库的特有特征可以总结如下。

时空序列性：轨迹是时空环境下的采样序列，这些轨迹点序列蕴含了对象的时空动态性，数据操作是以序列为基本单位的，显著加大了搜索与分析的处理复杂度。

异频采样性：轨迹的采样间隔差异显著，从导航服务的秒级或分钟级采样，到社交媒体行为轨迹的小时甚至以天为间隔的采样，这种差异性极大地影响了轨迹的相似性度量与分析。

数据质量差：由于连续的运动轨迹被离散化表示，特别是当采样间隔达到数分钟以上或设备的采样精度较差时，位置不确定性对轨迹数据分析构成极大挑战。

路网相关性：在交通类应用中，轨迹的运行状态通常限于交通路网，因此，数据分析需要首先完成GPS空间向路网空间的映射，并利用路网的时空拓扑信息优化数据处理。

轨迹数据记录了人类的活动和行为历史，蕴含了群体性的移动模式和规律。轨迹数据搜索与分析已经被广泛应用在智能交通、位置服务等系统，具体应用如表3-2所示。

表3-2 代表性轨迹数据应用领域

应用	所用数据	应用现状
大众化经验路径推荐	出租车GPS轨迹、私家车移动轨迹数据、气象数据、交通路网数据、历史事故数据等	广泛应用在地图服务公司，显著提升服务水平
交通路况精准预测	GPS数据（流）、路网路况数据、气象数据、大型活动记录、重大事故数据等	用于地图服务和交通指挥系统，但精度尚需提高
城市规划智能决策	轨迹数据、地图数据、兴趣点数据、消费数据、价格数据、公交线路数据、历史事故数据等	用于数据驱动的规划决策，多源数据集成与融合是难点
个性化服务与活动推荐	车辆与手机轨迹数据、社交网络与社交媒体数据、兴趣点和签到数据、评论数据等	用于基于位置的服务推荐，需提高语义理解和推荐算法的准确性
出租车服务	出租车GPS轨迹数据、私家车移动轨迹数据、公交线路与轨迹数据等	应用于相关业务优化，有进一步提升的空间

大众化经验路径推荐：路径搜索和导航服务的核心挑战是难以实时综合各种因素有效地评估并搜索路径。一些地图服务公司借助轨迹分析手段改进路径推荐策略，从大规模轨迹中提取移动模式，并挖掘不同环境下的高质量"经验"路径，根据实时的背景模式匹配（例如，根据气候、车辆类型、交通、匝道开放状态等因素），为用户推荐更为合理、多样化的经验路径，结果显示用这种方式显著提升了用户体验。

交通路况精准预测：通过轨迹流统计的方式评估不同区域的进出流量，检测施工或故障路段，获取实时的交通态势，为用户提供道路预警；通过轨迹数据分析来深入理解交通路况特征和拥堵的演化模式，综合运用历史事件、时空、活动、天气等多维信息，辅助构建数据驱动的城市交通指挥体系，做到指挥决策的先知先觉，警力的优化部署，指挥调度的及时主动；以此引导智能化的交通导航，为导航用户提供准确的行驶时间预测，并根据用户对到达时间的要求推荐路况敏感的合理出行时间。

城市规划智能决策：通过轨迹计算来分析城市不同区域的社会功能、热度特征，确定这些城市区域的性质、规模和发展方向，分析城市内、城市间的交通流模式。这些信息被用于指导城市开发、建设和管理，使有关部门能够合理利用土地资源，协调城市的空间布局，为城市建设、重大施工提供决策辅助；为机构、商家和各类活动的选址需求提供解决方案；优化城市公交、地铁等公共服务线路。

个性化服务与活动推荐：社交媒体中的轨迹数据记录了用户的位置行为，能够更加深入地分析轨迹，包括对轨迹行为的理解、用户特征的刻画、用户行为模式的挖掘等。针对用户对多个目的区域的活动描述，搜索引擎将为用户推荐能够满足查询意图的商家或个性化的服务与活动；考虑轨迹行为和用户体验（基于情感分析），为观光旅客推荐符合用户兴趣的个性化景点、路线。根据用户的驾驶路线推测目的地和出行意图，进行基于位置的精准广告投放。

出租车服务：轨迹数据被用来监控出租车的行驶路线，提供对绕路欺客等现象的检测功能。通过对海量出租车轨迹的分析，系统可以为空驶的出租车优化行驶路线（避免交通拥堵区域、最大化行驶中遇到客户的概率）。它也可以为行人提示附近的有效打车地点以及实时的、最优的公共交通出行路线。一些企业尝试通过轨迹挖掘寻找具有相似出行模式的用户，实现智能拼车等个性化推荐。

在上述应用中，对轨迹数据在完整生命周期内的有效处理成为共性需求。学术界和工业界开展了大量的研究工作，这些技术使原始轨迹数据逐步可用，最后变成所需要的信息与知识。

过去十几年中，人们对轨迹数据处理技术进行了大量的探索，使海量轨迹数据能够被及时处理，从中提取出想要的信息和知识。这些技术按照轨迹金字塔模型分层展开，如图3-1所示。

这些技术的目标是使轨迹从底层向高层转化，它们大致被归纳为数据预处理（data preprocessing）、轨迹数据库（trajectory database）、轨迹数据仓库（trajectory data warehouse）、知识提取（knowledge extraction）。4种技术环环相扣，使轨迹由原始数据转变为规范化数据、信息、知识，形成完整的生命周期。

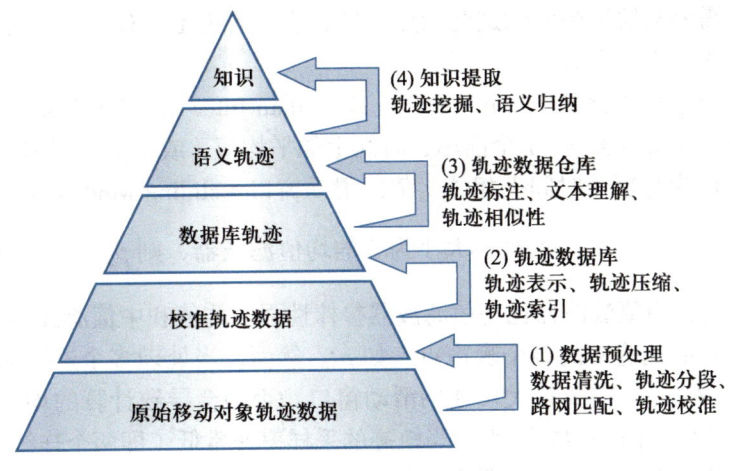

图 3-1 轨迹数据金字塔

3.2 轨迹数据预处理技术

日益积累的大量轨迹数据已经成为大数据范畴中体量最大、变化最快的数据类型。与其他大数据相似，轨迹数据存在着一系列的数据质量问题，主要包括由定位装置和物理环境导致的数据不准确、由设备和传输故障或误操作等因素导致的部分数据缺失、由不同坐标表示更新策略和语境变换导致的数据不一致、由部分轨迹数据导出备份导致的数据冗余等。

这些数据质量问题使原始轨迹数据不能直接用于分析和挖掘，需要先通过预处理技术进行数据转换与校准。一般来说，轨迹数据的预处理主要包括噪声过滤（noise filter）、驻留点检测（stay point detection）、轨迹压缩（trajectory compression）、轨迹分割（trajectory segmentation）和地图匹配（map matching）等。

3.2.1 噪声过滤

由于传感器噪声和其他因素，如在城市峡谷中收到较差的定位信号，空间轨迹不会完全准确，有些错误可以接受，如车辆的几个 GPS 点落在实际驾驶车辆的道路之外，可以通过地图匹配算法来修复。在其他情况下，如图 3-2 所示，像 p_5 这样的噪声点的误差太大，距离其真实位置几百米，就难以得出诸如行进速度等有用的信息。

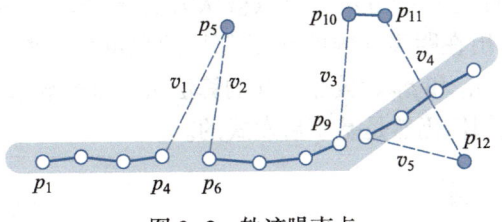

图 3-2 轨迹噪声点

因此，需要从轨迹中滤除这些噪点。虽然这个问题还没有完全解决，但现有的处理方法大体分为三大类。

均值（或中值）滤波器（mean filter或median filter）：对于测量点z_i，（未知）真实值的估计是z_i及其$n-1$个前驱在时间上的平均值（或中值）。均值（中值）滤波器可以被认为是覆盖时间上相邻z_i值的滑动窗口（sliding window）。在图3-2所示的例子中，如果使用滑动窗口大小为5的均值滤波器，则$p_5 \times z = \sum_{i=1}^{5} p_i \times z/5$。处理极端误差时，中值滤波器比均值滤波器鲁棒性强。均值和中值滤波器适用于处理具有密集表示的轨迹中的各个噪声点，如p_5。然而，当处理多个连续的噪声点时，例如p_{10}、p_{11}和p_{12}，需要较大尺寸的滑动窗口。否则会导致计算的均值（或中值）和点的真实位置之间的误差更大。当轨迹的采样率非常低（即两个连续点之间的距离可能长于几百米）时，均值和中值滤波器不再是很好的选择。

卡尔曼和粒子滤波器（Kalman and particle filter）：从卡尔曼滤波器估计的轨迹是测量和运动模型之间的折中。除了给出符合物理学规律的估计之外，卡尔曼滤波器还给出了诸如速度等高阶运动状态的原理估计。虽然卡尔曼滤波器通过假设线性模型和高斯噪声来提高效率，但是粒子滤波器放宽了这些假设，以获得更一般但效率较低的算法。

粒子滤波的初始化步骤是从初始分布生成P粒子$x_i^{(j)}$，$j=1, 2, \cdots, p$。例如，这些粒子将具有零速度并且在高斯分布的初始位置测量周围聚集。第二步是"重要性抽样"，它使用动态模型$P(x_i|x_{i-1})$，模拟粒子在一个时间步长上的变化。第三步使用测量模型$w_i^{(j)} = P(z_i|\hat{x}_i^{(j)})$计算所有粒子的"重要性权重"。更重要的权重对应于更好地被测量支持的粒子。然后重要性权重被归一化，当从已归一化重要性权重成正比的粒子中选择一组新的P粒子$x_i^{(j)}$时，循环中的最后一步是"选择步骤"。最后，可以通过$\hat{x}_i = \sum_{i=1}^{p} w_i^{(j)} \hat{x}_i^{(j)}$来计算权重和。卡尔曼和粒子滤波器模拟测量噪声和轨迹的动力学。然而，它们取决于初始位置的测量。如果轨迹中的第一点为噪声点，则两个滤镜的有效性会显著下降。

基于启发式的异常点检测（heuristic-based outlier detection）：上文中提到的滤波器在轨迹中用估计值替代噪声测量，而第三类方法通过使用异常值检测算法从轨迹中直接去除噪声点。首先根据点与其后继者之间的时间间隔和距离（称为段），计算轨迹中每个点的行进速度。切断速度大于阈值（例如300 km/h）的片段，例如$p_4 \to p_5$，$p_5 \to p_6$和$p_9 \to p_{10}$（如图3-2中虚线所示）。假设噪声点的数量比普通点少得多，像p_5和p_{10}这样的分离点可以被认为是异常值。一些基于距离的异常值检测可以很容易地找出在距离d内的p_5的邻居的数量小于整个轨迹中的点的比例。同样，可以过滤p_{10}、p_{11}和p_{12}。虽然这样的算法可以处理轨迹中的初始误差和数据稀疏问题，但是设置阈值仍然是基于启发式的。

3.2.2 驻留点检测

空间点在轨迹上并不是同等重要，有些点表示人们停留了一段时间的地方，如购物中心和旅游景点或加油站，称这种点为"驻留点"。如图 3-3（a）所示，轨迹中出现两种驻留点。一个是单点位置，例如，驻留点 1 表示用户保持静止一段时间。这种情况是非常罕见的，因为用户的定位设备通常在相同的位置产生不同的读数。第二种类型，如图 3-3（a）所示的驻留点 2 更为普遍，能观察到轨迹，这表示人们移动的地方或保持静止但定位读数会转移，如图 3-3（b）和图 3-3（c）所示。

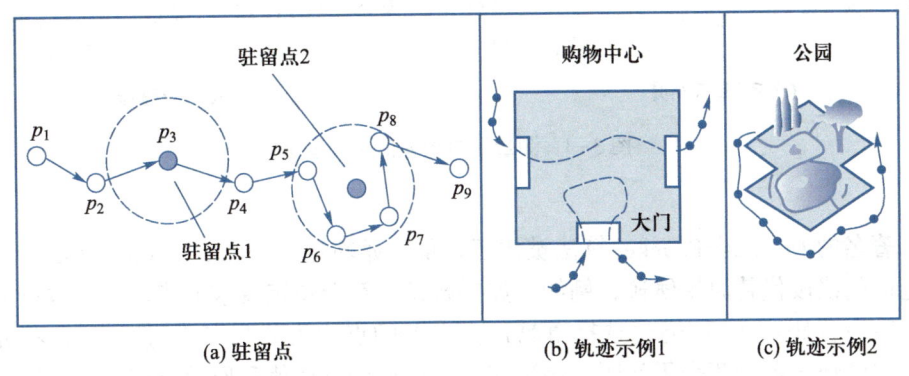

图 3-3 轨迹驻留点

有了这样的驻留点，可以将一系列时间戳—空间点的轨迹转化为有意义的地方 S，$P = p_1 \to p_2 \to \cdots \to p_n$，推导出 $S = s_1 \xrightarrow{\Delta t_1} s_2 \xrightarrow{\Delta t_2} \cdots \xrightarrow{\Delta t_{n-1}} s_n$，以此促进各种应用，如旅游建议、目的地预测、出租车推荐和天然气消费量估计。另一方面，在一些应用中，例如估计路径的行进时间和行车路线建议，这样的驻留点应该在预处理期间从轨迹中移除。

如图 3-3 所示，驻留点算法首先检查定位点（例如 p_5）与其后继者之间的距离是否大于给定阈值（例如 100 m）的轨迹。然后测量定位点和距离阈值内的最后一个后继（即 p_8）之间的时间间隔。如果时间间隔大于给定的阈值，则检测到驻留点（p_5、p_6、p_7 和 p_8），该算法开始从 p_9 检测下一个驻留点。Yuan 等人基于密度聚类的思想改进了这种驻留点检测算法，在找到 p_5 到 p_8 是候选驻留点（使用 p_5 作为定位点）之后，他们的算法进一步检查 p_6 的后继点。例如，如果从 p_9 到 p_6 的距离小于阈值，则 p_9 将被添加到驻留点。

3.2.3 轨迹压缩

轨迹数据可以记录每秒移动物体的时间戳和地理坐标，但是这需要大量的电池电量、通信、计算和数据存储成本。此外，许多应用程序并不真正需要这样的位置精度。为了解决这个问题，提出了两类轨迹压缩策略，旨在减少轨迹大小的同时不会损害其新数据表示的精确度。一种是线下压缩（即批处理模式），它可以在轨迹完全生成后减小轨迹的大小。另一种是在线压缩，当对象行进时立即压缩轨迹。

除了以上两种策略之外，还有两个距离度量来测量压缩误差：垂直欧氏距离和时间同步欧氏距离。假设将具有 12 个点的轨迹压缩成 3 个点（即 p_1、p_7 和 p_{12}）的表示，则两个距离度量是连接 p_i 的段长总和，如图 3-4（a）和图 3-4（b）所示。

后一距离假定在 p_1 和 p_7 之间以恒定速度行进，通过时间间隔计算每个原始点的投影。

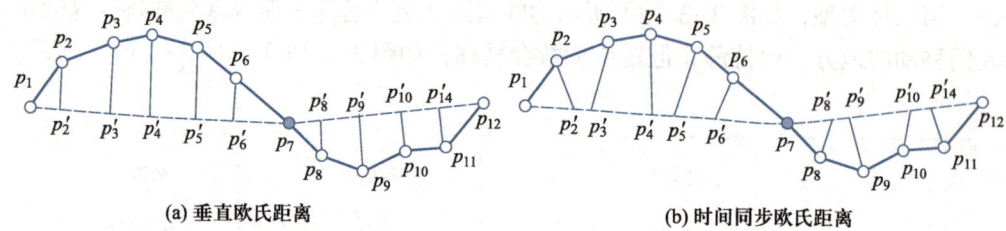

(a) 垂直欧氏距离　　　　　　　　　(b) 时间同步欧氏距离

图 3-4　测量压缩误差的距离度量

著名的 Douglas-Peucker 算法被用于近似原始轨迹。如图 3-5（a）所示，它是用近似的线段代替原始轨迹，例如，如果替换不符合指定要求的错误（在本例中使用垂直欧氏距离），则通过选择贡献最大误差的点作为分割点（例如 p_4），将原始问题递归地分解为两个子问题。该过程一直持续到近似值和原始轨迹之间的误差低于指定误差。

随着许多应用程序需要及时传输轨迹数据，一系列在线轨迹压缩技术已经被提出，来确定新获取的空间点是否应当保留在轨迹中。在线压缩方法有两大类。一类是基于窗口的算法，例如滑动窗口算法和开放窗口算法。另一类是基于移动物体的速度和方向的算法。滑动窗口算法是使具有有效线段的滑动窗口中的空间点适应，并继续增长滑动窗口，直到近似误差超过某个误差界限，如图 3-5（b）所示。开放窗口算法应用 Douglas-Peucker 算法的启发式来选择窗口中最大误差的点（如图 3-5（b）中的 p_3）到近似轨迹段，然后将此点用作新的定位点来近似其后继点。

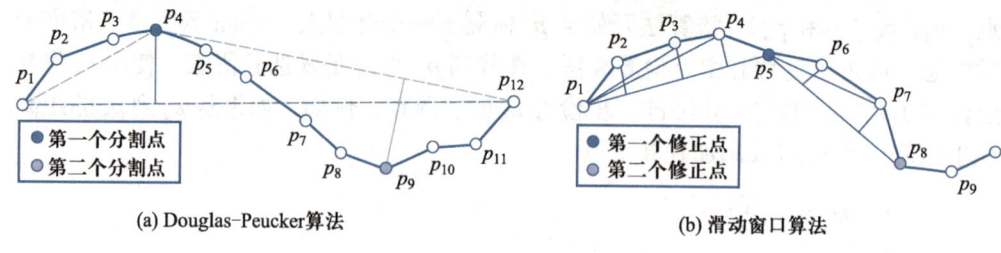

(a) Douglas-Peucker 算法　　　　　　(b) 滑动窗口算法

图 3-5　Douglas-Peucker 算法和滑动窗口算法

3.2.4　轨迹分割

在许多情况下，例如轨迹聚类和分类，需要进一步将一个轨迹进行分割。分割不仅减少了计算复杂度，而且能够挖掘更丰富的知识，如子轨迹模式，从而超出了从整个轨迹中学到的知识。一般来说，如图 3-6 所示，有 3 种类型的分割方法。

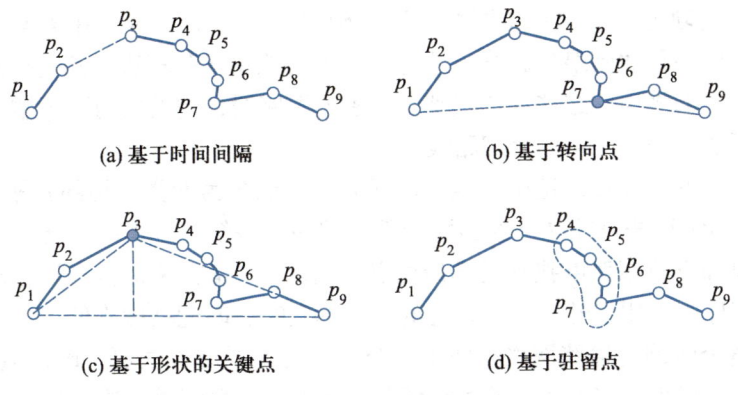

图 3-6　轨迹分割方法

第一类是基于时间间隔，如图 3-6（a）所示，如果两个连续采样点之间的时间间隔大于给定的阈值，则将轨迹分为两部分，即 $p_1 \to p_2$ 和 $p_3 \to \cdots \to p_9$。有时可以将轨迹划分成相同时间长度的段。

第二类方法是基于轨迹的形状，如图 3-6（b）和图 3-6（c）所示。其中，图 3-6（b）是通过转向点来划分轨迹，即方向在阈值上改变幅度。图 3-6（c）是使用线简化算法，如 Douglas-Peucker 算法，来识别保持轨迹形状的关键点，然后通过这些关键点将轨迹分割成段。类似地，可以基于最小描述语言（MDL）的概念来划分轨迹，该概念由两个部分组成：$L(H)$ 和 $L(D|H)$。$L(H)$ 是假设 H 的描述的长度（以位为单位）；而 $L(D|H)$ 是借助于假设对数据的描述的长度（以位为单位）。解释 D 的最佳假设 H 是最小化 $L(H)$ 和 $L(D|H)$ 之和。更具体地说，它们使用 $L(H)$ 表示分割段的总长度（如和），而让 $L(D|H)$ 表示原始轨迹与新轨迹之间的总距离（垂直和角度）分区段。使用近似算法，它们找到从轨迹最小化 $L(H)+L(D|H)$ 的特征点的列表。通过这些特征点将轨迹划分成段。

第三类方法是基于轨迹中点的语义含义，如图 3-6（d）所示，基于其包含的驻留点，可以将轨迹分成段，即 $p_1 \to p_2 \to p_3$ 和 $p_8 \to p_9$。是否应该在分割结果中保留驻留点取决于应用程序。例如，在旅行速度估计的任务中，应该删除出租车停放等待乘客的驻留点（出租车的轨迹）。相反，为了估计两个用户之间的相似性，只能关注驻留点序列，同时跳过两个连续驻留点之间的其他原始轨迹点。

3.2.5　地图匹配

地图匹配是将原始纬度 / 经度坐标序列转换为路段序列的过程。对于评估交通流量、引导车辆的导航、预测车辆的行驶路线以及检测起点与目的地之间最常见的行进路径等来说，了解车辆所在的道路十分重要。基于所使用的附加信息或轨迹中采样点的范围，有两种标准来对地图匹配算法进行分类。

根据所使用的附加信息，地图匹配算法可以分为 4 组：几何、拓扑、概率和其他先进技术。几何地图匹配算法考虑道路网络中各个链路的形状，例如将 GPS 点与最近的道路相匹配；拓扑地图匹配算法注意道路网络的连通性，代表性算法是使用弗雷歇距离来测量 GPS 序列和候选路线序列之间的拟合的算法；为了处理嘈杂和低采样率的轨迹，概率地图匹配算法明确规定了 GPS 噪声，并考虑通过道路网络的多个可能路径找到最佳路线；还有更先进的地图匹配算法，其包括路网的拓扑和轨迹数据中的噪声，这些算法找到了一系列道路段，它们同时靠近嘈杂的轨迹数据，形成了通过道路网络的合理路线。

根据考虑的采样点的范围，地图匹配算法可以分为两类：局部/增量和全局算法。局部/增量算法遵循从已经匹配的部分顺序扩展解决方案的策略，这些方法尝试基于距离和方位相似度找到局部最优点。局部/增量方法运行非常有效，通常在在线应用程序中采用。然而，当轨迹的采样率低时，匹配精度降低。相反，全局算法旨在将整个轨迹与道路网络相匹配，全局算法比局部方法更准确，但效率更低，通常应用于已经生成完整轨迹的离线任务（例如，挖掘频繁轨迹模式）。

3.3 轨迹模式挖掘技术

轨迹数据挖掘旨在从轨迹中发现有价值的知识和模型，这已经成为数据挖掘领域的一个重要分支，且被广泛使用在各类应用中。现有的轨迹知识提取工作主要从基于轨迹的数据挖掘角度展开，包括本节将研究的可以从单个轨迹或一组轨迹中发现的 4 种主要类型的模式，分别为伴行模式、轨迹聚类、序列模式和周期模式。

3.3.1 伴行模式

这个分支的研究是发现一组在一段时间内一起移动的对象，如 flock、convoy、traveling companion 和 gathering。这些模式可以帮助研究物种的迁移、军事监视和交通事件检测等，也可以基于以下几种因素彼此区分，如组的形状或密度，组中的对象的数量和模式的持续时间。

具体来说，flock 是一组在一些用户指定大小的盘中一起行进至少 k 个连续时间戳的对象。flock 的一个主要问题是预定义的圆盘，这不能很好地描述一个群体在现实中的形状，因此可能会导致所谓的 lossy-flock 问题。为了避免对移动组的尺寸和形状的刚性限制，提出了通过采用基于密度的聚类来捕获任何形状的通用轨迹挖掘的 convoy。代替使用磁盘，convoy 需要在 k 个连续时间点内密集连接一组对象，然而在连续的时间段内对 flock 和 convoy 都有严格的要求。swarm 是一种更通用的轨迹模式，它是持续至少 k 个（可能不是连续的）时间戳的对象簇。然而 convoy 和 swarm 需要将整个轨迹加载到内存中进行模式挖掘时，伴行模式使用数据结构从正在流式传输到系统的轨迹中不断地发现 convoy/swarm 样式。所以，伴行模式可以被认为是 convoy 和 swarm 的在线（和增量）检测方式。

为了发现一些（如庆祝活动和游行）经常有对象加入并离开的事件，gathering 模式进一步减少了上述模式的限制，允许一个群体的成员逐渐演变。gathering 的每个聚类应包含若干个参与者，它们是出现在该 gathering 的若干个聚类中的对象。由于 gathering 模式用于检测事件，因此还要求检测到的图案的几何属性（如位置和形状）相对稳定。

3.3.2 轨迹聚类

为了找到不同移动物体共享的代表性路径或共同趋势，通常需要将类似的轨迹组合成聚类（cluster）。一般的聚类方法是用特征向量表示轨迹，表示两个轨迹之间的相似度与它们的特征向量之间的距离。然而，由于不同的轨迹包含不同和复杂的属性，例如，长度、形状、采样率、点数和它们的顺序，所以不同的轨迹生成具有均匀长度的特征向量并不容易。此外，难以将轨迹中的点的顺序和空间属性编码为其特征向量。因此下面将重点介绍为轨迹提出的聚类方法。请注意，本节中讨论的聚类方法专用于自由空间中的轨迹（即没有道路网络约束）。虽然有一些书中讨论了道路网络设置中的轨迹聚类，但是这个问题实际上可以通过地图匹配和图聚类算法的组合来解决。也就是说，可以首先使用地图匹配算法将轨迹投影到道路网络上，然后使用图聚类算法在路网上找到子图（即道路集合）。

Gaffney、Smyth 和 Cadez 等提出通过使用回归混合模型和期望最大化算法将类似轨迹组合成聚类。该算法针对两个整个轨迹之间的总距离聚类轨迹。然而，在现实世界中移动的物体很少一起旅行整个路径。为此，Lee 等人提出将轨迹划分为线段，并使用 Trajectory-Hausdorff 距离构建近距离轨迹段，如图 3-7（a）所示，之后会为每个分组集合找到一个代表性的路径。由于轨迹数据经常被逐渐接收，所以 Li 等人进一步提出了增量聚类算法，旨在降低接收轨迹的计算成本和存储。Lee 和 Li 都采用了微簇-宏簇框架。该框架是 Aggarwal 等人处理聚类数据流时提出的。也就是说，他们的方法首先找到轨迹段的微簇（如图 3-7（b）所示），然后将微簇组成宏簇（如图 3-7（c）所示）。Li 得出的一个重要见解是新数据只会影响接收新数据的地方，而不是遥远的地区。

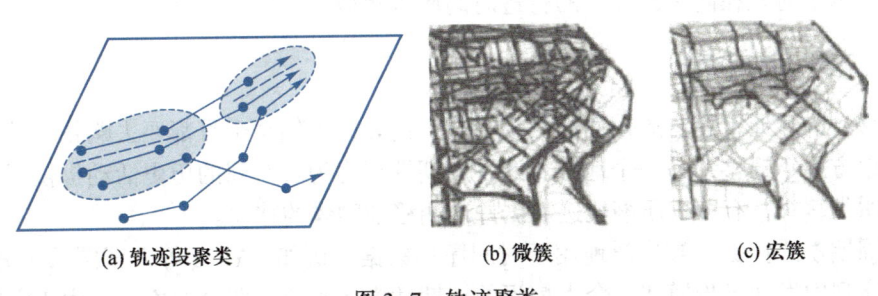

(a) 轨迹段聚类　　　　　(b) 微簇　　　　　(c) 宏簇

图 3-7　轨迹聚类

3.3.3 序列模式

这里研究的一个分支是从单个或多个轨迹中找到序列模式。序列模式是指以相似的时间间隔行进的公共位置序列，其中包含了一定数量的移动物体。序列中的位置不一定是连续的。例如两个轨迹 A 和 B：

$$A: l_1 \xrightarrow{1.5\,h} l_2 \xrightarrow{1\,h} l_3 \xrightarrow{1.2\,h} l_4, \quad B: l_1 \xrightarrow{1.2\,h} l_2 \xrightarrow{2\,h} l_4$$

它们共享一个序列，这是因为访问次数和行进时间是相似的（虽然 l_2 和 l_4 在轨迹 A 中不是连续的）。当语料库中出现这样的公共序列超过阈值时，就会检测到序列模式。寻找这种模式可以用于旅游推荐和生活模式理解，下一个位置预测可以用于估计用户相似度和轨迹压缩。

为了从轨迹中检测序列模式，首先需要在序列中定义一个（公共）位置。理想情况下，轨迹数据像来自社交网络服务的用户签入序列一样，每个位置都被标记为唯一的身份（例如餐厅的名称）。如果两个位置共享相同的身份，那么它们是相似的。然而，在许多 GPS 轨迹中，每个点的特征是一对 GPS 坐标，其在每个模式实例中都不会重复。这使得来自两个不同轨迹的点不能直接比较。此外，GPS 轨迹可以由数千个点组成。如果没有妥善处理这些点，将导致巨大的计算成本。下面将介绍几种具体的序列模式挖掘技术。

（1）自由空间中的序列模式挖掘

基于线简化的方法（line-simplification-based method）：2005 年就有人提出了旨在应对上述问题的早期解决方案。该解决方案首先通过使用像 Douglas-Peucker 的线简化算法来识别轨迹的关键点。然后将轨迹的碎片组合到每个简化的线段附近，以便计算每个线段的支撑，不考虑轨迹中两点之间的行进时间。

基于聚类的方法（clustering-based method）：解决上述问题的更一般的方法是将不同轨迹的点聚类到感兴趣的区域。然后用点所属的簇 ID 表示轨迹中的点。因此，轨迹被重新形成在不同轨迹之间可比较的簇 ID 序列。

（2）道路网络中的序列模式挖掘

当将序列模式挖掘问题应用于道路网络设置时，可以首先使用地图匹配算法将每个轨迹映射到道路网络上。然后，轨迹由路段 ID 的序列表示，可以将其视为字符串。因此，针对字符串设计的某些序列模式挖掘算法可以适应于寻找序列轨迹模式。当轨迹数据集非常大时，需要在其后缀树的深度上设置约束。另外，从后缀树导出的顺序模式必须是连续的。虽然没有明确考虑时间约束，但考虑到路径的速度约束，两个对象在同一路径上的行进时间应该相似。

3.3.4 周期模式

移动物体通常具有周期性的活动模式。例如，人们每个月都要去购物，动物从一个地方逐年迁移到另一个地方。这种周期性行为为长时间的历史活动提供了深刻而简明的解释，有助于压缩轨迹数据并预测移动物体的移动。

周期模式挖掘已被广泛地用于时间序列数据。例如，Yang 等人试图从（分类）时间序列中发现异步模式、令人惊讶的周期性模式和差距罚分的模式。由于空间位置的模糊性，为时间序列数据设计的现有方法不能直接适用于轨迹。为此，Cao 等人提出了一种从轨迹中检索最大周期模式的有效算法。该算法遵循类似于频繁模式挖掘的范例，其中需要（全局）最小支持阈值。然而，在现实世界中，周期性行为可能更复杂，涉及多个交错周期、部分时间跨度和时空噪声以及异常值。

为了处理这些问题，Li 等人提出了一种用于轨迹数据的两阶段检测方法。在第一阶段，该方法通过使用基于密度的聚类算法来检测运动对象频繁访问的几个参考点，然后将移动物体的轨迹变换为一些二进制时间序列，每个时间序列指示移动物体在参考点处的"in"（1）和"out"（0）状态，接着通过对每个时间序列应用傅里叶变换和自相关方法，可以计算每个参考点的周期值。第二阶段通过使用层次聚类算法总结了部分移动序列的周期性行为。2012 年，Li 等人进一步研究了从不完整和稀疏的数据源里挖掘周期性模式。

3.4 轨迹语义建模和标注

3.4.1 轨迹语义转化

轨迹知识发现是指学者们以对数据的深刻理解为前提进行研究，试图融合各种相关信息，理解轨迹数据背后的时空与行为特征，将轨迹数据转换为易于理解的语义轨迹（semantic trajectory），构建轨迹数据仓库。

移动性理解（mobility understanding）表示对轨迹的认知首先是从时空角度对用户运动方式进行分析，研究基于轨迹运动方式（如步行、骑车、公交、自驾等）的轨迹分段与标注，设计一种基于条件随机场模型的算法来最大化分段精度，使对轨迹运动方式的精准标注成为可能。近年来，人们越来越多地关注如何通过时空统计的方法理解移动对象的共性移动，汇总趋势性信息。

行为理解（activity understanding）的目标是理解用户在轨迹中的行为或可能的行为。对轨迹行为的理解需要在时空维度之外引入文本描述，现有方法主要有两种。第一种是将轨迹数据与兴趣点（point of interest）和签到（check-in）数据结合，丰富用户在轨迹驻留点可能的行为内容。第二种是从社交媒体、签到数据中爬取行为轨迹（activity trajectory），其中每个轨迹点包含时空、文本和其他信息，表示了用户在不同位置的状态和行为。与传统时空轨迹相比，上述轨迹包含了更多维度信息，因此难于管理。

轨迹相似性（trajectory similarity）用于评估不同轨迹之间的时空曲线和语义相似程度，是轨迹搜索与挖掘的核心。针对时空环境下的轨迹相似性度量，人们在此基础上进行了时间维度的扩展。针对包含用户行为信息的语义轨迹，定义了一种融合文本相似度的轨迹距离，并针对轨迹不确定性定义了一种基于概率的相似性评估机制。

3.4.2 轨迹语义标注

传统的轨迹挖掘研究主要关注轨迹时空特征的提取，往往是从轨迹数据自身出发自下而上进行挖掘分析，片面强调计算模型的形式化，导致信息得不到有效利用。因此，时空信息和领域知识的有效融合是推动轨迹挖掘研究继续发展的重要途径。轨迹语义标注旨在利用时空信息和领域知识对原始轨迹数据进行语义丰富处理，其本质上属于轨迹分类问题，即根据行为、交通方式等特征来区别不同类型轨迹。可以采用专用算法对不同类型的空间对象进行语义标注，主要包括区域标注、路段标注和位置标注。

区域标注专注于计算轨迹与空间区域的拓扑相关性，如基于轨迹与特定兴趣点集合，建立空间关联模型来计算公交站点间的频繁移动；通过采用相似的数据抽象概念隐藏行人位置来保护个人隐私。路段标注专注于设计有效的地图匹配算法，旨在准确地识别车辆行驶路段，并近似地计算车辆在路段中的位置。如基于路段特征（如路段长度、平均速度和停止率）研究交通模型。已有的地图匹配算法侧重于优化匹配精度，通常每种算法仅适用于一种交通工具（如自行车、汽车和卡车等）。综合考虑不同类型的交通方式（如公交车、地铁等），很大程度上优化了地图匹配算法的匹配精度。位置标注旨在基于轨迹聚类和强化推理技术精准识别轨迹兴趣点。如基于预先定义的地理热点集合，设计一种语义时空关联模型推测移动对象的行为，专注于工作、家庭位置，挖掘轨迹数据中的周期性行为。

3.5　苏宁云商轨迹大数据实例

线上电子商务企业与线下零售企业正互相渗透融合，O2O 模式已经成为极具前景的电子商务发展模式，本节介绍的苏宁云商案例正是基于 O2O 的轨迹大数据实例化应用。在苏宁云商打造的有显示度的实例化应用中，以 O2O 电子商务决策支持为导向，构建 O2O 商务大数据融合框架，突破轨迹大数据挖掘方法，深入研究支持 O2O 一体化的多渠道知识融合方法。通过研制 O2O 商务大数据分析平台，实现线上线下资源互补和应用协同，提升企业管理效率与经营绩效，推动大数据环境下商业模式创新。

3.5.1　研究思路

本节主要围绕基于室内轨迹数据挖掘的用户线下行为分析及其商务应用展开深入研究，并针对若干实践领域开发系统原型和实例化应用。具体而言，主要包括如下 3 个方面。

① 以商务场景为例，研究室内轨迹数据的基础支撑技术，需要包含室内空间建模（如兴趣区域划分及其连接路径建模）、用户驻留点定位及行走路径推测。

② 依托用户轨迹数据，在不同类型的室内场景（如购物商场、综合商业中心等）里研究用户线下行为模式，结合时空特性，分析线下行为与购买动机、购买决策、策划活动之间的关联及相互影响。

③ 研究基于线下行为的用户偏好建模与预测方法，尤其需探索线上线下数据的知识融合技术，并利用这些技术和采集的数据，构建室内综合导航和推荐系统实例。

3.5.2　数据采集

本案例中轨迹大数据包含网页端、移动端访问日志及线下用户移动轨迹，是 O2O 商务中体量最大、变化最快的数据类型。

对于线下轨迹大数据，在苏宁易购南京商贸店 4 层楼共部署了 23 个 WiFi 传感器，覆盖了该店的主要营业区域，如图 3-8 所示为部署传感器的柜台照片，如图 3-9 所示为 2 层的地图以及传感器部署的位置。

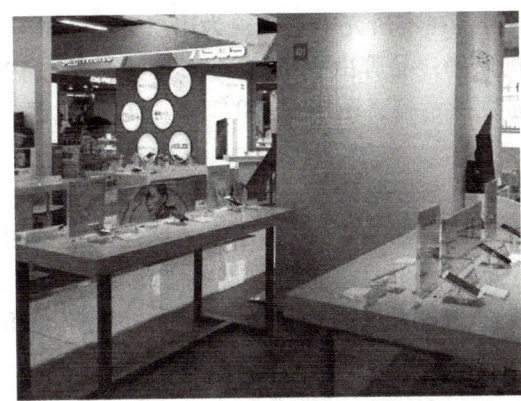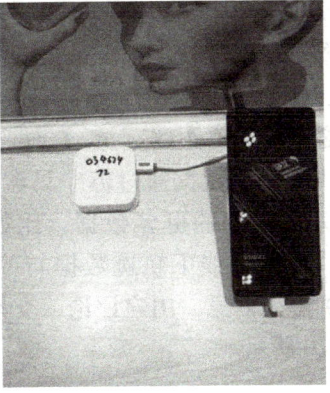

图 3-8 部署传感器的柜台照片

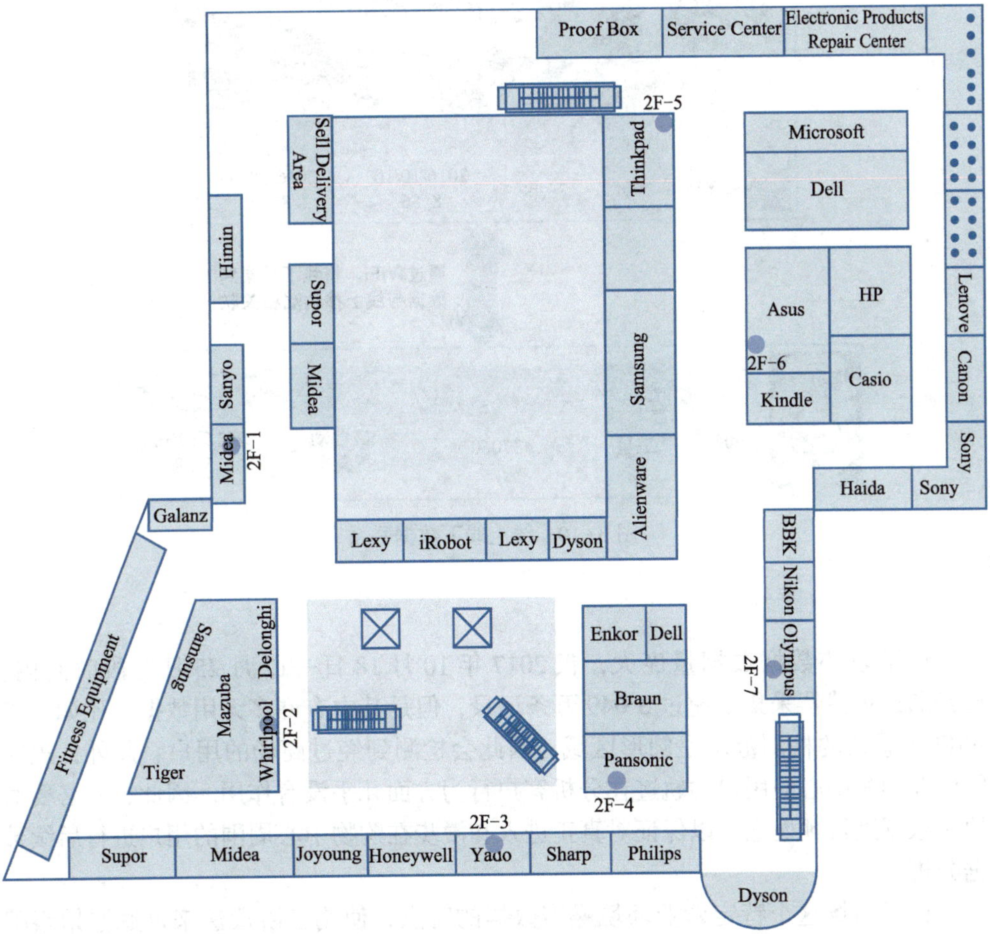

图 3-9 2 层平面图及传感器位置

当顾客进入苏宁并且携带打开 WiFi 的手机时,该客户周围的传感器就可以收集一个或多个数据记录,部署的传感器每隔 30 s 进行一次探测,每条探测记录都包含具有以下属性的信息:MAC、sensor_ID、timestamp、phone_brand 和 RSSI。

MAC 是用于识别手机的全球唯一编号，在本研究中它被视为用户 ID；sensor_ID 为传感器的编号；phone_brand 为手机品牌，品牌由手机的 MAC 产生，例如 iPhone、三星、华为等；RSSI 为接收信号强度指示器，范围是 [0, 99]，以指示客户和传感器之间的粗略距离。

线上轨迹数据通过苏宁易购 App 日志数据获取，如果用户注册为会员，将进一步关联用户的更多数据，比如将手机 MAC 与 PC 端日志关联。然后通过手机 MAC，能够将线下轨迹数据与苏宁易购 App 日志数据，即线上轨迹数据相关联，获取到商品信息、用户评论、交易数据和用户关系等信息，从而做进一步研究，如图 3-10 所示。

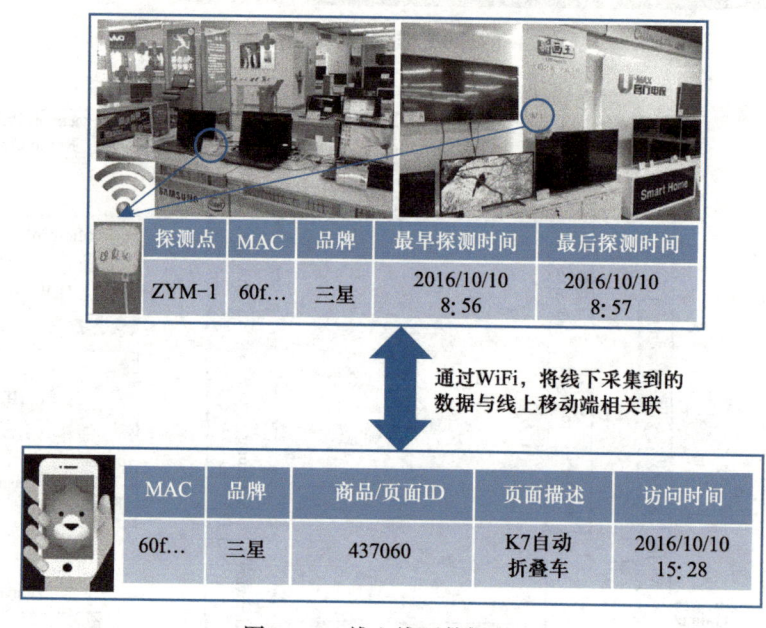

图 3-10 线上线下数据联系

3.5.3 数据预处理

线下轨迹数据数据量庞大，仅 2017 年 10 月 18 日—12 月 25 日这段时间内，已经通过传感器采集了超过 3 049 万条记录，但是其中有许多无用数据。比如由于 WiFi 传感器的检测范围是圆形区域，因此会检测到经过商场的用户。此外，短时间内在购物中心的用户的轨迹在分析客户行为方面几乎没有作用。因此，有必要对原始数据进行预处理，以保证对真正进入和漫步在购物中心周围的用户进行后续数据分析。

针对商场这个特定营业环境噪声数据的特点，使用三阶段法来过滤原始跟踪数据。

① 去除非营业时间探测到的记录。这也就是保持时间戳 [10am，9pm] 的记录，目的是将所有跟踪记录保留在工作时间内，并保留绝大多数原始数据。

② 去除距离传感器很远的手机产生的记录。这也就是保留 RSSI ≤ 60 的记录，用于过滤远离传感器检测到的噪声记录，比如路过商场的人。通过将 RSSI 的阈值

设置为60，仅保留了8.51%的用户和9.62%的记录。

③ 去除在卖场中停留时间很短的顾客产生的记录。这也就是保持用户至少被检测到两次，并且两次检测之间的时间间隔大于10分钟，目的是过滤在商场中短时间停留的用户，例如少于10分钟的记录。

表3-3显示了逐步使用上述三个条件过滤的用户和记录的比例。

表3-3 数据预处理的结果

类别	原始数据	过滤器1	过滤器2	过滤器3
用户数	201 621	171 620	14 602	5 587
记录数	6 510 307	5 504 721	529 579	501 427

根据传感器收集到的用户轨迹数据，可以得出数据的基本统计信息如图3-11所示。

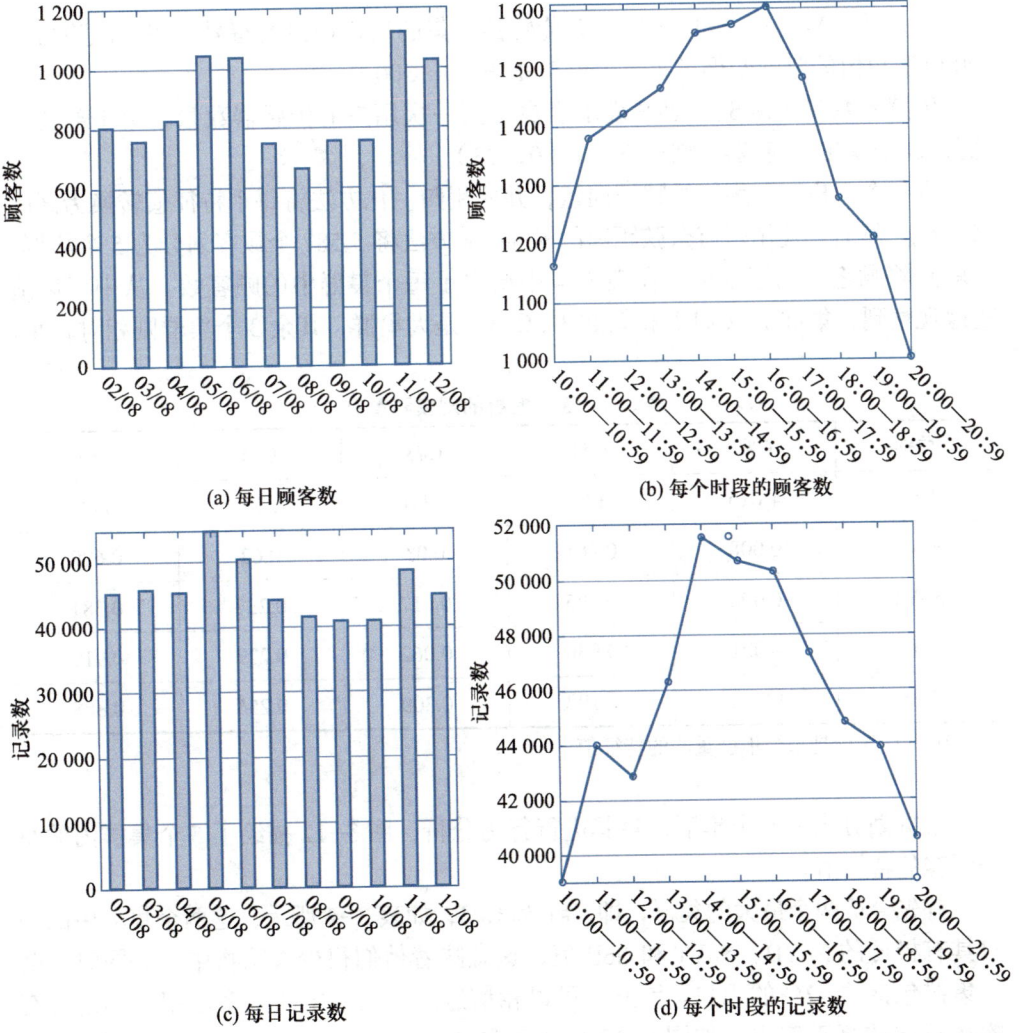

(a) 每日顾客数 (b) 每个时段的顾客数

(c) 每日记录数 (d) 每个时段的记录数

图3-11 基本统计信息

3.5.4 顾客行为分析

根据收集到的用户轨迹数据，聚焦于小范围内轨迹数据挖掘及时序价值模式的定义和挖掘方法，可以对顾客的行为进行分析，主要分为两个方面。

第一个方面是从群体的角度对顾客的行为进行分析，主要任务如下。

划分顾客类型：利用聚类技术将用户划分为 5 类。

分析行为特点：根据每类用户在不同特征上的取值，分析他们的行为特点。

对于群体顾客行为分析，首先是特征构建，基于获取的数据集，为每个用户构建一个四维向量，以反映各种手机的行为特征。每个用户的四维向量有如下属性。

访问天数（NoVD）：NoVD 是用户在 2017 年 8 月 2 日和 12 日期间访问购物中心的天数。因此 NoVD $\in (0, 11)$。

访问时间段数（NoVT）：将上午 10 点到晚上 9 点之间的时间间隔平均分为 11 个时段，每个时段一个小时。NoVT 是至少一个传感器检测到用户的时间段数，因此 NoVT $\in (0, 11)$。

记录数（NoR）：NoR 是从所有传感器收集的用户记录的编号。将上限设置为 500 以避免值的范围变得过大，因此 NoR $\in (0, 500)$。

传感器数量（NoS）：NoS 表示至少检测一次用户的传感器数量。由于部署了总共 23 个 WiFi 传感器，因此 NoS $\in (0, 23)$。

将每个用户表示为四维特征向量，并使用归一化方法将每个特征值转换为区间 $[0, 1]$。然后，使用带有余弦距离的 Kmeans 方法将 5 587 个顾客划分为 5 个集群，也就是将顾客分为了 5 类。在表 3-4 中给出了每个集群中的顾客数。从中可以清楚地观察到，集群 1（C#1）和集群 3（C#3）是大集群，其余 3 个集群则相对较小。

表 3-4 5 个集群的规模和重心

类别	C#1	C#2	C#3	C#4	C#5
顾客数	4 015	135	1 116	210	111
NoVD	0.008	0.961	0.03	0.62	0.629
NoVT	0.008	0.795	0.017	0.237	0.381
NoR	0.021	0.936	0.062	0.229	0.915
NoS	0.084	0.192	0.309	0.256	0.388

注：2~5 行是每个集群重心的特征值。

根据划分出的 5 个集群，对其进行行为分析，图 3-12 描绘了 5 个集群内的每个顾客的特征值。

首先分析两个最大的集群，即 C#1 和 C#3，如表 3-4 所示，这两个集群中的用户具有极低的 NoVD、NoVT 和 NoR 值，这意味着他们很少去购物中心。同时，两个集群包括约 92% 的用户。因此，可以相信这两个集群中的大多数用户都是具有购物意向的真正客户。如图 3-12（a）和图 3-12（c）所示，C#3 的 NoS 和 NoVD

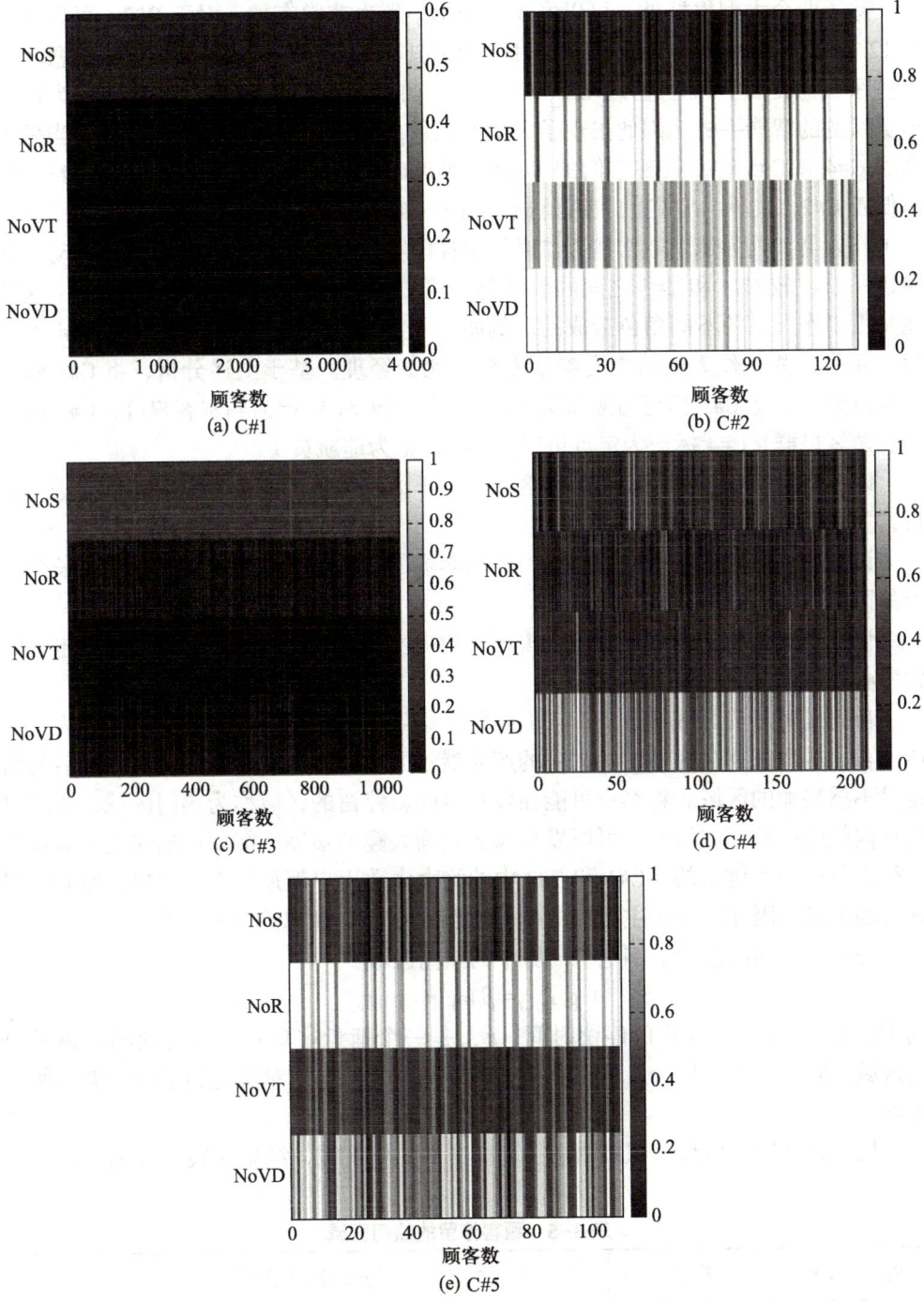

图 3-12 5 个集群的 4 个特征热点图

值均高于 C#1。这表明 C#3 中的用户更频繁地访问商场（即在更多天内检测到），并且在商场内的顾客比 C#1 中的更为广泛（即由更多传感器检测到）。直观地说，可以将 C#1 标记为偶尔客户群，并将 C#3 标记为忠诚客户群。

除了两个大型集群外，可以发现三个小集群也非常有趣。对于 C#2，可以从图 3-12（b）中观察到 NoVD、NoVT 和 NoR 值非常大，但 NoS 值非常小，这意味着这些手机总是留在商场里，几乎一动不动。在整个服务时间内，将 C#2 称为用于展览目的的智能手机。因此出现了大量的记录，这些手机的位置相对固定。当仔细观察 C#4 和 C#5 时，发现它们的 NoVD、NoVT 和 NoR 值远远高于 C#1 和 C#3，但略低于 C#2。此外，它们的 NoS 值显然高于 C#2。因此，将这两个群集中的用户视为工作人员，因为他们通常在工作时间留在购物中心并且往往在某个地区移动。如果进一步比较 C#4 和 C#5 之间的 NoS 值，可以发现 C#5 的 NoS 值平均更高，这可能是由工作人员的不同角色造成的。例如，一些工作人员应该总是在一个固定的柜台，而另一些工作人员可能会参观专柜，比如经理。基于上述分析，将 C#4 标记为定点员工，将 C#5 标记为巡航员工。综上，将 C#1 标记为偶尔客户群，C#3 标记为忠诚客户群，C#4 标记为定点员工，C#5 标记为巡航员工。

以上均是从群体的角度分析顾客行为，下面从个体的角度对顾客的行为进行分析，主要任务如下。

识别热点区域：利用回归模型，找出卖场的热门区域，也就是顾客通常长期停留的区域。

识别热点路径：利用马尔可夫模型，找出卖场的热点路径，也就是顾客走进购物中心的最可能路径。

首先是对热门区域的分析，人们经常观察到购物中心的一些地区挤满了人。具体而言，客户往往会在他们感兴趣的产品展示区域逗留并花费更多时间，然后匆匆走过不感兴趣的区域。将客户可能在较长时间内停留的区域称为热门区域，通过对商场内热门区域仔细检查，可以发现顾客购物兴趣的整体特征。正如在上文群体顾客行为分析中所讨论的，C#1 和 C#3 中的绝大多数用户都是真正的客户，而其他用户可能不是。因此，分析主要集中在 C#1 和 C#3 上，而忽略另外三个。

使用以下回归模型识别电子商城中的热门区域：

$$\log T_{i,d} = \beta \log r_{i,d} + \varepsilon_{i,d}$$

其中，$T_{i,d}$ 是第 i 天客户的停留时间，$r_{i,d}$ 是一个衡量客户在不同时间的停留时间的区域，β 是回归系数，$\varepsilon_{i,d}$ 表示误差。在 $T_{i,d}$ 和 $r_{i,d}$ 上加对数是为了减轻极大值的影响。

根据以上回归模型，识别出电子商城中的热门区域，结果如表 3-5 所示。

表 3-5 顾客停留的热门区域

Sensor_ID	系数	热门区域描述
1F-1	0.11	入口处和星巴克附近
1F-3	0.088	入口处和中国移动附近
1F-7	0.073	销售中国手机的柜台附近
1F-2	0.068	电梯附近和销售中国手机的柜台附近

续表

Sensor_ID	系数	热门区域描述
2F-5	0.098	自动扶梯附近和笔记本销售区
2F-2	0.059	小家电销售区
3F-1	0.095	电视机销售区,例如 LG
3F-3	0.084	自动扶梯附近和创维电视专区
4F-2	0.075	自动扶梯附近和小家电销售区
4F-1	0.07	空调销售区,例如海尔、大金

第一,可以看到三个入口的附近都是热门区域,即传感器 1F-1、1F-3 和 1F-7 周围的区域。此外,几个热区也位于电梯或自动扶梯附近,例如,由传感器 1F-2、2F-5、3F-3 和 4F-2 覆盖的范围。可以推断这两种类型的区域对客户非常有吸引力。第二,传感器 1F-1 的系数估计是最大的,表明它对客户的总停留时间产生重大影响。这是因为这个地区不仅靠近入口而且靠近星巴克。人们可能会留在星巴克并喝一杯咖啡,这使得逗留的时间显然比其他地区长。第三,非常有趣的是观察到销售中国手机的几个柜台,如华为、努比亚和魅族,被认为是热门区域,而出售国际品牌手机(如苹果)的柜台则不是热门区域。部分原因在于各种中国手机品牌的竞争日趋激烈,越来越多的中国消费者愿意购买国内厂商生产的手机。第四,可以发现,热门区域包含两个销售小家电的区域,即传感器 2F-2 和 4F-2 附近的区域,这意味着很多客户可能会更加关注以及有意购买此类产品。最后,空调销售区也是热门区域,即传感器 4F-1 的周围区域。推测这主要是因为碰巧在炎热时期收集的数据,这时期正是空调需求旺盛时期。

对于电子商城中的每对非交换的地点 i 和 j,当然存在一个或多个路径,顾客可以从 i 到 j 进行。通常,不同的客户倾向选择不同的路径,并且一些路径明显比其他路径更受欢迎。定义从一个地方到另一个地方的路径为热点路径,前提是它是所有候选路径中最可能的路径。通过对热点路径的详细分析,可以揭示客户运动的鲜明特征。与热门区域研究相同,主要关注 C#1 和 C#3 中的用户。使用马尔可夫模型,分析得出商场的热点路径如表 3-6 所示。

表 3-6 热 点 路 径

起点	中间点	目的地
1F-1	1F-2	1F-4
	1F-2 → 1F-4	1F-5
	1F-3 → 1F-7	1F-6
	1F-3	1F-7

续表

起点	中间点	目的地
1F-7	1F-5 → 1F-4 → 1F-2	3F-1
	1F-5 → 1F-4 → 1F-2 → 3F-4	3F-2
	1F-5 → 1F-4 → 1F-2	3F-3
	1F-5 → 1F-4 → 1F-2	3F-4
	1F-5 → 1F-4 → 1F-2 → 3F-3	3F-5
4F-4	1F-2	1F-4
	1F-2 → 1F-4	1F-5
	1F-2 → 1F-4 → 1F-5	1F-6
	1F-2 → 1F-4	1F-7

可以观察到许多热门路径穿过传感器1F-2覆盖的区域，例如，从传感器1F-7到部署在第三层的所有传感器的路径以及从传感器4F-4到传感器1F-4、1F-5、1F-6和1F-7的路径。换句话说，如果从图论的角度来看待这个问题，传感器1F-2的中介中心性明显大于其他传感器。这主要是因为在传感器1F-2附近有两个电梯，便于客户直接去其他楼层。此外，似乎有一些热点路径是"奇怪的"。作为示例，将传感器1F-7连接到传感器3F-5的热点路径越过传感器3F-3的检测范围，而不是直接到达传感器3F-5。这是因为当客户从传感器1F-7开始时，几乎没有任何客户选择直接进入传感器3F-5，这使得相应的转换概率接近0。另一方面，相当多的客户选择在转到传感器3F-5之前到传感器3F-3。

综上所述，本节详细介绍了从苏宁商城收集到的轨迹数据，详细解释了特殊的预处理过程和数据统计。然后，将用户划分为多个集群，并详细阐述每个集群的基本特征。此外，从个人角度审视客户的行为，具体而言，引入回归模型以寻找商场中的热门区域，并计算马尔可夫转移矩阵以及连通矩阵，以便从跟踪数据中识别热点路径。

3.6 本章小结

在当今的大数据时代下，移动互联网的普及发展形成了海量的移动对象轨迹数据，这些数据含有大量的时空特征信息，来源也多种多样，人类活动规律、行为特征、城市车辆移动路线等轨迹数据可以反映人们的个人行为、兴趣爱好和社会环境。由本章前文提供的表格可以看到，代表性轨迹数据量庞大，日均采样量都达到千万甚至百亿级，数据总量达到TB、PB级。这体现了大规模性、实时高速性、多样性、高价值性的"4V"特征。例如，导航服务公司每天都会存储处理数千万的数据，而数据的不同属性也会对数据的分析处理结果产生影响。

轨迹数据被广泛应用到智能交通、位置服务等系统。本章介绍的大众化经验路径推荐、交通状况精准预测、城市规划智能决策、个性化服务与活动推荐和出租车服务都与人们的生活息息相关，这些系统应用则要求对轨迹数据进行有效处理，让原始数据逐步提取可用。其中主要的步骤就是轨迹数据预处理、轨迹模式挖掘、轨迹语义建模和标注。

由调查可知每天采集到的轨迹数据都是海量的，日积月累，庞大的数据集都会存在杂乱无序、数据不准确、数据缺失等问题，从而导致数据无法使用，因此数据预处理就成了首要任务。由于噪声的影响，定位服务系统无法准确探测到使用者所在的位置，定位系统中反馈出来的结果与实际位置产生巨大偏差，这对使用者方向的确定和路线的寻找带来了很大困扰，通过均值（或中值）滤波器、卡尔曼和粒子滤波器、异常检测的方法对噪声进行过滤，从而排除它对空间轨迹信号的干扰；空间轨迹中点的作用也各不相同，应用系统更加关注人们停留在了哪几个点上，这些驻留点某些情况下可以体现出人们的个人兴趣和重要程度，但是部分时刻只是显示该对象正在进行途中，因此通过驻留点的检测可以剔除无用的部分；对物体对象轨迹的精确记录需要耗费大量的成本，然而在很多应用情况下并不需要对轨迹精度有很高的要求，因此通过轨迹压缩的方式，在不损害轨迹数据精度的前提下减小轨迹的大小从而节约开销；对于轨迹数据中的聚类部分，则可以通过轨迹分割的方式将其分为若干个部分，在减少计算复杂度的同时可以在不同方面进行不同的挖掘研究。

数据预处理完成后总离不开数据挖掘的研究，从基于轨迹的数据挖掘角度展开，发现了其中 4 种主要模式：伴行模式、轨迹聚类、序列模式和周期模式，这几种主要模式都可以帮助人们对数据进行更深一步的研究。当对数据内容有了充足的认识后，试图理解数据背后的含义，因此将轨迹数据进行语义转化和标注，通过对移动和行为理解，分析出目标用户在整个过程的行为目的和接下来的可能行为，并对其进行精准标注。

本章的苏宁云商轨迹大数据实例是通过部署多个 WiFi 传感器，收集多个轨迹数据信息，将线上数据和线下轨迹数据相结合，从而进行研究。首先是将传感器中收集到的信息进行预处理操作，由于传感器采集的是经过商场的用户信息数据，然而其中很多用户可能只是中途经过或短暂停留，这类的数据对后续的分析没有帮助，因此通过去除非营业时间内的用户、距离传感器较远的用户和停留时间短的用户，筛选出了真正进入商城的用户信息。接下来通过轨迹数据分析用户行为，通过群体和个体用户的行为分析建立模型，从而根据热点图确定商场中的热门区域，通过分析热门区域的主要结构和部署，确定在这个时间段内顾客大多会处于哪一块区域以及这样的原因。通过这个实例，发现入口附近、中国手机销售区附近、小家电销售区附近、空调销售区附近属于热门区域，这也可以和社会背景及客观现实相联系起来，对于在实际生活的应用研究也能起到很大的帮助。

习 题

1. 简述噪声过滤的常用方法。
2. 简述驻留点检测算法的意义和应用。
3. 比较轨迹压缩中的 Douglas-Peucker 算法和滑动窗口算法。
4. 简述常用的伴行模式,并比较不同方法的区别。
5. 简述轨迹序列模式的定义和常用方法。
6. 简述轨迹语义标注的概念和意义。

第4章 电子商务欺诈与反欺诈

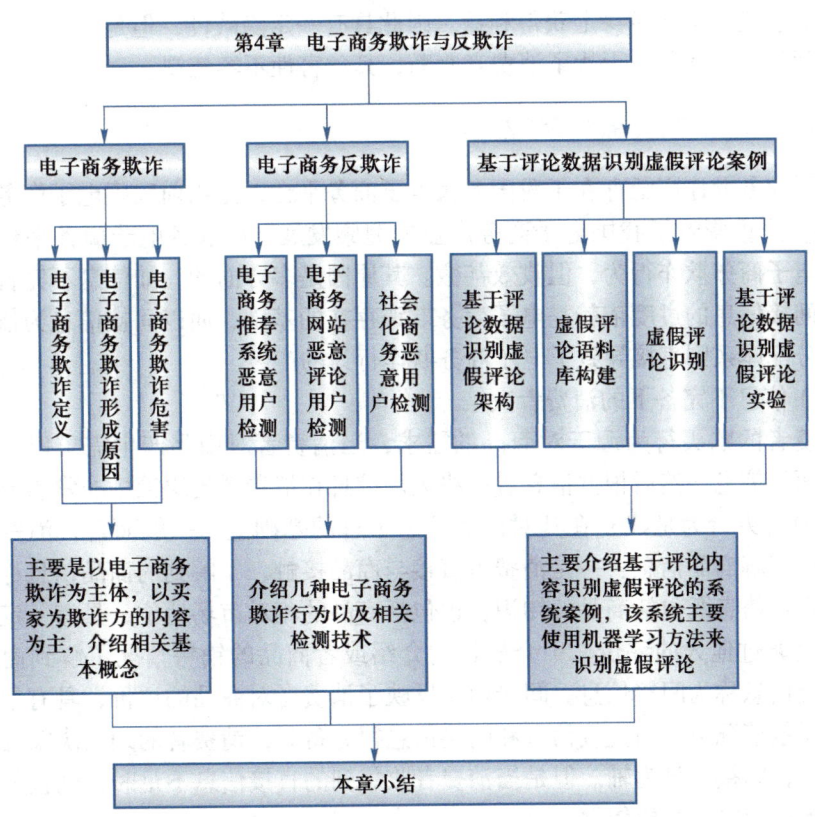

4.1 电子商务欺诈

电子商务在我国经历了十几年的发展，已经成为我国商业领域的重要组成部分。然而在我国电子商务产业蓬勃发展的同时，也暴露出一些问题，尤其是商家的电子商务欺诈行为日益严重，制约着电子商务产业的健康发展。当然，电子商务欺诈也包括购买者恶意评价和要求商家退款等以商家为受害方的案例。本节介绍的电子商务欺诈主要是以商家欺诈为主体，关于以买家为欺诈主体的内容，比如恶意评价，将在 4.2 节介绍。

4.1.1 电子商务欺诈定义

与普通商业欺诈不同，"电子商务欺诈"是以粉饰、虚构或者扭曲商品信息等为途径，从而达到提高业绩、诱使消费者购买、提高商品排名，变相获取平台流量的目的，其主要手段包括"刷单""好评返现""修改评价"等。由于"电子商务欺诈"并非直接从消费者身上获得利益，因此具有一定隐蔽性，但是其行为严重影响商家之间的公平竞争，干扰了消费者判断，其危害性不容忽视。

4.1.2 电子商务欺诈形成原因

电子商务欺诈广泛存在于我国各大电子商务平台，是当前我国电子商务领域的"毒瘤"，严重影响了我国电子商务产业的健康发展。尽管各电子商务平台都在努力治理电子商务欺诈行为，但收效甚微。其原因是多方面的，如信息不完备使得消费者对间接信息的过度依赖是电子商务欺诈存在的基础，而以间接信息为依据的平台流量分配体系则直接导致了电子商务欺诈行为的产生。

（1）信息不完备下的消费者决策

消费者的购买行为源于对商品的需求，当消费者对商品产生需求以后，会收集各方面的信息，然后根据信息进行决策。信息在消费者的决策中非常重要，因此消费者的购买行为是建立在其对商品信息了解的基础上。一般而言，消费者通过两条途径了解商品信息：一是消费者直接与商品接触，了解到的商品信息称为直接信息，直接信息既包括商品的知识，也包括商品的相对市场地位，具有一定的客观性；二是通过他人的评价、中介机构的介绍或者商品的销售情况了解到的商品的信息，此类信息称为间接信息。间接信息反映了消费者对商品的评价，具有很强的主观性。一般情况下，当直接信息和间接信息很完备时，消费者的购买决策会以直接信息为主，间接信息为辅。但是当消费者收集到的直接信息不足时，间接信息就成为消费者决策时的主要依据。

（2）信息不完备使得消费者对间接信息过度依赖

事实上，在电子商务交易中，消费者对间接信息存在过度依赖的现象。由于消费者和商家存在空间上的距离，消费者无法近距离接触商品，商品的直接信息借助图片、音频或者视频传达。尽管各大电子商务平台增加了许多间接信息帮助消费者决策，包括商品销量、店铺信用评价、动态评分、消费者对商品的评语等。但是图片、音频和视频材料的局限性决定了消费者所了解的直接信息是不完备的，此外商家之间的同质化竞争异常激烈，以至于通过图片或视频很难反映商品之间的差异。

（3）电子商务平台以间接信息为依据进行流量分配

间接信息在电子商务平台的流量分配中权重过大，诱使商家采取电子商务欺诈行为。流量是电子商务商家生存的基础，电子商务平台的流量分配规则对商家的影响巨大。流量分配的基本原则是优质商品比劣质商品获得更多的流量。这就意味着平台在分配流量前首先要设计一套能识别优质商品的体系。基于上文的分析，由于消费者在决策过程中对间接信息过度依赖，因此各大电子商务平台都有一套较完整的消费者反馈体系。而目前我国电子商务平台对于优质商品的考察正是基于商品的销量、好评度、客单价、买家在商品页面上的停留时间以及购买转化率等消费者反馈信息，也就是说这种识别的方法并非建立在对商品质量的考察上，而是建立在间接信息的基础上。

4.1.3 电子商务欺诈危害

电子商务欺诈活动的蔓延，对社会的危害性日益突出。其危害性主要表现为3个方面。

对社会财产的巨大侵害：以电子商务为平台，不法分子能够更方便地获取经济利益。同时，电子商务联系着社会的方方面面，一旦事发，将涉及社会生活的各行各业，不仅造成经济损失，而且直接影响社会的稳定。

扼杀电子商务的健康发展：电子商务在社会经济活动中的地位越来越重要，相对于传统商务活动而言，电子商务比传统商务更加注重"信用"。而伴随着电子商务欺诈的日益严重，企业、消费者对电子商务的信心容易被挫伤，社会信用机制受到质疑，必然影响人们参与和发展电子商务的积极性，延迟甚至扼杀电子商务的正常有序发展。

隐蔽性也会使电子商务欺诈多次连续进行：由于电子商务涉及面广，普通用户接触可能性大，其累计的后果会比普通经济犯罪产生更加严重的危害性。

4.2 电子商务反欺诈

电子商务反欺诈，顾名思义，就是对电子商务欺诈行为进行识别的一项服务。电子商务反欺诈可以识别电子商务欺诈行为，从而减少电子商务欺诈所带来的危害，保证消费者的利益。

电子商务诈骗的案例大小不一，严重的将会导致犯罪。从研究的角度来说，可以利用诸如评论数据、用户数据等对电子商务中的恶意差评、刷单等恶意行为进行检测，以下是几种电子商务欺诈行为以及相关检测技术的简单介绍，包括电子商务推荐系统恶意用户检测、电子商务网站恶意评论用户检测以及社会化商务恶意用户检测。

4.2.1 电子商务推荐系统恶意用户检测

推荐系统是一种为用户提供建议的智能化软件工具，目前已被应用于电子商务、电影、视频网站、音乐网络电台、社交网络、个性化阅读、邮件、广告等诸多领域。推荐系统有3个重要的模块,即用户建模模块、推荐对象建模模块、推荐算法模块。推荐系统把用户模型中兴趣需求信息和推荐对象模型中的特征信息匹配,同时使用相应的推荐算法进行计算筛选,找到用户可能感兴趣的推荐对象,然后推荐给用户。已有的推荐系统大多基于用户-项目矩阵进行推荐,矩阵值 r_{mi} 表示第 U_m 个用户对第 I_i 个项目的评分值,推荐系统的任务就是根据已知的用户-项目矩阵的部分值预测该矩阵的缺失值,推荐系统选择 N 个预测值最高的项目作为用户的推荐列表。主要的推荐方法有基于内容的推荐、协同过滤推荐、基于关联规则推荐、基于效用推荐等。协同过滤推荐是当前研究的热点,其最大优点是不需要分析对象的特征属性,对推荐对象没有特殊要求,在数据密度达到一定程度时表现出较好的推荐质量。协同过滤简单来说是利用某兴趣相投、拥有共同经验的群体的喜好来推荐用户感兴趣的信息,个人通过合作的机制对信息给予相当程度的回应(如评分)并记录下来,以达到过滤的目的,进而帮助他人筛选信息。回应不一定局限于特别感兴趣的信息,特别不感兴趣的信息记录也相当重要。

(1)托攻击

托攻击者通过伪造用户模型,并使得伪造用户成为尽量多的正常用户的近邻。由于协同过滤是基于近邻的兴趣来推荐的,所以托攻击者就能干预系统的推荐结果,增加或减少目标对象的推荐频率。比如某些恶意生产商或店主为了使自己的产品更加畅销,利用托攻击使得推荐系统频繁推荐自己的商品,而减少或不推荐竞争对手的商品。电子商务的迅速发展使得网店店主和供货商利用托攻击攫取经济利益成为可能。例如,2001年,索尼影业承认利用伪造电影评论的方法向用户推荐许多新发行的电影。

从攻击者角度来看,最好的托攻击一方面对推荐系统造成的危害最大,另一方面其实施成本可以降至最低,成本包括伪造用户模型的数量和长度以及伪造用户模型所需知识,如项目平均分、流行项目集合等。

图 4-1 描述了托攻击规模、影响和可检测性之间的关系,高效攻击以较小的规模对推荐系统造成极大的危害,同时规模越大使得托攻击者越容易暴露。

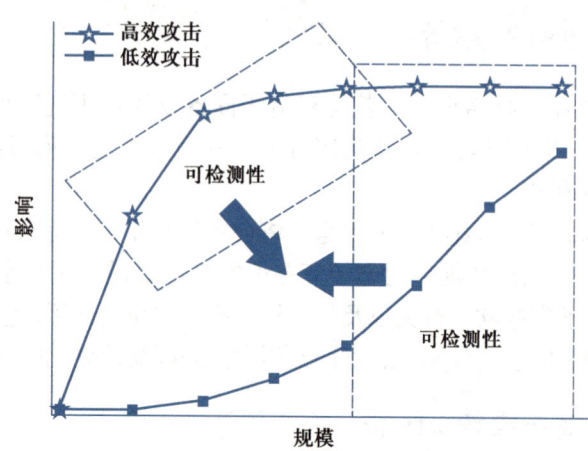

图 4-1 托攻击规模、影响和可检测性关系图

托攻击检测的研究目标正是试图扩大图4-1中的检测框。从托攻击目的来看，托攻击可以分为3类，即推攻击、核攻击和恶意扰乱攻击。推攻击试图提高目标项目的推荐排名，核攻击试图降低目标项目的推荐排名，而恶意扰乱攻击试图使推荐系统失灵。

（2）托攻击检测算法

自从2004年托攻击概念被提出以来，国内外学者提出了很多检测算法来加强推荐系统的健壮性和安全性。托攻击检测本质上是一个分类问题，从对检验知识的使用程度来看，检测算法可分为基于监督学习、无监督学习和半监督学习。从算法使用用户模型信息来看，检测算法可分为两类：第一类算法是依据特征指标来检测；第二类算法直接依据用户评分记录来检测。下面以机器学习的角度分类，融合所依据的用户模型信息类型来介绍现有的托攻击检测算法。

监督学习托攻击检测算法：监督学习利用一组已知类别的用户模型来调整检测器参数。基于监督学习的方法最为直观，其性能依赖于选取的检测指标和训练集，对于和训练集特征相似的用户模型检测效果良好，而对于新的托攻击或经过混淆后的托攻击则力所不逮。

无监督学习托攻击检测算法：Mehta发现托攻击者之间的皮尔逊相似度极高（>0.9），因此，相似度最高的一些用户很可能就是托攻击者。据此，Mehta提出第一个基于无监督学习的检测器PCASelectUsers，无须任何先验知识，而且不依赖于特征指标，该算法首先将用户—项目评分矩阵转化为z-score，然后将 D 的转置矩阵与 D 相乘得到协方差矩阵，再利用主元分析获得3~5个Eigen向量以计算距离，返回 r 个距离最小的用户作为托攻击者。PCASelectUsers极具巧思，在没有任何先验知识的指导下取得了不错的效果，但是，它难以对付AoP攻击，更为致命的是，人们难以知道实际的推荐系统中隐藏了多少个托攻击者。所以，很难设定参数 r，这极大限制了PCASelectUsers的实际应用。Lee等人提出的检测器首先利用聚类的方法将相似用户聚成同一簇，然后根据Group RDMA（GRDMA）来判断某一簇的用户是否为托。本质上，所有上述基于无监督学习的检测器，潜在假设了托攻击者具有极大的相似性，检测器的准确性也依赖于这一规律是否应验。

半监督学习托攻击检测算法：利用珍贵的标记用户信息以及无标记用户的分布规律，研究基于半监督学习的托攻击检测器，成为改善上述两类检测器的直观想法。同时，在亚马逊、淘宝网等电子商务网站中，存在大量无法确定身份的用户（即无标记数据），而只有少量用户的身份可以确定（即标记数据），比如淘宝网上好评率极高或极低的用户、皇冠用户等的身份容易确定，大量好评率适中用户的身份难以确定。同时，无标记数据往往容易获取，获取标记数据可能耗费大量的人力物力，比如，淘宝网中有海量的用户模型，但是要逐一辨明其身份是非常困难的。基于半监督学习的托攻击检测方法满足了这一实际需求。伍之昂等人提出一种基于半监督学习的托攻击检测方法，首先使用朴素贝叶斯分类器在标记数据上训练初始分类器，然后在无标记数据上改进分类器。以往的检测器都聚焦于由单种模型构造出的托攻击，事实上，不同的恶意用户可能使用不同模型和混淆技术实施托攻击，推荐系统面临着混合型托攻击的威胁。为此，这里提出一种针对混合型托攻击的基于半监督学习检测器，称为 HySAD，图 4-2 描述了 HySAD 的总体框架，HySAD 是基于特征指标的，集成了特征自动选择功能，核心部分的学习过程基于半监督朴素贝叶斯（SNB）方法展开，SNB 利用极大似然估计参数值，使用类似 EM 算法迭代求解。

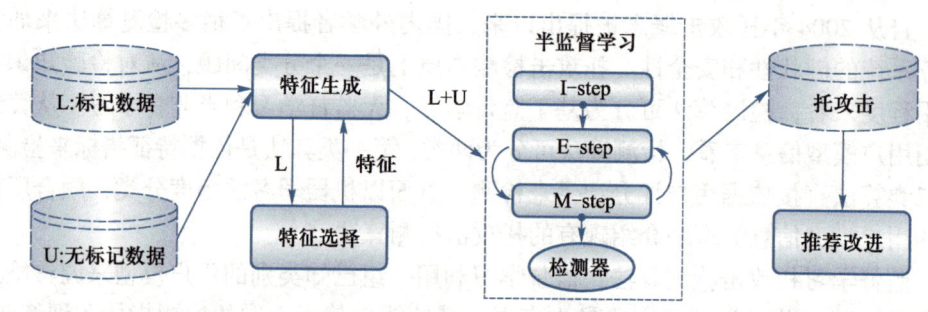

图 4-2　HySAD 的总体框架

基于半监督学习的检测器综合了标记数据的准确性，又合理使用了无标记数据的分布规律，比以往监督学习或无监督学习的检测器有着更加优越的性能。

（3）托攻击检测真实案例分析

目前尚未有精确标记正常用户和托攻击的真实数据集公布，因而才需要仿真产生托攻击用户模型。显然，合成数据集的真实标记信息正确的前提条件是开放数据中的用户都为正常用户。而事实上，这个前提条件未必正确，即无法确定开放数据集原有用户是否包含托攻击、其比例有多大。据此真实案例分析试图识别数据集中的托攻击者，利用语义来支撑识别结果，而语义信息的获取视不同应用和数据而异，并无固定方法。

有学者在亚马逊评论数据集上做了真实案例分析。亚马逊评论数据集包含 49 289 个用户在 504 170 件商品上的 2 347 178 个评论记录，每条记录包含评论 ID、用户 ID、商品 ID、评论题目和内容、5 分制评分值、创建和更新时间及是否购买标记。首先，以评分值为输入数据，通过使用半监督托攻击检测算法 HySAD，识别出概率最高的托攻击用户集合。其次，通过评论内容、创建和更新时间、购买行为、网站排名等几个方面来分析这些值得怀疑的用户的行为，从而为检测算法结果找到语义支撑。

真实案例分析面向实际系统，相比于仿真实验，语义支撑在验证托攻击检测方法上更具说服力。但是，语义支撑依据往往通过手工获取，耗时耗力，难以排查实际系统中的所有用户。因此，结合仿真实验和真实案例分析两种方法，从基准测试数据和语义信息两方面来评价新提出的托攻击检测算法是一个非常合理可信的手段。

（4）未来研究方向

托攻击模型与检测具有丰富的应用前景，尽管在该领域已经开展了大量的研究工作并取得了诸多令人鼓舞的研究成果，其大体表现为攻击模型、检测器、鲁棒性算法三方面，然而该领域内尚有以下几个方向值得进一步探索。

群组托攻击检测：一组托攻击者协同工作以增加或降低目标项目的推荐排名，群组托攻击内的单个攻击模型看起来更接近于正常用户，已有的检测器难以逐个发现群组托攻击。尽管很多学者对群组托攻击方式进行了勾勒，但是目前已有的工作仅包括对群组托攻击检测的简单讨论，探索了群组托攻击模型构造方法，却尚未有系统性的群组托攻击构造方式和检测手段研究成果出现。

基于商品评论的托攻击检测：已有的研究都是假设托攻击通过伪造用户对项目的评分来进行，在实际电子商务系统中，用户对商品的评论将直接影响其他用户的购买行为。因此恶意用户有基于商品评论展开托攻击的可能。尽管恶意评论检测甚至群组恶意评论检测得到了研究者的重视，但是尚未有研究能检测隐藏在商品评论中的托攻击。

非协同过滤式推荐系统的攻击与防范：目前的托攻击都是针对采用协同过滤的推荐系统展开，协同过滤是应用最广泛且最简捷有效的推荐算法，但是还存在很多其他推荐算法，如基于 K 均值聚类、概率潜在语义分析、频繁模式挖掘等方法的推荐算法。都柏林大学的 Cheng 和 Hurley 等人提出了针对非协同过滤式推荐系统的托攻击模型，具有极高的击中率。

抗托攻击的推荐算法设计：攻守相辅相成，检测已存在的托攻击固然是保障推荐系统安全性的一个方法，设计难以为托攻击所乘的强鲁棒性推荐算法成为研究者的自然想法。很多学者在提出托攻击检测方法的同时，也提出抗托攻击的推荐算法。但是，设计具有较高的预测准确度的抗托攻击推荐算法极具挑战性，还需要进一步努力。

4.2.2 电子商务网站恶意评论用户检测

电子商务中的恶意评论检测具有极高的应用价值，一直是近几年研究的热点，国内外很多大学和研究机构都对其进行了深入研究。在新兴电子商务环境下，海量社会化媒体信息的存在，使得研究者可以从多个角度挖掘充分的数据对用户特征及行为模式进行分析，从而更加准确地对恶意用户进行识别。

（1）恶意评价的类型和特点分析

根据"恶意评价"的主观意图和危害程度，恶意评价主要分为 3 种：一是想让卖家让点利；二是想让卖家为其自己的纰漏（如购买规则制定漏洞、低价商品包邮等情况）买单；最恶劣的一种是敲诈，把恶评当事业来做，就是"职业差评师"。前两者可以通过提升服务、完善店铺规则公示来解决，危害也有限。因此，这里重点分析的是"职业差评师"。所谓"职业差评师"，就是专门以给差评为要挟，向网店敲诈钱财的网络寄生群体。这些差评师拉人入伙、组团围攻、敲诈勒索，影响正常的电子商务交易秩序和网络信用体系，给众多网店卖家造成巨大伤害，网友直呼这些人为丧尽良心的"网络黑手党"。不可否认，职业差评师的团伙日益增加，是电子商务非常不光彩的一面。

通常来说，职业差评师的工作手段有几个共同特点。

① 职业差评师挑选对象的地域有要求，比如上海的职业差评师一般不会选择地址在江苏、浙江或上海的商家，以免卖家会在现实中追究责任。

② 职业差评师通常挑选 2~4 钻或旺铺版 2 钻以下信誉的卖家，特别是 1 钻以下旺铺版的卖家。他们的防范措施也做得相当完美，收到货后表示对产品不满意但又不愿意拍照证明，引诱卖家打电话，最后才在通话里勒索钱财。聊天记录完全找不到他讹诈的任何证据，而电话是不能作为证据提交的，投诉自然也就无法成立。

③ 职业差评师选择的目标商品一般需要容易脱手，实际购买商品后，得到卖家的退款的同时还能再把自己买到的商品二手交易换取现金。

同时，职业差评师选择的目标也很有讲究。如果卖家在商品设置上出现以下问题，极易被差评师找到漏洞，成为"恶意评价"的重灾区，如赠品放置在常规商品类目下、设置低价包邮但不支持单件商品发货、有购买数量限制和其他仅吸引流量的低价促销商品等。

（2）恶意评价检测研究

关于恶意评价，就当前主流的研究工作而言，都是使用最为广泛的社会化媒体信息研究其评论内容特征、用户行为特征以及关系特征。在评论内容特征方面，恶意用户检测的主要依据是文本的相似性、倾向性以及语言特点，如恶意用户的虚假评论会有明显的偏离正常评论的倾向性，重复使用大量无实义形容词，语言多具有重复部分等。利用评论文本的倾向性挖掘异常评论的方法涉及一定的自然语言处理，效率较低，而关注大量异常评论的统计模式则避开了自然语言处理的瓶颈，利用评论自身的文本特征，通过统计学理论寻找虚假评论，其效率和准确性都会有较大的提高。在用户行为特征方面，主要通过分析恶意用户行为相对于普通用户的异常分布对其进行识别，如恶意用户为降低攻击成本，会大量复制已发表或者别人的评论，评分总是偏离目标商品评价均分等，在时间上则会表现出评论集中突发，发布早期商品评论等。在关系特征方面，主要表现在恶意用户总是针对其选定的商品或商店，目标的选择不具备随机性，因此可通过建立评论、评论所属商品/商店以及恶意用户三者之间的关系模型来检测恶意用户，也有研究根据用户间关系，利用网络传播影响来识别恶意用户。无论是评论内容、用户行为还是关系特征，在描述用户特征时或多或少都存在一定的片面性和局限性，因此综合使用多种社会化媒体信息对恶意用户进行识别成为一个新的发展趋势。目前已有研究将评论内容与用户行为相结合，或将用户行为与用户关系相结合，均取得了很好的识别效果。尽管电子商务中恶意用户检测的研究已取得了一系列令人鼓舞的成果，但在社会化媒体信息利用、用户行为模式分析、标记数据依赖性、检测精度及评价体系等方面仍然存在巨大的提升空间，值得进一步深入研究。

（3）恶意评价风险甄别方法

信誉系统是一种重要的网络安全机制，被广泛应用于 P2P、Grid 和在线电子交易系统等领域，其目的在于激励用户提供真实可信的服务以及遏制非法用户的各种欺骗行为，从而维护诚实用户的合法利益。评价信息是评估节点可信度的基础，通过对节点获得的历史评价信息进行分析和整合来获得节点的可信度，交易的节点依据对方的可信度来决定是否进行交易，信誉系统必须保证节点获得的评价信息的真实可靠。然而，目前的很多信誉系统（如淘宝网、eBay 等）中，很多买家害怕被卖家报复，即使遭遇了不公正的服务，也不愿提出负面的评价信息。

为了激励和保护用户提供诚实可靠的信誉反馈值，国内外很多学者进行了大量研究并提出了各种匿名信誉系统。比如分布式环境下基于安全多方计算获得节点的可信度，此种协议确保了诚实用户无顾虑提供真实评价信息，但是该协议难以识别和追踪提供虚假评价信息的匿名评价者；基于博弈论方法保证交易双方提供公平的评价信息，虽然可以抵御诋毁攻击，但是无法抵御共谋攻击；用户使用无连接的临时身份进行交易和评价，但交易身份匿名某些方面不符合某些商业交易的法律要求，而且对于恶意的匿名用户，系统也无法识别其真实身份；淘宝网系统虽然提供了匿名购买和评价功能，但用户的真实身份对于卖家和淘宝网中心系统依然透明，评价者身份仍未得到完全保护。针对上述情况中的不足，这里提出一个保护诚实评价者并能识别和追踪恶意评价者的隐私保护信誉系统。系统模型总体描述如下。

① 系统假定

网络环境：假定整个信誉系统是在匿名网络（洋葱头网络、MixNet 等）环境下发生的，恶意节点所占的比例一般不高于诚实节点的比例。

交易次数：在限定时间内，假定两个用户之间会进行多次交易评价。

② 模型参与方

信誉管理中心（reputation management center，RMC）：本信誉系统引入一个第三方 RMC，RMC 除了在用户隐私方面不可信之外，其他方面都可信。

受评者（ratee）：受评者是指网络中的普通节点，两个节点交易结束后，受评者接受评价者的评价。

评价者（rater）：评价者是指网络中的普通节点，两个节点交易后，评价者匿名地对另一个用户进行评价。

③ 模型总体设计思想

本隐私保护信誉模型中引入了条件匿名机制，对用户的匿名评价进行监控。用户首先基于 CL 签名协议从 RMC 获取包含密钥 s、用户私钥 sk_u 和 RMC 的 CL 签名（sk_u, s）的评价证书容器。

用户交易结束后，评价者从受评者处获得基于盲签名的交易凭证 σ，评价者将信誉评价值 $\{ID_i, Tag_i, \phi, r_i, T_i, (r_i, T_i)_{sig}, \sigma\}$ 提交至 RMC。其中 ID_i 是受评者身份信息，Tag_i 为评价者的评价标签，$Tag_i = F_{g,s}^{DY}(H(ID_i))$，$F_{g,s}^{DY}()$ 是 DY 随机函数，$H()$ 是安全无碰撞的哈希（Hash）函数，ϕ 是非交互式零知识证明证据，证明 Tag_i 是由容器密钥 s 和 $H(ID_i)$ 合法生成的，r_i 是信誉评价值，T_i 是评价时间，$(r_i, T_i)_{sig}$ 是评价者的可验证签名，验证密钥是 Tag_i。

RMC 对用户获得的信誉评价值进行定期过滤，如果某个 Tag_i 在恶意标签集合 Ψ 内，当评价者再次以相同的 ID_i 和 Tag_i 向 RMC 提交信誉评价值时，评价者必须提交一个评价证书 $Cert_{reputation}$，评价证书基于可验证密钥共享机制生成，每个评价证书含有一个可验证秘密碎片，如果 RMC 获得某个 Tag_i 的评价证书数量超过预先设置的阈值，评价者的评价容器秘钥 s 就会自动泄露，评价者真实身份也会被暴露，评价者的所有评价记录都会被追踪。

4.2.3 社会化商务恶意用户检测

（1）社会化商务

社会化商务即社交电子商务，是电子商务的一种新的衍生模式。它借助社交网站、SNS、微博等社交或网络媒介的传播途径，通过社交互动、用户自生内容等手段来辅助商品的购买和销售行为。在 Web 2.0 时代，越来越多的内容和行为是由终端用户来产生和主导的，比如博客、微博。基于 DOI（数字对象唯一标识符）资源的云平台，是实现社会化电子商务的重要资源中心，通过唯一的 DOI 可以使社会化的信息不至于冗余和重叠，从而实现全社会商务信息的规范有序。

按照具体的展现形式来分，社会化电子商务平台可分为如下 4 种模式。

第一种类型是基于共同兴趣的社交电子商务模式，这种模式解决了用户对逛街的需求，同时营利模式也很直接，营利能力较强。

第二种类型是图片加兴趣的形式，以花瓣网为代表，这种模式在国外的代表为 Pinterest，即 pin（图钉）+interest（兴趣），用户可以把自己感兴趣的东西用图钉固定在钉板（pinboard）上。这种模式的特点是简单、互动性强、视觉冲击力强，容易快速聚集起大量用户，但在盈利上需要有大量的用户规模作为支撑。

第三种类型是媒体导购的形式，以逛逛网为代表，特点是有较强的媒体属性，像一本时尚杂志，让用户在读它的时候充分感受到商品的魅力。这种模式往往较难聚集大量的用户，互动性较差。

第四种类型是线下消费线上导购的形式，该领域较为出色的有大众点评、千品网等，该类型的特点是用户的消费目标明确，娱乐属性较弱，对商品的要求较高。

社交电子商务行业是基于人际关系网络，利用互联网社交工具，从事商品或服务销售的经营行为，是新型电子商务的重要表现形式之一。中国的社会化购物模式是在社交媒体的环境下，应用大众的智慧，通过积累的信息和用户之间的交流来获得产品、价格和交易的相关信息。它允许用户创建客户购物清单，并且可以在社交媒体中和朋友分享。通过网站可以传递相关的信息，基于购物的交友模式也由此应运而生。

（2）社会化商务恶意用户

社会化商务恶意用户是指那些由商业利益驱动，为达到影响正常用户购买行为、扰乱商务环境等不正当目的，通过操纵软件机器人或水军账号，在电子商务网站中制造、传播虚假评论和垃圾信息等恶意用户的总称。虽然恶意用户的存在有很多种形式，但是就当今流行的社会化商务网站而言，大部分都可以归类为如下几种形式，这些形式的界限可能并不十分严格，因为很多恶意用户同时兼有多种形式的特点。

根据恶意用户的存在形式，可以分为如下两类。

① 恶意注册的虚假用户。几乎所有的社会化商务网站都设定了一些限制，一个未登录的网页浏览者通常只能浏览有限的社交内容，甚至可能在登录之前只能查看到一个固定的欢迎页面。对于这类为真实用户提供服务的在线社交网站，如果攻击者想要完成某种恶意攻击行为，往往需要额外注册一些或者很多虚假用户，并使

用这些用户进行各种操作。

社会化商务网站对于用户的注册行为往往会使用一些严格的辨别机制。最为常见的防恶意注册机制就是验证码，即使用系统随机生成的图片，其中包含了一些肉眼可以辨认的字符或文字，并加以各种干扰图形比如噪点和非字符随机图形。对于人类而言，这些图片可以识别，但对于机器来说，就不能准确读取。但如今更加智能的 OCR（optical character recognition，光学字符识别）技术正在逐渐突破图片验证码技术的阻碍，因此更多的社交网站为了更为有效地杜绝垃圾用户，要求必须使用邮件或者移动电话接受验证码或者激活链接，这样才能通过审核。而未审核用户很可能只被允许使用少量的功能甚至不能使用任何功能，从而限制恶意用户的注册生成。

② 盗取真实用户账号。由于批量注册账号存在困难，攻击者往往选择一条绕过注册限制的策略获得合法用户，即盗取其他真实用户的账号。

在社交网络中，有一个概念是活跃用户，指那些会经常登录网站，并会参与网站的相关操作的用户。相对应地，流失用户指虽然在网站注册过，但是之后并未继续使用或者经过一段时间后不再登录的用户。活跃用户通常作为一个指标以评价一个网站或者应用的现状，而流失用户则预示了其可能存在的不再流行的风险，表明网站的吸引力随时间下降。

某些企业在宣传自己的网站时通常会声称自己的注册用户数超过几千万甚至几亿，但其中很可能存在大量的不活跃用户。所以很多时候活跃用户数目才是衡量一个产品好坏的标准。具体而言，不同的公司也有着自己不同的活跃用户计算方法。

根据恶意用户的目的，即他们进行了何种危害社交网络正常运行的操作，可以将其分为如下两类。

① 广告用户。广告用户，顾名思义，是为了达到某种宣传的目的，机械性、重复性地在大量其他用户的文章、评论、私信中发送带有某种推销信息的内容的用户。这样的用户，有的是某些商家，为了提高自己网络商店的知名度，宣传自己的产品，使用与顾客评价极其相似的语句，让一些经验不足的用户信以为真，达到吸引新客户的作用。

② 病毒用户。病毒用户本身并不是病毒，它是指这样的一些用户账号，它们被攻击者恶意注册或者盗取，通过向其他用户发送带有恶意程序或者精心构造的漏洞的 URL，并伪装成正常的网站地址，诱导用户点击链接，使用户的 PC 或者移动设备中毒，并很可能沦为二次传播的工具，达到类似于蠕虫病毒的效果。

（3）诈骗用户

近年来，由于使用互联网尤其是移动互联网的网民数量急剧增多，犯罪分子逐渐把经济诈骗活动转向互联网。由于互联网具有一定的隐蔽性，在没有专业技能和工具的情况下，普通用户很难识别其他用户或者内容的真假。一些攻击者为了达到利益目的，使用恶意用户账号实施诈骗。有些攻击者会和犯罪分子合作，而有些攻击者本身就是犯罪分子。

（4）恶意用户检测

社会化商务恶意用户的目标通常为获得经济利益或造成网络影响，其行为模式与正常用户相比必然具有很大的差异性。

社会化商务恶意用户检测的关键包括以下 3 个方面：首先，恶意用户的行为特征的描述，由于恶意用户的商业目的与正常用户不同，导致恶意用户与正常用户的行为模式具有很大差别，可以根据用户的评分或者评论行为勾勒出这些恶意用户行为；其次，单个恶意用户检测，需要构建单个恶意用户检测算法，可以将该问题看成二分类问题，即正常用户和恶意用户；最后，群组恶意用户检测，需要先找到潜在的恶意群组，然后构建群组指标对候选恶意群组进行分类。

基于混合 PU 学习的恶意用户检测方法可以用来检测更多隐藏更深的恶意用户，其中 P（positive）表示注入的恶意用户，而 U（unlabeled）表示无标记的推荐系统数据，并提出了一种新颖的反例（negative，即异于正例用户行为特征的用户）数据抽取方法。其次，该混合学习方法在集成贝叶斯模型的基础上，将在恶意用户行为特征的基础上将用户—商品关系集成到该传统机器学习算法中，以检测隐藏更深的恶意用户。最后在抽取可靠反例用户的基础上，基于半监督学习来检测恶意用户，更好地利用标记数据和无标记数据。

基于混合 PU 学习的恶意用户检测方法包括 3 个阶段。第一阶段为用户特征产生和离散化。首先人工注入恶意用户，从而产生正例用户集合，然后将恶意用户和无标记用户的行为特征离散化。第二阶段为抽取可靠反例。其目的是从无标记数据中抽取一些异于正例用户行为特征的用户。第三阶段为基于混合学习恶意用户检测。将第一阶段的正例数据与第二阶段抽取的反例数据合并，通过混合学习方法，来检测其他无标记数据中的恶意用户。框架图如图 4-3 所示。

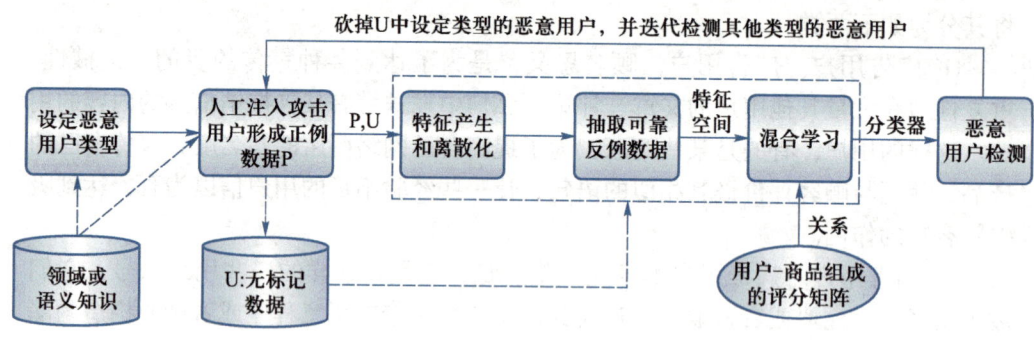

图 4-3　基于混合 PU 学习的恶意用户检测方法框架图

4.3　基于评论数据识别虚假评论案例

在 Web 2.0 网络应用中，电子商务是发展最快的领域之一。在电子商务平台中，用户对于商品的购买决定很大程度上依赖于商品的评论信息，如果某件商品拥有大量用户好评，用户会呈现出较大的购买倾向。各个商业组织和个人利用电子商务中用户产生的内容辅助其决策，实现用户相关推荐等。网络"水军"可以通过发布虚假评论来影响某件商品的评论走势，影响用户的购买决定，为其雇主或自身带来相应的商业利益。因此，识别商品评论中的虚假评论非常重要。

本节主要介绍基于评论内容识别虚假评论的系统案例，该系统主要使用机器学习方法来识别虚假评论。

4.3.1 基于评论数据识别虚假评论架构

基于评论数据识别虚假评论，先根据已抓取的评论数据构建虚假评论集合，对评论数据进行预处理并且构建虚假评论语料库。由于观察到的虚假评论发布者总是会写虚假评论，为识别虚假评论提供了一种思路，即确定评论的作者是否为虚假评论发布者。如果是，则该作者的新的评论也有很大可能是虚假评论。根据以上的观察结果，提出了一种双特征的半监督方法。该方法利用已标记的数据为未标记的数据进行注释标记，得到虚假评论。基于评论数据识别虚假评论框架如图 4-4 所示。

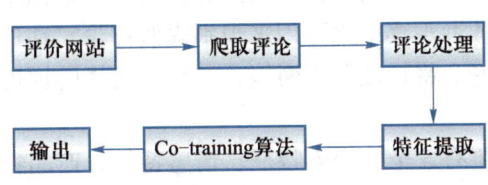

图 4-4 基于评论数据识别虚假评论框架图

4.3.2 虚假评论语料库构建

为了识别虚假评论，首先使用从 Epinions 网站爬取的部分评论手动构建一个虚假评论语料库，该数据集包含大约 6 万条评论。在 Epinions 网站上，当一个用户发布评论后，其他用户可评论该评论，同时可以提供分数来表示该评论是否有用。在这里，可利用这些评论与分数来对虚假评论进行注释。由于评论数量巨大，因此不可能对所有评论进行注释，但是简单地随机抽样会导致虚假评论的发现概率下降。假设虚假评论与评论是否有用的关系可以表述为虚假评论不能帮助用户了解产品，给予用户很少帮助的评论更有可能为虚假评论，需要手动注释这些评论。基于以上假设，构建虚假评论集的方法如下。

（1）数据预处理

首先，根据全名匹配删除重复的产品。同时，删除匿名评论者的评论。在以上两个操作之后，选择足够可信的评论，即该评论的有用性和评分高于 5。

其次，根据评论的有用性，对所有评论进行排名，并将它们分为三组：高有用性评论集合、中有用性评论集合和低有用性评论集合。在三组评论中，随机选取 1 000、1 000 和 4 000 条评论。

最后，提取要注释的评论的各种上下文，包括所有的评论与有用性评估、目标产品描述以及评论者的个人资料与历史评论。

（2）注释器训练

这里提出一种进行注释的原则与方法。在公开的博客和论坛中，人们对于虚假评论的识别都非常感兴趣。有一项研究引入了 30 种识别虚假评论的方法。可以通过网络找到很多相关文章。为了获得实验所用的标记数据集，使用人工标记的方法，研究组织者聘请了 10 名大学生，在他们阅读相关文章并了解虚假评论的判别方法之后，由他们独立地对评论数据进行标记。当他们确定某条评论为虚假评论时，要求他们仔细地阅读预处理步骤中提供的上下文。每条评论由两个人进行标记注释，若发生冲突，由第三人解决。最后，在预处理步骤获得的 6 000 条评论中，收集到了 1 398 条虚假评论。并且，结果验证了提出的假设，即给予用户很少帮助的评论更有可能为虚假评论。通过注释器训练，分别从低、中、高有用性评论集合中获得了 1 256、112、30 条虚假评论。

4.3.3 虚假评论识别

（1）特征提取

特征提取是识别虚假评论的关键。通过分析所用的数据集与阅读公开的博客和论坛的讨论，获得的各种观察结果可用来识别虚假评论。在这里，将介绍提取的特征，用来识别虚假评论。将特征分为两组，一组与具体的评论内容相关，一组与评论者有关。

评论相关特征主要有 5 个：内容特征、情感特征、产品特征、元数据特征和评论者特征。

① 内容特征。

a. unigram（单个词）和 bigram（双词）。使用特征选择度量 $\chi 2$ 来选择文本分类特征：前 100 名 unigram 和前 100 名 bigram。

b. 标准化长度的正方形，通过最大长度归一化的评论长度也被提取为实数特征。

c. 第一人称与第二人称。可以发现在虚假评论中，有时会说"你"应该做点什么，而不是"我"经历过什么。使用第一人称代词的比例（例如"我""我的""我们"）和第二人称代词（例如"你""你的"）作为实数特征。

d. 高相似度虚假评论发布者可能只是更改评论中的产品名称，或在多个产品上发布相同的评论。将每个评论表示为单词向量，并选择最高余弦相似度得分与其他评论作为实数特征。

② 情感特征。

a. 主观与客观：如果评论包含很多客观信息，则可能只描述产品的属性或非主题广告。可以计算单词和句子级别的主观和客观比率，主观词一般由主观词汇 SentiWordNet 和 HowNet 识别。如果句子包含至少一个主观词，则认为它是主观的。

b. 正负面对比：如果评论仅表达对产品的积极情绪或负面情绪，则往往是虚假评论，因为真实的评论会表达双方的情感。在单词和句子层面计算正负面词的比例，正负面情绪由情感词典识别。

③ 产品特征。使用此产品下的评论数量来表示产品的受欢迎程度，同时使用产品的平均评级作为特征。一个产品是如何被评论描述的是一个良好指标，如果未提及产品名称，则此评论可能是偏离主题的广告。如果多次提及品牌名称或产品名

称，则此评论可能是此产品的倡导者。将所有单词中的品牌和产品名称的百分比计算为实数特征。

④ 元数据特征。元数据特征包括评论的评级。在计算评论评级与目标产品的平均评级之间的差异的同时，也考虑了发布时间，并使用二进制特征来表示评论是否为第一次产品评论。

⑤ 评论者特征。评论者相关特征一般分为两种：个人资料特征与行为特征。

个人资料特征都是从评论者的个人资料中抽取的。它包含评论者的ID、评论者评论的数量、是否包含评论者的真实姓名、主页和自我描述在整个网站的受欢迎程度以及特征的类别。

行为特征具体可以分为以下几种。

权威分数：在 Epinions 网站上，如果前者认为后者撰写的评论可信，则一个评论者可以"信任"另一个评论者。这类似于网页链接。首先基于"信任"关系构建定向评论者图。根据链接分析算法 PageRank 计算评论者的权威分数，如式4-1所示。

$$PR(u_i) = \frac{1-d}{N} + d \sum_{u_j \in M(u_i)} \frac{PR(u_j)}{L(u_j)} \quad (4-1)$$

这里，$u_1, \cdots, u_N$ 是集合中的评论者，N 是评论者的总个数，$M(u_i)$ 是"信任"评论者 u_i 的评论者的集合，$L(u_i)$ 是评论者 u_i "信任"的评论者的数量，d 是阻尼因子，可设置为0.85。可以使用随机初始值迭代计算 PageRank 分数。使用 PageRank 分数作为权威分数。还尝试使用进度"信任"和出度"信任"作为权威分数特征。

品牌偏差分数：虚假评论发布者可能专注于特定品牌，因此计算不同品牌的评论数量分布。使用熵来表示这个分数，如式4-2所示。

$$H(X) = -\sum_{i=1}^{n} p(x_i) \log p(x_i) \quad (4-2)$$

其中，x_i 是第 i 个品牌，$p(x_i)$ 是第 i 个品牌评论的数量除以总的评论数量。

评级偏差分数：虚假评论发布者可能会为不同的品牌提供不同的评级，将差异计算为实数特征，如式4-3所示。

$$Var(X) = \sum_{i=1}^{n} p(x_i)(s(x_i) - \mu)^2 \quad (4-3)$$

其中，$s(x_i)$ 是第 i 个品牌的平均等级，μ 是所有品牌的总体平均等级。

（2）半监督方法

由于手动标记垃圾邮件是一件劳动密集型任务，因此仅仅对一小组评论数据进行注释。对于仍然存在的大量未标记的数据，考虑到它们可能会提高性能，在这里使用半监督的方法来利用未标记的评论。

在设计半监督的方法之前，观察到虚假评论发布者总是会撰写虚假评论。为了验证这一观察结果，通过删除评分较低（<3）的评论者，从标记数据集中随机选择了40个虚假评论发布者。对于每个虚假评论发布者，随机提取10条评论并且手动标记这些评论，旨在检查虚假评论发布者是否总是撰写虚假评论。在40个虚假

评论发布者中，有 25 个总是撰写虚假评论，3 个撰写约 80% 的虚假评论，6 个撰写约 70% 的虚假评论，4 个撰写约 40% 的虚假评论，2 个撰写约 30% 的虚假评论。这能够说明虚假评论发布者有约 85% 的可能性会撰写虚假评论，这可以提供两种观点来检测评论的作者是否为虚假评论发布者。如果一个评论的作者是虚假评论发布者，那么这条评论有很大的可能是虚假评论。

基于上述观察，这里设计了一种用于虚假评论检测的双特征半监督方法。采用协同训练算法 co-training 的框架。协同训练算法 co-training 是一种典型的自举（bootstrapping）方法，自举以一组标记数据开始，并通过逐步添加未标记数据来增加注释数据的数量。co-training 算法的一个重要方面是两个特征的属性。两种特征的分离被证明比单一观点更有效。在虚假评论识别的上下文中，每个评论都有两个特征：有关评论本身的特征和有关相应评论者的特征。整体算法框架说明如下。

Require：每个评论的两个特征集合，即评论特征 F_r 和评论者特征 F_u；一个小的标记数据集 L；一个大的未标记数据集 U。

Ensure：迭代 I 次

1：根据评论特征 F_r，从 L 学习第一个观点分类器 C_r；
2：基于 F_r，使用 C_r 来标记来自 U 的评论；
3：从 U 中选择最有可能的预测为 p 个正面和 n 个负面的 T_{review}；
4：根据评论者特征 F_u，从 L 学习第一个观点分类器 C_u；
5：基于 F_u，使用 C_u 来标记来自 U 的评论；
6：从 U 中选择最有可能的预测为 p 个正面和 n 个负面的 $T'_{reviewer}$；
7：抽取由 $T'_{reviewer}$ 评论者撰写的评论 T'_{review}；
8：根据预测的标签，将评论从 U 移动到 L。

实际上，数据中总是存在噪声。co-training 的假设，例如，有条件的独立观点，可能在实践中不成立。在使用两个特征分类器之间的"协议"策略之后，还设计了一种 co-training 的变体。当两个特征分类符最相符时，只选择 p 个正实例和 n 个负实例：在步骤 7 中，将 T∪T' 更改为 T∩T'。

4.3.4 基于评论数据识别虚假评论实验

（1）实验设置

对于半监督方法，需要将数据集划分为训练集和测试集。然后进行 10 倍交叉验证，即将数据集随机分为 10 份，选择其中的 9 份作为训练集，剩下的 1 份作为测试集。

评估指标有 3 个，分别为精确度（用 *precision* 表示）、召回率（用 *recall* 表示）和 F-Measure（用 *F* 表示），它们的计算方法如式 4-4、式 4-5 和式 4-6 所示。

$$precision = \frac{s_p \cap s_c}{s_p} \quad (4-4)$$

$$recall = \frac{s_p \cap s_c}{s_p} \quad (4-5)$$

$$F = \frac{2 \times precision \times recall}{precision + recall} \quad (4-6)$$

其中，s_c 是真的虚假评论的集合，s_p 是预测为虚假评论的集合。

（2）实验结果

在这里，使用协同训练算法 co-training 来利用大量的未标记的数据。实验结果与比较如表 4-1 所示。

表 4-1 实验结果与比较

算法	precision	recall	F
NB	0.517	0.669	0.583
NB-bootstrapping	0.621	0.575	0.597
co-training	0.630	0.589	0.609
co-training（Agreement）	0.641	0.621	0.631

其中，NB（naive Bayes）是朴素贝叶斯模型，它是机器学习中一种非常基础和简单的算法，常常被用来分类。NB-bootstrapping 是 NB 的自举版本，它将所有的特征作为单个特征。co-training 算法使用两个特征，即评论相关特征和评论者相关特征分别预测未标记数据。co-training（Agreement）表示两个特征分类器选择具有最多一致性的未标记数据。

可以看到，对于这项任务，co-training 表现得更好。它比 NB-bootstrapping 获得了更好的结果。通过一致性策略，该方法可以获得用于识别虚假评论的最佳结果。

综上所述，在本节中主要介绍了一种基于评论内容的虚假评论识别方法，首先手动构建虚假评论集合，然后根据提取的评论相关特征与评论者相关特征，通过协同训练算法 co-training 来获得更多未标记的数据中的注释，从而挖掘更多的虚假评论。最后，通过实验，将提出的方法与朴素贝叶斯模型等进行比较，证明了所提出方法的有效性。

4.4　本章小结

电子商务将传统的商务流程电子化、数字化。一方面以电子流代替了实物流，可以大量减少人力、物力，降低了成本；另一方面突破了时间和空间的限制，使得交易活动可以在任何时间、任何地点进行，大大提高了效率。但是在享受着电子商务发展带来的便利的同时，人们需要面对一个事实：网络交易的虚拟性引起的电子商务欺诈行为有恶化的趋势。这制约着网络交易和电子商务的发展，给社会和经济都带来了巨大的损失。

本章介绍了电子商务欺诈的一些主要手段，这些手段的最终目的还是为了获取利益，由于电子商务欺诈并没有直接从消费者身上得到好处，因此常常会被人忽略。但是这种行为从本质上破坏了商家之间竞争的公平性，也破坏了商家和顾客之间交易的公平性，长此以往，对经济市场的破坏不可估计。

电子商务欺诈的主要原因是网络交易市场中买卖双方信息的不对称性。与传统市场相比，电子商务市场进入门槛较低、管理成本较低、市场信息获取更容易，然而，尽管电子商务市场有着很高的信息获取效率，但却没有很高的成功交易效率。当消费者想要购买一件商品时会事先去了解，当没有收集到足够多的直接信息时，人们的目光会放在间接信息上。间接信息则缺少了直接信息的客观性，电子商务平台却会根据销量评分这些间接信息进行流量分配筛选优质商品，因此当消费者逐渐依赖这些可视化的信息后，商家会采用刷单、刷好评等欺诈手段欺骗消费者，从而达成更多的交易额获取更大的利润。这种行为会对社会财产产生巨大侵害，同时也扼杀了电子商务的发展，由于它的广泛性和隐蔽性，这种行为会越来越多地发生在普通消费者身上，造成巨大的损害。

现如今，应对电子商务欺诈的主要做法是使用电子商务反欺诈系统，本章介绍了其中几种电子商务欺诈行为和相关的检测技术。如使用托攻击检测算法来检测推荐系统中是否存在托攻击，监督学习托攻击检测算法、无监督学习托攻击检测算法、半监督学习托攻击检测算法就是其中的几种主要方法。恶意评论也是一种典型的电子商务欺诈行为，恶意评论检测的主要依据是是否存在明显的偏向性和大量重复无意义的形容，恶意用户也会重复复制他人评论或针对某个特定选择的商品。为了鼓励用户提供真实可信的评论信息，很多平台推出了信誉系统服务，而在本章也介绍了一个保护诚实评价者并能识别和追踪恶意评价者的隐私保护信誉系统。社会化商务作为电子商务的一种新模式，通过支持线上社交功能和用户自主选择内容来帮助顾客做出消费决定，进行商品的服务和交易。如今国内的社会化商务发展还处于起步阶段，大部分的电子商务平台都是以兴趣为核心，在社交网络的环境中实现兴趣的互动，并产生被动消费。在这样的环境下，出现了社会化商务恶意用户，通过操控水军或机器人账号来传播虚假评论，实施恶意行为，对电子商务系统的生态与正常用户的财产安全构成了威胁和破坏。恶意用户主要存在虚假用户和盗取真实用户账号信息两种形式，由于注册虚假用户耗费时间和成本，因此盗取真实账号的行为更为广泛，很多用户在注册完账号后长时间不再登录，账号处于"闲置期"，此时恶意用户便会乘虚而入，用这些账号传播广告、病毒或进行诈骗。而检测系统则利用恶意用户行为与正常用户行为差异明显的特点对其进行筛选。

在本章最后介绍了基于评论数据识别虚假评论的案例，首先构建一个虚假评论的数据库，在获取评论数据后进行预处理操作，通过特征提取研究评论和评论者的特征，使用 co-training 算法输入最后结果即虚假评论内容。从对比可以发现，co-training 比 NB-bootstrapping 获得了更好的结果。通过一致性策略也能证明该方法可以更好地识别虚假评论。

习 题

1. 简述电子商务欺诈形成的原因和危害。
2. 简述托攻击算法的基本原理。
3. 职业差评师的共同特点有哪些?
4. 简述社会化商务中恶意用户的分类。
5. 简述虚假评论识别的常用方法和基本原理。

第5章

推荐系统

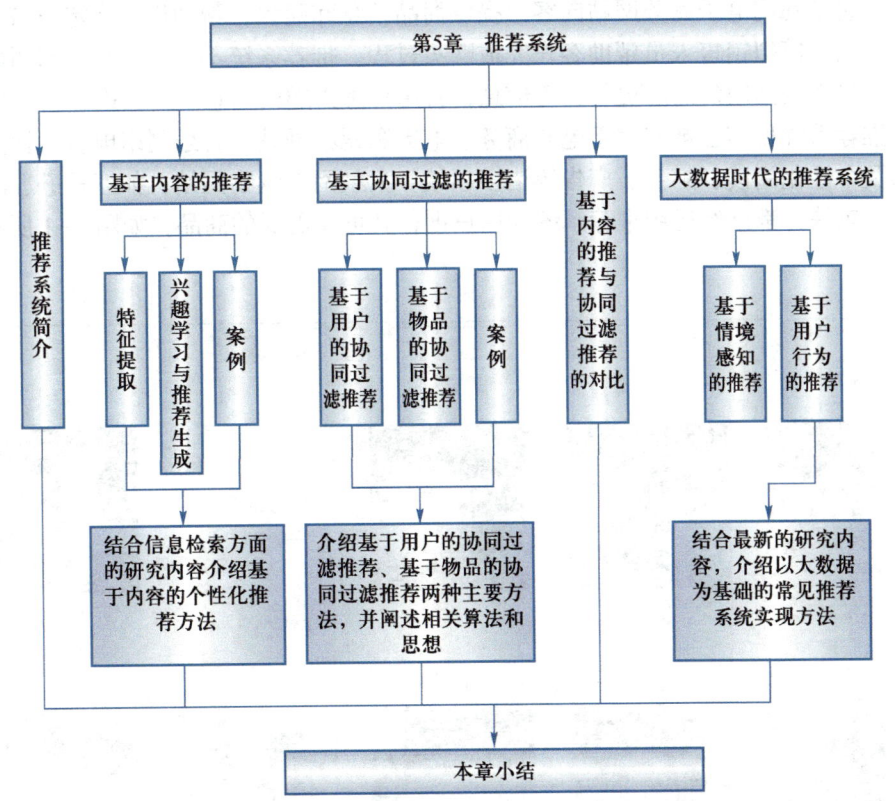

5.1 推荐系统简介

5.1.1 什么是推荐系统

在大数据时代,用户每天接触海量的数据,如何在这些大量信息中找到自己所需要的信息便成为难题之一,在电子商务领域更是如此。接下来将以生活实例来进行说明。

小明某天想吃薯片,他选择薯片的途径有许多,比如出门去商场购买薯片或者使用网上商城购买薯片。这实际上与传统的搜索引擎功能类似,是在用户拥有明确需求的情况下,在大量信息中挑选符合用户需求的信息。但在更多情况下,用户并没有明确需求,此时推荐系统则可以起到作用。

关于推荐系统的定义有很多,但被广泛接受的一个定义是 Resnick 和 Varian 提出的:它是利用电子商务网站向客户提供商品信息和建议,帮助用户决定应该购买什么产品,模拟销售人员帮助客户完成购买过程。推荐系统不需要用户提出明确的需求,只需根据用户的历史行为等信息,将用户感兴趣的信息、商品推荐给用户。

推荐系统目前已被应用于电子商务、电影和视频网站、音乐网络电台、社交网络以及个性化阅读、邮件、广告等诸多领域。大型网上购物网站,如亚马逊、淘宝网、京东等,都已经运用推荐系统为用户推荐其可能需要的商品,如图 5-1 所示。

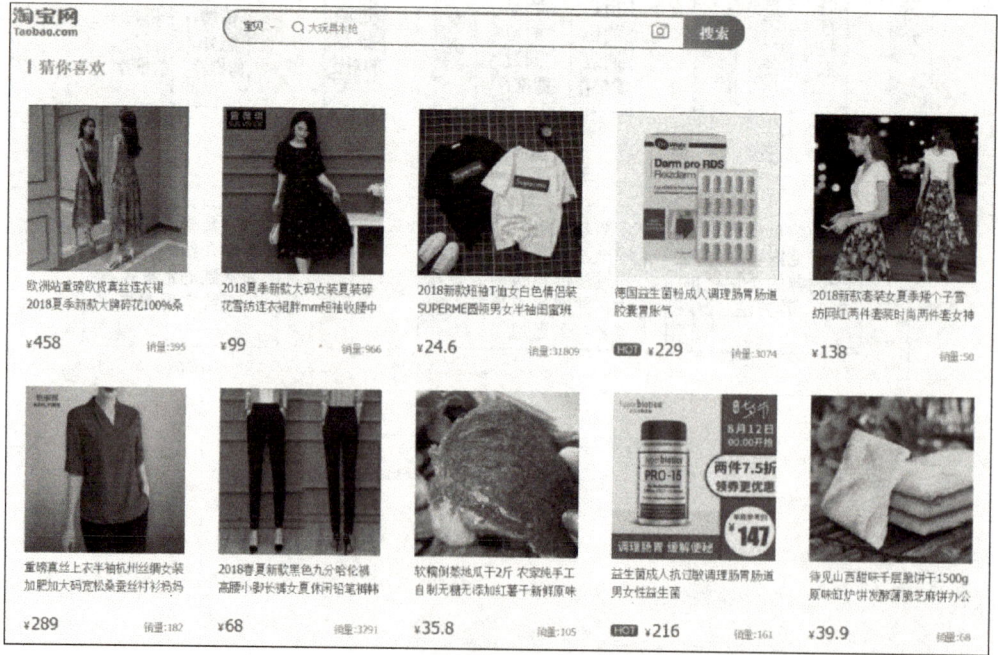

图 5-1 淘宝网的"猜你喜欢"

在很多视频网站、音乐软件中，越来越多的人也选择使用推荐系统生成的"每日推荐"栏目，如图 5-2 所示。

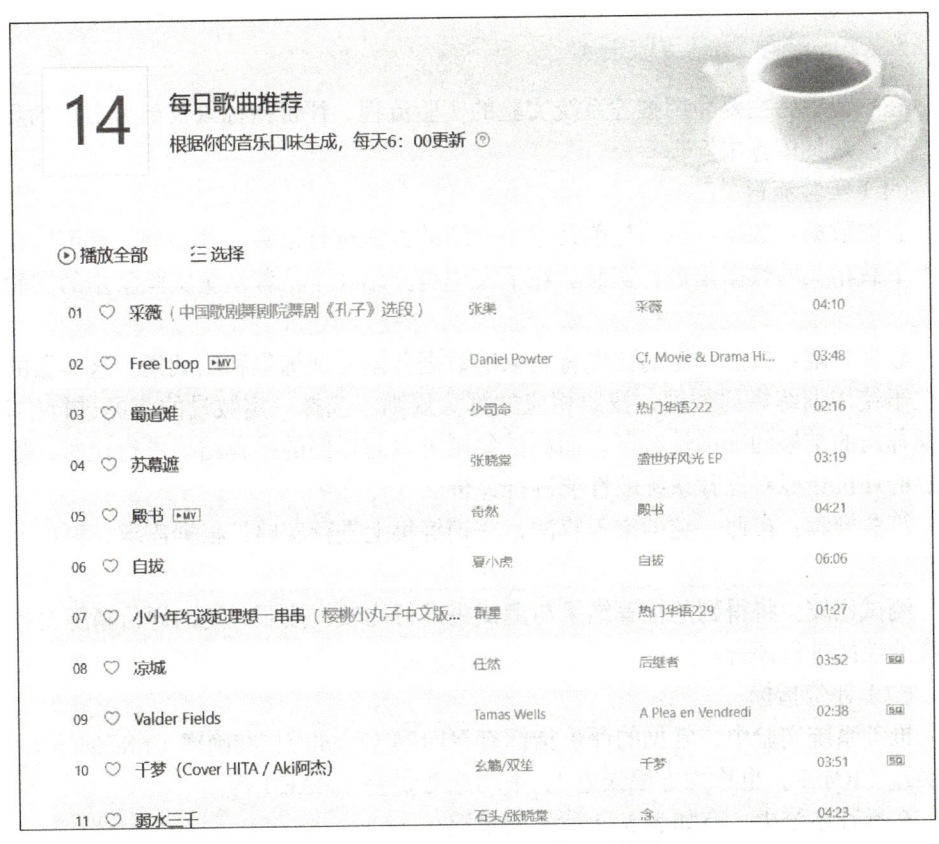

图 5-2 网易云音乐的"每日推荐"

许多电子商务网站的"猜你喜欢"模块都会推荐各式各样的商品。在一些网站中会标注推荐这些商品的理由，如"购买了该商品的用户还购买了……""与该商品类似的商品有……"等。这也与推荐系统的不同分类对应。

推荐系统根据推荐方式的不同，可分为如下几类。

基于内容的推荐：使用属性（如品牌、价格、类别等）描述商品，找出与用户购买过的商品相似的商品进行推荐。

协同过滤推荐：基于用户对物品的评级以及其他人的行为，用相似行为的用户喜好与商品购买进行推荐。

混合推荐：将基于内容的推荐与协同过滤推荐两种方法相结合，进行推荐。

以选择零食为例来进行说明，当小明想吃零食但没有明确需求时，他有以下几种选择。

① 根据自己原来吃过的零食，找到同品牌或同口味的零食进行购买。这是使用某属性（品牌、口味等）描述商品，找出与已经购买过的商品类似的商品，是基于内容的推荐。

② 咨询口味相似的朋友，让朋友进行推荐。这是用相似用户的喜好进行推荐，是协同过滤推荐。

在本章中，将主要介绍基于内容的推荐与协同过滤推荐。

5.1.2 推荐系统实验简介

在本节中，主要介绍推荐系统实验的实验流程、评价指标以及部分常用的数据集，不涉及具体算法。

（1）实验流程

获取数据：数据可以通过前几章中介绍的方法进行采集、预处理，也可以在网站上下载相关的数据集进行实验。在下文中将介绍几个推荐系统实验常用的实验数据集。

数据分割：按照一定的比例将获取的数据分割成训练集和测试集。这样做的目的在于使用训练集的数据，按照相应的算法规则，选择一定数量的商品进行推荐，但推荐出的结果的准确性存疑。而测试集则可以与得到的推荐结果进行比对，通过一定的评价指标对推荐系统的性能进行评价。

算法推荐：按照一定的推荐算法，在训练集上进行实验，根据需求，得出一组推荐结果。

测试比较：将得到的推荐结果与测试集进行比较，按照一定的评价指标对推荐系统的性能进行评价。

（2）评价指标

推荐系统实验中，常见的评价指标有召回率（recall）、准确率（precision）、标准误差（RMSE，也称均方根误差）、平均绝对误差（MAE）等。

在推荐系统中，有如表 5-1 所示的情况。

表 5-1 分类结果的混淆矩阵

类别	预测结果正例	预测结果反例
真实情况正例	TP（真正例）	FN（假反例）
真实情况反例	FP（假正例）	TN（真反例）

在表 5-1 中，准确率是指推荐列表中，用户喜欢的商品所占的比例。结合表 5-1，有

$$P = \frac{TP}{TP+FP} \quad (5-1)$$

召回率是指测试集中用户喜欢的物品有多少出现在推荐列表中。结合表 5-1，有

$$P = \frac{TP}{TP+FN} \quad (5-2)$$

一般来说，准确率与召回率呈反比例关系，即准确率越高，召回率越低；召回率越高，准确率越低。这两种评价指标不能很好地反映出评价性能。因此，有学者

将两者结合，提出了 F-Measure 这一指标。

$$F_\beta = \frac{(\beta^2+1)P \times R}{\beta^2 P + R} \quad (5-3)$$

其中 β 是一个调和参数，一般令 $\beta=1$，即常用的 F_1-Measure 指标。

$$F_1 = \frac{2P \times R}{P + R} \quad (5-4)$$

对于准确率、召回率以及 F-Measure 这些评价指标，在给出的一个推荐列表中，关注点在于评价其中的商品与用户喜欢的商品之间的重叠次数。而在日常的推荐中，是否推荐某一商品的评判标准，则是通过一定的推荐算法对商品打出一个预测评分，评分越高的商品，得到推荐的可能性越大。准确率与召回率并不能很好地反映预测评分与实际评分的差异。标准误差与平均绝对误差就是来衡量预测评分与商品的实际评分差距的评价指标。

假设测试集中共有 m 个评分记录（每个评分记录包含用户、商品、评分），令 y_i 表示第 i 条记录的实际评分，$\hat{y}_i$ 表示推荐系统预测的第 i 条记录中的用户对商品的打分，则标准误差（用 $RMSE$ 表示）与平均绝对误差（用 MAE 表示）的计算公式可表示如下。

$$RMSE = \sqrt{\frac{1}{m}\sum_{i=1}^{m}(y_i - \hat{y}_i)^2} \quad (5-5)$$

$$MAE = \frac{1}{m}\sum_{i=1}^{m}|y_i - \hat{y}_i| \quad (5-6)$$

（3）部分常用数据集

Movielens：该数据集中包含了用户-商品-评分-时间戳等信息。它包含 100 KB、1 MB、20 MB 等不同数据组，对应了其 10 万、100 万、2 000 万条评分记录的数据。除了评分之外，它还附带了一些标签数据。

Book-Crossing：该数据集是网上的 Book-Crossing 图书社区的 278 858 个用户对 271 379 本书进行的评分。

Jester Joke：这是一个笑话评分网站。这个数据集有 73 496 个用户对 100 个笑话进行的 410 万次评分。评分范围是 -10~10 的连续实数。

Netflix：该数据集包含了 480 189 个匿名用户对大约 17 770 部电影作品的大约 10 亿次评分。

Last.fm：该网站可提供音乐推荐的数据集。对于数据集中的每个用户，包含最受他们欢迎的艺术家的音乐列表以及播放次数。

Yelp：该数据集包含了 470 万条评论和 15.6 万条商家信息以及相应的商品图片，适用于加入评论元素的推荐系统。

5.2 基于内容的推荐

基于内容的推荐（content-based recommendation）是被最早应用的推荐方法之一，它为用户推荐与用户过去喜欢的商品类似的商品。基于内容的推荐最早被应用在信息检索领域,因此有许多信息检索方面的知识也可以被应用在基于内容的推荐中。

5.2.1 引例

假设小明是某个图书网站的注册用户,并且已经购买过如表 5-2 所示的图书。

表 5-2 小明购买过的图书内容

书名	类别	作者	印刷	价格	关键字
The Night of the Gun	回忆录	David Carr	纸皮书	$29.90	新闻出版,毒瘾,个人回忆录,纽约
The Lace Reader	文学,推理	Brunonia Barry	硬皮书	$49.90	美国当代小说,侦探,历史
Into the Fire	浪漫,悬疑	Suzanne Brockmann	硬皮书	$45.90	美国小说、谋杀、新纳粹主义

现在有一本新图书,如表 5-3 所示。

表 5-3 一本新的图书内容

书名	类别	作者	印刷	价格	关键字
A New Book	文学	Brunonia, Barry, Ken Follett	纸皮书	$25.65	侦探,谋杀,纽约

那么该电子商务网站是否该将这本书推荐给小明,可根据小明以往的阅读习惯来判断。小明曾经阅读过同为文学类别的 *The Lace Reader*,也阅读过作者为 Suzanne Brockmann 的 *Into the Fire*,也购买过纸皮书包装的 *The Night of the Gun*,阅读过关键字为侦探、谋杀、纽约的书籍,价格要求也在范围中。因此,在一定程度上,小明可能会对这本新书感兴趣。可以将这一个分析过程概括为以下 3 个部分。

特征提取:对于不同的商品,需要按照一定的规则抽取商品的特征,用以表示这个商品。在引例中,选取了书的类别、作者、印刷、价格、关键字等作为书籍的特征。这个特征正对应着"基于内容的推荐"中的"内容"。

兴趣学习:利用用户喜欢(或已经购买、已经浏览)的商品的特征数据,学习出对应用户的兴趣偏好。在引例中,利用书的类别、作者、印刷、价格、关键字等特征,学习小明的兴趣偏好,作为他自己的兴趣档案(profile)。

进行推荐:通过比较待推荐项目与特定用户的兴趣档案的特征,为用户推荐一组最相关的项目来完成推荐。在引例中考虑是否要推荐某个商品,则可以考虑它与用户兴趣档案中的项目相似度是否足够高。而如果要在许多项目中选择一些推荐给用户,则需要选择相似度最高的一组推荐给用户。

引例在某些方面尚有缺陷,作为实验数据略显平白,不足以详细地说明基于内容的推荐的完整推荐过程。接下来,将详细探讨推荐过程中各个步骤的内容。

5.2.2 特征提取

用户的特征是一组用以描述用户的属性,这些属性通常分为两种:结构化特征和非结构化特征。结构化的属性是意义比较明确的属性,取值限定在某个范围,而非结构化的属性意义不大明确,取值也无具体范围。本节引例中的类别、印刷、作者、价格、关键字等就是结构化的属性。而图书的具体内容则是非结构化属性。

结构化的属性相对较易获取,许多结构化属性都是人工添加的标签。在本小节中,将以如何对图书的具体内容操作为例,着重介绍如何将非结构化的属性结构化。

如何代表一段文字或一篇文章,这一问题已经得到了广泛的研究。基于内容的推荐与信息检索关系甚密,在信息检索领域已经有许多方法,如词袋、布尔模型、向量空间模型(vector space model)等。而向量空间模型则是目前最常用的方法之一。

将所有书籍(文章)的集合表示为 $D=\{d_1, d_2, \cdots, d_m\}$,所有文章中出现的所有的词语(中文文本内容需提前进行分词)的集合为 $T=\{t_1, t_2, \cdots, t_n\}$,即共有 m 本书籍,其中共出现了 n 个不同的词语。对于每一篇文章,要使用一个向量来对其进行表示,第 j 篇文章可以表示为 $d_j=(w_{j1}, w_{j2}, \cdots, w_{jn})$,其中 w_{jk} 表示第 k 个词 t_k 在这篇文章中所占的权重,w_{jk} 越大,说明这个词越重要。因此,应当选择合适的 w_{jk} 的表示方式。

一种方式是,词 t_k 在文章 d_j 中出现时,w_{jk} 为 1,反之则为 0,这一种方式就是上述的布尔模型。这一种模型存在着许多问题,例如,一篇描写春天景色的文章中出现了"秋天"这个词,那么按照布尔模型,出现过很多次的"春天"与只出现一次的"秋天",所占权重均为 1,这显然是不合理的。

还有一种方式是,根据词 t_k 在文章 d_j 中出现的次数来决定 w_{jk} 的取值,即将词 t_k 的词频赋值给 w_{jk}。这一方式也存在其不合理之处。在写文章的过程中,会用到许多的助词、语气词、连接词等,如 "and" "a" 等,这些词无实际意义,但是会在文章中大量出现,因此这种方法也存在着明显的弊端。

为解决上述方法中存在的问题,一种常用和有效的方法应运而生,这就是词频 - 逆文档频率(term frequency-inverse document frequency, TF-IDF)。其中,词频指某个词在某篇文档中出现的次数。某个词的文档频率是指包含该词的文档在总文档中所占的比率。而某个词的逆文档频率,则是文档频率的倒数,再取对数。若以 $m(i)$ 表示 m 篇文档中包含词 i 的文档数,则词 i 的逆文档频率可表示如下。

$$IDF(i)=\log\frac{m}{m(i)} \tag{5-7}$$

将词频与逆文档频率相结合,就可以得到某个词语的 TF-IDF 值。

$$TFIDF(d_j, t_k)=TF(d_j, t_k)\times\log\frac{m}{m(k)} \tag{5-8}$$

为方便计算,将 TF-IDF 值进行归一化操作,使得 $w_{j1}^2+w_{j2}^2+\cdots+w_{jn}^2=1$,即

$$w_{jk} = \frac{TFIDF(d_j, t_k)}{\sqrt{\sum_{S=1}^{n} TFIDF(d_j, t_s)^2}} \quad (5-9)$$

使用 TF-IDF 的优势在于，那些词频较大而出现在不同文档中较少的词，会被赋予较大的权重，能够比较好地代表一篇文章的特征，而那些词频较大同时在不同文档中频繁出现的词（多半是停顿词、助词等），则会被赋予较小的权重，从而对文章的特征表示造成较小的影响。计算词 TF-IDF 的过程简单快速，并不复杂。

5.2.3 兴趣学习与推荐生成

在电子商务网站中，"猜你喜欢"模块是将用户浏览或者购买过的商品作为用户喜欢的商品，将某个商品与这些商品进行比较，从而判断是否向该用户推荐该商品。通过 5.2.2 节中介绍的特征提取方法，可以为用户的喜好建立一个模型，并根据这个模型来判断用户是否会喜欢一个新商品。这可以看作是一个分类问题，可以利用机器学习中的分类方法来进行兴趣学习。常用的兴趣学习方法有 K 近邻（K-nearest neighbor，KNN）、决策树、贝叶斯分类器等。

（1）K 近邻

对于一个新的商品，最近邻方法首先找用户已经评判过并与此新商品最相似的 k 个商品（k 的值是根据实际需求人工规定的），然后依据用户对这 k 个商品的喜好程度来判断其对此新商品的喜好程度。比较关键的是如何通过商品的属性向量计算商品之间的相似度。Pazzani 等人建议对于结构化数据，相似度计算使用欧几里得距离；而如果使用向量空间模型来表示商品属性的话，则相似度计算可以使用余弦相似度。

（2）决策树

当商品的属性较少而且是结构化属性时，决策树一般会是个好的选择。这种情况下决策树可以产生简单直观、容易让人理解的结果，而且可以把决策树的决策过程展示给用户，告诉他为什么这些商品会被推荐。但是如果商品的属性较多，且都来源于非结构化数据（如商品是文章等），那么决策树的效果将会打折扣。简单的决策树如图 5-3 所示。

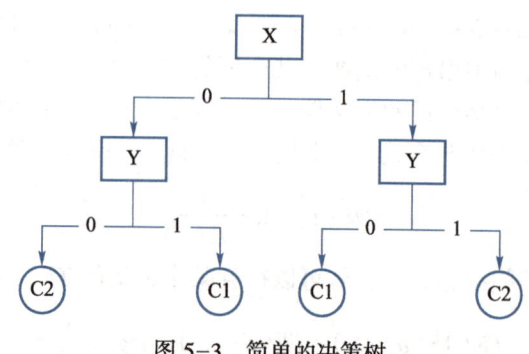

图 5-3 简单的决策树

（3）贝叶斯分类器

贝叶斯分类器经常被用来做文本分类，它假设在给定一篇文章的类别后，其中各个词出现的概率相互独立。该假设虽然看上去简单，但是效果往往非常不错。在给定一个商品的类别后，其各个属性的取值概率互相独立。可以利用用户的历史喜好数据训练贝叶斯分类器，再用训练好的贝叶斯分类器对给定的商品做分类。

在下文中，主要使用最近邻方法来进行兴趣学习。最近邻方法就是对新商品，找到用户评价过的且与其最相似的 k 个商品，根据用户对这些商品的兴趣程度来预测用户对新商品的兴趣。在空间向量模型中，一般采用余弦相似度来衡量两个商品之间的相似性。假设商品 X 的特征向量为 $\boldsymbol{d}_X=(x_1, x_2, \cdots, x_n)$，商品 Y 的特征向量为 $\boldsymbol{d}_Y=(y_1, y_2, \cdots, y_n)$，则商品 X 与商品 Y 的相似程度为

$$sim(\boldsymbol{d}_X, \boldsymbol{d}_Y)=\sum_{i=1}^{n} x_i y_i \qquad (5-10)$$

在实际应用中，计算新商品与用户已经操作（评分等）过的所有商品之间的相似程度，然后选择 k 个相似度最高的商品，根据他们的评分来预测新商品的评分。假设新商品 X 与已有的 m 个商品的相似度分别为 $sim_1, sim_2, \cdots, sim_m$，用户对 m 个商品的打分分别为 $score_1, score_2, \cdots, score_m$，则用户对于新商品 X 的预测打分值为

$$pred(X)=\frac{\sum_{i=1}^{m} sim_i \times score_i}{\sum_{j=1}^{n} sim_j} \qquad (5-11)$$

预测打分的核心思想为加权平均。此处的权值即商品之间的相似程度，与新商品相似度越高的商品，所拥有的权值也就越大，对新商品预测评分的影响也就越大。

5.2.4 案例

假设有 4 篇文档 A、B、C、D，这 4 篇文档中出现了车、保险、自动、最佳 4 个词语，小明已经浏览过 A~C 三篇文档，且对三篇文档的评分分别为 1、2、4，如表 5-4 所示。

表 5-4 文档－词频

类别	A（1）	B（2）	C（4）	D（?）
车（x）	9	4	24	20
保险（y）	3	22	0	22
自动（z）	0	22	29	22
最佳（p）	14	0	16	14

下面来看看小明对文档 D 的预测评分。

首先,构造 4 篇文档的特征向量。构建 A 的特征向量如下。
$$d_A = (w_{Ax}, w_{Ay}, w_{Az}, w_{Ap})$$
按式 5-8 计算,得到
$$TFIDF(d_A, t_x) = TF(d_A, t_x) \times \log\frac{m}{m(x)} = 9 \times \log\frac{4}{4} = 0$$
$$TFIDF(d_A, t_y) = TF(d_A, t_y) \times \log\frac{m}{m(y)} = 3 \times \log\frac{4}{3} = 0.375$$
$$TFIDF(d_A, t_z) = TF(d_A, t_z) \times \log\frac{m}{m(z)} = 0 \times \log\frac{4}{3} = 0$$
$$TFIDF(d_A, t_p) = TF(d_A, t_p) \times \log\frac{m}{m(p)} = 14 \times \log\frac{4}{3} = 1.749$$

按式 5-9 计算,进行归一化操作,得到
$$w_{Ax} = \frac{TFIDF(d_A, t_x)}{\sqrt{\sum_{S=1}^{4} TFIDF(d_A, t_s)^2}} = 0$$

$$w_{Ay} = \frac{TFIDF(d_A, t_y)}{\sqrt{\sum_{S=1}^{4} TFIDF(d_A, t_s)^2}} = 0.210$$

$$w_{Az} = \frac{TFIDF(d_A, t_y)}{\sqrt{\sum_{S=1}^{4} TFIDF(d_A, t_s)^2}} = 0$$

$$w_{Ap} = \frac{TFIDF(d_A, t_p)}{\sqrt{\sum_{S=1}^{4} TFIDF(d_A, t_s)^2}} = 0.978$$

可得,$d_A = (0, 0.210, 0, 0.978)$。同理,可求得 $d_B = (0, 0.707, 0.707, 0)$,$d_C = (0, 0, 0.876, 0.483)$,$d_D = (0, 0.645, 0.645, 0.410)$。

按式 5-10 计算,得到
$$sim(A, D) = \sum_{i=1}^{n} x_i y_i = 0.536$$

同理,有 $sim(B, D) = 0.912$,$sim(C, D) = 0.763$。将求得的相似度与已打分的分值代入式 5-11:
$$pred(D) = \frac{sim(A, D) \times score_A + sim(B, D) \times score_B + sim(C, D) \times score_C}{sim_A + sim_B + sim_C}$$
$$= 2.448$$

因此小明对 D 的预测评分为 2.448。

5.3 基于协同过滤的推荐

基于协同过滤的推荐的基本思路与日常选购商品的思路类似。如果某用户身

边的很多朋友都选购某种商品,那么该用户就会很大概率地选择该商品。或者如果某用户喜欢某商品,而其他喜欢该商品的用户喜欢另一个某用户没有购买过的商品,那么该用户就会很大概率喜欢该商品。协同过滤推荐一般分为两类:基于用户的协同过滤推荐、基于物品的协同过滤推荐。本节将详细介绍基于协同过滤的推荐方法。

5.3.1 引例

如表 5-5 所示,在某电子商务网站中,用户小明曾经看过 m1、m2、m3、m4 这 4 部电影,并分别给出了 5 分、3 分、4 分、4 分的评分。此时有一部新的电影 m5,是否要推荐给小明成为首要解决的问题。假设此时没有 m1、m2、m3、m4 与 m5 的内容信息,即无法使用基于内容的推荐,因此只能根据其他看过 m1、m2、m3、m4 电影的用户对于 m5 电影的评价来进行打分,或以电影为主体,通过 m1、m2、m3、m4 这 4 部电影在受众群中的打分情况,来预测 m5 的打分情况。接下来,就从用户和电影两个不同角度出发,来介绍协同过滤推荐是如何工作的。

表 5-5 用户-电影评分表

类别	m1	m2	m3	m4	m5
小明	5	3	4	4	?
A	3	1	2	3	3
B	4	3	4	3	5
C	3	3	1	5	4
D	1	5	5	2	1

5.3.2 基于用户的协同过滤推荐

基于用户的协同过滤推荐,是以用户为主体,考察用户的历史行为模式,找到与用户兴趣爱好相似的用户群,根据相似用户群购买过哪些商品,为用户进行推荐。可将基于用户的协同过滤推荐分为两个步骤,即寻找相似用户和进行推荐。

基于内容的推荐,需要根据商品的特征向量之间的距离计算两个商品之间的相似度。在基于用户的协同过滤中,同样需要计算两个用户之间的相似程度。在基于用户的协同过滤算法中,根据用户的历史评分记录,构建用户的评分特征向量,计算不同用户之间的相似程度。假设用户 u 对 n 个不同商品的打分分别为(为方便表示,当用户对这 n 个商品中的第 i 个商品未进行打分时,记 $u_i=0$)则用户 u 的特征向量可表示为 $\boldsymbol{S}_u=(u_1, u_2, \cdots, u_n)$。

计算用户相似度有许多方式,最常见的包括余弦相似度、皮尔逊相关系数等。

(1)余弦相似度

设有用户 u 与用户 v,特征向量分别为 $\boldsymbol{S}_u=(u_1, u_2, \cdots, u_n)$ 和 $\boldsymbol{S}_v=(v_1, v_2, \cdots,$

v_n),则用户 u 与用户 v 的余弦相似度为

$$sim_{\cos}(u,v)=\frac{\sum_{i=1}^{n}u_iv_i}{\sqrt{\sum_{i=1}^{n}u_i^2}\sqrt{\sum_{i=1}^{n}v_i^2}} \quad (5-12)$$

计算引例中小明与 A 的用户相似度,则有

$$sim_{\cos}=\frac{5\times3+3\times1+4\times2+4\times3}{\sqrt{5^2+3^2+4^2+4^2}\sqrt{3^2+1^2+2^2+3^2}}=0.975\,321$$

由公式可以计算出 A、B、C、D 这 4 个用户与小明的用户相似度,分别为 $sim_A=0.975\,321$,$sim_B=0.992\,243$,$sim_C=0.890\,724$,$sim_D=0.796\,687$,根据相似度,可以看出用户 B 与小明的相似度最高。

考虑如下情况:用户 X 十分容易满足,对于各样的商品都倾向打高分;用户 Y 十分严苛,对于各样的商品都倾向打低分,则对于某商品 I,用户 X 对 I 打出的 5 分,与 Y 对 I 打出的 5 分,显然分量不同。

这涉及不同用户之间的打分模式。每个人都有每个人不同的打分模式,有些人习惯打高分,有些人习惯打低分,两个不同打分模式的人打出的相同分数,对于他们来说意义不同,对于商品的评价也不同。余弦相似度则没有考虑到打分模式这一问题,因而计算出的相似度存在些许问题,将引例中各用户的打分情况用折线图展示,如图 5-4 所示。

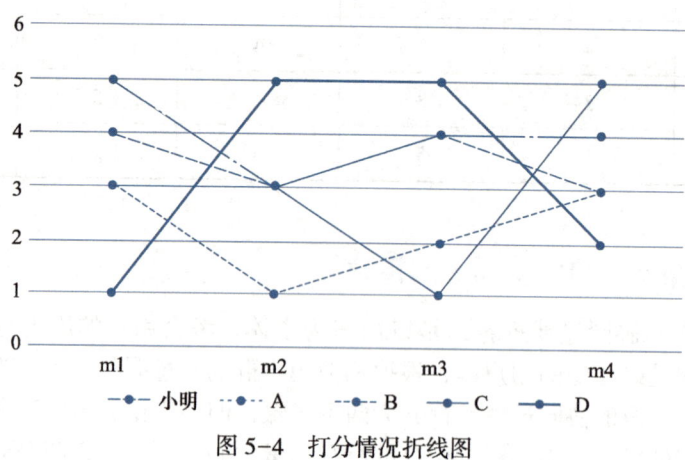

图 5-4 打分情况折线图

由折线图可知,用户 A 与小明的打分趋势最为相近,但余弦相似度计算出的结果并非如此。因此,应考虑一种将用户的打分模式也纳入考量范围的用户相似度衡量标准,而皮尔逊相关系数正是目前常用的一种用户相似度计算方法。

(2)皮尔逊相关系数

设有用户 u 与用户 v,他们都评价过的商品集合为 I,用 $R_{u,i}$ 表示用户 u 对商品 i 的评分,用 $\overline{R_u}$ 表示用户 u 对所有打过分的商品打分的平均分,则皮尔逊相关系数的计算公式为

$$sim_{\text{Pearson}}(u, v) = \frac{\sum_{i \in I}(R_{u,i} - \overline{R_u})(R_{v,i} - \overline{R_v})}{\sqrt{\sum_{i \in I}(R_{u,i} - \overline{R_u})^2} \sqrt{\sum_{i \in I}(R_{v,i} - \overline{R_v})^2}} \quad (5-13)$$

皮尔逊相关系数的计算通过减去用户打分的平均值去除了不同用户之间打分模式的差异，其每一项都是用户相对于平均分的差值，能够体现出用户对于相应商品的喜好程度。

在计算出用户之间的相似度以后，就要对用户进行推荐。依然采取最近邻方法来进行推荐，即选取 k 个最相近的用户，根据他们的相似度及评分，对特定商品进行预测评分。这也与基于内容的推荐最后的预测评分相似。设 L 表示 k 个最相近的用户集合，用户 u 对商品 i 的预测评分计算公式为

$$pred(u, i) = \overline{R_u} + \frac{\sum_{v \in L} sim_{\text{Pearson}}(u, v) \times (R_{v,i} - \overline{R_v})}{\sum_{v \in L} sim_{\text{Pearson}}(u, v)} \quad (5-14)$$

5.3.3 基于物品的协同过滤推荐

尽管基于用户的协同过滤已经展现出优势，并在一些电子商务网站中得到了应用。但是随着互联网的普及，电子商务网站的用户数量飞速增长，用户数量远远多于商品数量。这使得基于用户的协同过滤推荐中，用户相似度的计算的时空复杂度相当高。其次，基于用户的协同过滤的推荐结果可解释性较差，无法向用户解释为何这些人是相似用户以及为何要推荐这些商品。基于物品的协同过滤推荐是目前业界应用最多的算法，是包括亚马逊、网飞（Netflix）在内的多家电子商务网站推荐算法的基础算法。

在基于用户的协同过滤中，考虑不同用户对不同商品的喜好程度，从而找到特定用户的相似用户群进行推荐。而基于物品的协同过滤推荐则是为用户推荐那些和他们之前喜欢的商品类似的商品。比如，用户 A 之前买过《数据挖掘导论》，该算法会根据此行为给你推荐《机器学习》，但是基于物品的协同过滤算法并不利用物品的内容属性计算物品之间的相似度，而是主要通过分析用户的行为记录计算物品之间的相似度。该算法认为，物品 A 和物品 B 具有很大的相似度是因为喜欢物品 A 的用户大都也喜欢物品 B。如图 5-5 与图 5-6 所示，"猜你喜欢"中，有些推荐理由是"你曾经购买/浏览过某商品""购买此商品的人还购买了某商品"，这正是基于物品的协同过滤的应用。

基于物品的协同过滤推荐的推荐步骤与基于用户的协同过滤推荐的步骤相同，也分为两步，即寻找相似商品和根据商品相似度与兴趣程度进行推荐。

比如小明及 A、B、C、D 这 5 人对 m1~m5 这 5 部电影的评分如表 5-5 所示。寻找与 m5 相似的商品，以每一列为计算单位，因此不同用户之间的打分模式不会对物品相似度的计算造成影响，因此余弦相似度可以被应用于计算物品之间的相似度。

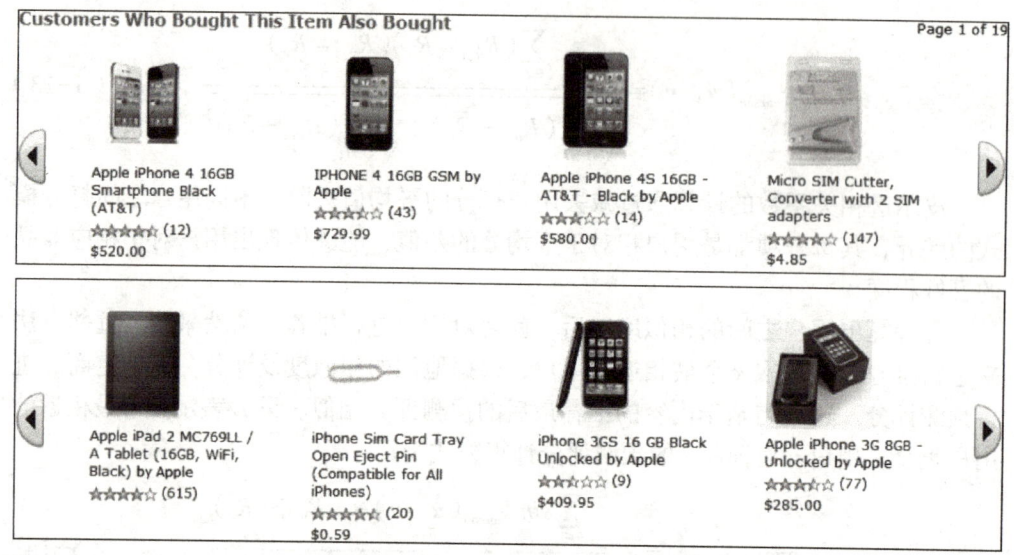

图 5-5　购买此商品的人还购买了某商品

图 5-6　带解释的推荐

设两个商品 i、j，用户 u 是对商品 i、j 都打过分的用户集合 U 中的用户，$R_{u,i}$ 表示用户 u 对商品 i 的评分，$\overline{R_i}$ 表示所有对商品 i 打过分的用户对商品 i 打出的平均分，表示余弦相似度的计算公式可修改如下。

$$sim_{\cos}(i,j)=\frac{\sum\limits_{u\in U}R_{u,i}R_{u,j}}{\sqrt{\sum\limits_{u\in U}R_{u,i}^2}\sqrt{\sum\limits_{u\in U}R_{u,j}^2}} \qquad (5-15)$$

在基于物品的协同过滤推荐中，预测用户对某一商品的评分过程如图 5-7 所示。

假设小明已经看过 m1 与 m2 两部电影，且分别打出 4 分与 2 分。目前有 m3、m4、m5 三部电影，对它们的预测评分可由已看过的两部电影的兴趣程度与它们的

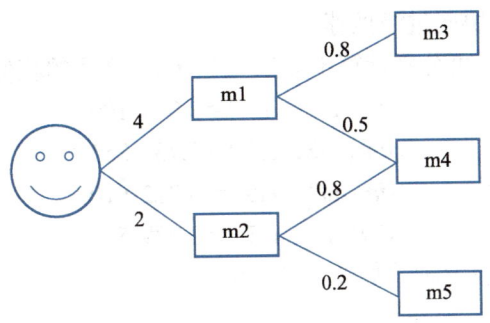

图 5-7 基于物品的协同过滤预测评分图例

相似度相乘得出。如 m3 的预测评分可由 $score_{m3} = score_{m1} \times sim_{m1, m3} = 4 \times 0.8 = 3.2$ 计算得出。

仍然使用最近邻方法进行最终推荐。设 J 表示 k 个与商品 i 最相似的商品的集合，$R_{u, j}$ 表示用户 u 对 J 中商品 j 的评分，则最终的预测评分公式可写为

$$pred(u, i) = \frac{\sum_{j \in J} sim(i, j) \times R_{u, j}}{\sum_{j \in J} sim(i, j)} \tag{5-16}$$

5.3.4 案例

此处仍然以表 5-5 为例，预测小明对 m5 电影的评分值。

（1）基于用户的协同过滤推荐

按式 5-13 计算，可求得小明与 A~D 的相似度（用皮尔逊相关系数表示），小明与用户 A 的相似度计算过程如下。

$$\overline{R}_{ming} = \frac{5 + 3 + 4 + 4}{4} = 4$$

$$\overline{R}_{A} = \frac{3 + 1 + 2 + 3 + 3}{5} = 2.4$$

$$sim_A \frac{\sum_{j \in I}(R_{u, i} - \overline{R}_u)(R_{v, i} - \overline{R}_v)}{\sqrt{\sum_{i \in I}(R_{u, i} - \overline{R}_u)^2}\sqrt{\sum_{i \in I}(R_{v, i} - \overline{R}_v)^2}} = 0.839\ 181$$

同理可求得

$$sim_B = 0.606\ 339,\ sim_C = 0.099\ 015,\ sim_D = -0.768\ 095$$

值得注意的是，皮尔逊系数有正有负，皮尔逊系数为正时，表示两个变量为正相关，反之为负相关。当皮尔逊系数为 0 时，说明两个变量不相关。

按式 5-14 计算，可求得小明对 m5 的预测评分：

$$pred = \overline{R}_{ming} + \frac{\sum_{v \in L} sim(u, v) \times (R_{v, i} - \overline{R}_v)}{\sum_{v \in L} sim(u, v)} = 4.851\ 676$$

（2）基于物品的协同过滤推荐

按式 5-15 计算，可分别计算出 m1~m4 与 m5 之间的相似度，有

$$sim(m1, m5) = 0.994\,100$$
$$sim(m2, m5) = 0.738\,851$$
$$sim(m3, m5) = 0.722\,610$$
$$sim(m4, m5) = 0.939\,558$$

根据折线图观察打分模式如图 5-8 所示。

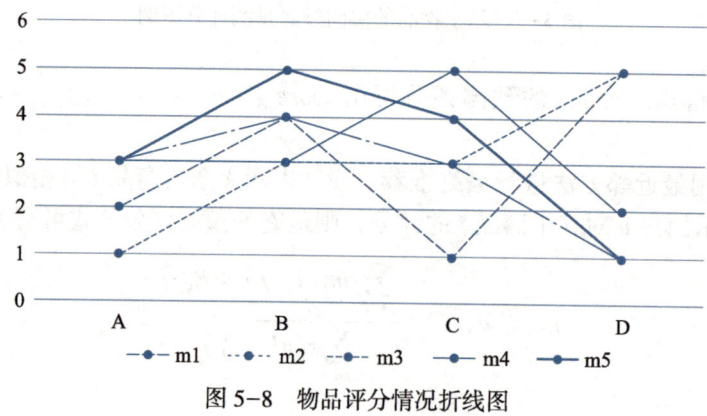

图 5-8　物品评分情况折线图

可以看到，m1 与 m5 整体趋势最相似，而 m2 与 m3 则与 m5 整体趋势相差较大，这也符合计算出的相似度的大小结果。

按式 5-16 计算，可求得小明对 m5 的预测评分：

$$pred(\text{ming}, m5) = 4.075$$

5.4　基于内容的推荐与协同过滤推荐的对比

在 5.2 节与 5.3 节中，已经介绍了基于内容的推荐以及协同过滤推荐，在本节中，将对这些推荐方法进行总结，并分析这些推荐方法的优劣。

5.4.1　基于内容的推荐

基于内容的推荐与信息检索关系密切，是在考虑项目的内容信息的基础上作出推荐，而不需要依据用户对项目的评价。推荐过程分为特征提取、兴趣学习与推荐生成等部分。特征提取部分，是针对非结构化属性，使用某些方法将其转化为结构数据，如使用 TF-IDF 及向量空间模型将文本转化为特征向量。在兴趣学习步骤可以利用日趋成熟的机器学习方法进行学习，如最近邻、决策树、贝叶斯分类器等。

基于内容推荐方法的优点在于只需要商品的特征数据，无须用户的其他数据，没有协同过滤中的"冷启动"与数据稀疏性问题（这两个问题在 5.4.2 小节中会详细介绍）。当新商品进入后，可以迅速得到合适的推荐，因此具有良好的可解释性，能够解释为何推荐某个商品。目前分类等机器学习技术日趋进步，具有良好的技术基础。

目前基于内容的推荐方法仍然面临一些挑战，比如要求特征内容必须具有良好的结构性，或非结构化属性能够用特征形式表达且能通过一定的方法转化为特征属性；无法得到其他用户对商品的评价；只能推荐基于用户购买过的商品，无法推荐新领域的商品，也很难为新进入的用户进行推荐；无法判断用户对商品的潜在兴趣。

5.4.2 协同过滤推荐

协同过滤推荐算法的假设在于为一用户找到他真正感兴趣的内容的方法是首先找到与此用户有相似兴趣的其他用户，然后将他们感兴趣的内容推荐给此用户。协同过滤的最大优点是对推荐对象的一些特征不敏感，对于音乐、电影等多媒体数据可以从其评分等信息入手，不必分析其非结构化的特征属性。

和基于内容的过滤方法相比，协同过滤具有如下的优点。

① 不考虑商品的具体信息，忽略潜在的复杂非结构化的特征属性，只通过评分等信息进行推荐，具有推荐新领域商品的能力。

② 可以发现用户的潜在兴趣，能够有效地使用其他相似用户的反馈信息，较少的用户反馈量，加快个性化学习的速度。

协同过滤推荐面临的最主要的挑战包括冷启动与数据稀疏性问题。

对于冷启动问题，主要来自协同过滤推荐是根据用户的历史行为和兴趣来预测用户未来的行为和兴趣，对于某些小型电子商务网站，或者某些刚刚起步的电子商务网站，并没有许多的用户行为数据，在没有用户行为数据的情况下进行商品推荐，便是冷启动问题。冷启动问题主要包括新用户问题（新用户加入电子商务网站后如何推荐），新商品问题（新商品上架后如何快速推荐）等。

有许多方法已经被提出来解决冷启动问题，比如在新用户刚刚进入网站时，先对其进行非个性化的推荐（如图 5-9 所示），即向其推荐热门商品以丰富用户历史行为档案；根据用户注册时填写的个人信息来生成档案；根据用户在其他电子商务网站的信息来丰富用户档案；新商品进入电子商务网站后，使用基于内容的推荐算法中计算物品相似度的方式来计算商品的相似程度，诸如此类。

图 5-9 热销商品推荐

对于数据稀疏性问题，事实上，在现实世界的各个电子商务网站中十分常见。用户数量与商品数量都十分巨大，在这个数量级上做协同过滤，即使使用相关工具，计算消耗也很高，得到的效果也较差。此外，用户也不可能对所有商品都给出评分。调查显示，平均每个用户浏览商品数量不超过 20，任意两个用户浏览的商品交集都是比较小的。

为了解决这一问题，有一些思路可以关注：一是减少商品量，将相似的商品进行聚类，当一个用户浏览了一个商品时，便认为他浏览了这一类商品；二是减少用户量，即对用户进行聚类。但是无论如何聚类，在高数量级上的聚类操作计算量也很大。

5.5 大数据时代的推荐系统

目前，通常认为传统推荐技术很难处理大数据领域的推荐。问题如下：数据规模大，则推荐过程中的数据稀疏性问题以及长尾问题等更加严重；数据类型多样，则推荐过程中数据量及计算复杂度大大增加；时效性，要求推荐系统在获得精准预测结果的同时，可以应用到实时交互中，要求推荐系统有良好的可扩展性；价值高，要求推荐系统能更好地挖掘数据中潜在价值，深入挖掘用户行为模式。

大数据的类型同样有许多，应用到推荐系统中的包括情境信息、社会网络、用户行为等。本章前几节介绍的推荐算法都是基于简单的商品信息或打分信息进行推荐分析，但在推荐系统的实际应用中，通常是将商品或打分信息与一种甚至多种的大数据信息作为基础进行分析推荐，比如基于情境感知的推荐、基于用户行为的推荐等。

5.5.1 基于情境感知的推荐

目前的推荐方法大多基于用户-项目矩阵（user-item matrix）进行推荐，而缺乏对情境信息的考虑。而近年来，情境信息对于推荐系统的重要影响得到了广泛验证，比如在工作日人们更希望阅读时事新闻、股市信息，而在休息日更希望观赏电影、购买物品；当要外出旅游时，夏季更想去相对凉爽的海边、山区旅游，冬季更想去能够观赏雪景的地区旅游。可见，将情境信息融入推荐系统，可以进一步提高推荐精确度和用户满意度。

情境推荐问题包含两个关键步骤，即情境信息获取和情境推荐生成。很多简单情境信息可通过物理设备感知、用户问询和主动设定等方式显式获取，还有一些复杂情境信息则需要通过挖掘和推理等方式隐式获取。

传统电子商务推荐都是在用户-商品评分二维矩阵上展开，融合情境信息之后，推荐空间变为多维，则会产生两个问题，即如何高效表示多维推荐空间且具有易扩展性和如何在多维推荐空间模型上产生推荐。显然，多维空间推荐问题变得更为复杂，尤其是考虑时变因素后。因此，为高效地表示多维情境因素及产生时变的推荐结果，就要求融合情境信息的电子商务推荐模型、算法及演化机制，具体包括以下内容。

① 研究融合用户-商品信息和情境信息的多维推荐空间表示模型，需考虑表示模型的存储效率和易扩展性问题。在此基础上，对融合情境信息的电子商务推荐

问题进行完整的形式化。

② 着重考虑位置、朋友关系、社区结构、社区意见四类情境信息,结合用户-商品评分,研究基于张量分析的新型情境推荐算法。

③ 由静而动,考虑时间变化对其他情境信息的影响,研究情境推荐算法的演化机制,尤其关注算法效率,研究情境推荐演化增量式学习算法。

5.5.2 基于用户行为的推荐

众所周知,人在环境中的行为是具有一定特性和规律的,将这些特性和规律进行总结和概括,使其模式化,便得到了人的行为模式。

行为模式已经被越来越多的研究用于发现并且了解人的行为,在实际应用中,许多应用程序,如网页搜索、推荐系统和广告定位等都被广泛应用到行为模式的研究中。传统方法通常将行为视为简单的用户和项目连接,通常都使用静态模型表示它们。然而,在现实世界中,人类行为具有复杂性和动态性,它们包括多个用户和多种类型对象之间的相关性。同时人类行为也具有连续性,它会随着时间的推移而演化。例如在 20 世纪 90 年代,许多研究人员专注于研究数据库系统和查询处理,在 20 世纪 90 年代末,随着各种数据集成方法的出现以及不规范数据规模的扩大,他们转向去研究新兴的聚类和模式挖掘问题。21 世纪初,因为 Facebook 和 Twitter 变得流行起来,人们开始关注社交网络和社区。

传统的数据分析方法早已被用于发现人类行为模式。例如,相关科学家使用分解模型标记行为用户、标签和项目的三元关系,但是他们对人类行为的观点从静态出发,不能从时间信息中学习,或者捕获行为模式的动态特征。还有相关研究从时间序列模型来表示和预测人类行为模式,但是这种方法不能充分描述人类行为的复杂特征。

从多侧面时间信息可以总结出学习人类行为模式有两个关键的挑战:一是高稀疏度问题。实际应用中,能获取到的多侧面数据通常都非常稀疏,而将时间维度添加到多面行为信息中这个问题更是艰巨。二是高复杂度问题。高容量、高尺寸、高稀疏度数据的不断产生对于建模和分析人类行为模式带来了很大的挑战。针对计算复杂度高的问题,有学者提出了一种基于张量的方法,它通过存储和更新展开矩阵来缩短张量的时间。

5.6 本章小结

随着信息技术和互联网的发展,人们逐渐从信息匮乏的时代走入了信息过载的时代,越来越多的数据出现在人们眼前,如何在其中进行选择就成了一大难题。比如当你想要购买一件商品时,有以下几种方式获取信息做出决定:与朋友交谈,从一个值得信赖的第三方获得信息,雇佣专家团队,根据直觉或者跟随人群大流。在用户没有具体的要求时,推荐系统可以更好地联系用户和商品,帮助用户发现对自己有用的信息,同时也让信息展现在对它感兴趣的用户面前。如今推荐系统已经被应用到音乐软件、视频网站、电子购物平台等多个领域,包括人们熟悉的淘宝网、京东、网易云、爱奇艺等网站。

本章还介绍了推荐系统实验中常用的数据集和数据指标。最常用的数据集是 Movielens 数据集和 Netflix 数据集，这两种都是公开数据集，它们数据量庞大，包含了大量用户对多部电影的评价数据，也包括了电影元数据信息和用户属性信息，它们经常被用来做推荐系统和机器学习算法的测试数据集，尤其在推荐系统领域，很多著名论文都是基于 Movielens 数据集。在推荐系统实验中，常见的评价指标有召回率、准确率、标准误差和平均绝对误差等。往往通过标准误差（RMSE）和平均绝对误差（MAE）来计算评分预测值，通过准确率和召回率来度量网站推荐给用户的推荐列表，从而确定实验算法是否可以提供更好的推荐结果。

基于内容的推荐和协同过滤推荐是推荐系统实验的两个主要方法。其中基于内容的推荐是根据用户已经选择的对象，从推荐对象中选择有着相似性特征的目标作为推荐的结果。首先提取出不同商品的内容特征，比如在 5.2.1 中的书类别、价格、作者等。接着通过分析多个已有商品的内容特征，从重复的特征中分析出该用户兴趣爱好倾向哪些内容，以提取的内容特征作为模型基础，用 KNN、决策树和贝叶斯分类器的方法来判定用户是否会产生兴趣。最后将推荐对象和的内容特征与用户兴趣偏好相匹配，其中匹配度较高的对象就可以作为推荐结果进行推荐。而计算推荐对象的内容特征和用户模型兴趣特征两者之间的相似性就是该推荐策略中的一个关键部分。人们也常常根据计算推荐值结果的前几名，将最靠前的几个对象作为结果推荐给用户。

协同过滤推荐是推荐算法中最成功的策略，它于 20 世纪 90 年代开始研究并且促进了整个推荐系统研究的繁荣。协同过滤方法一般分为基于用户的协同过滤和基于物品的协同过滤。基于用户的协同过滤的主要思想是用户选择某个推荐对象是基于其他用户的推荐。也就是说，如果一些用户对某个推荐对象的评分和趋势比较相似，则说明这些用户的兴趣偏好是相似的，那么可以猜测他们对于其他推荐内容的评分也应该相似。这里判定相似程度的基础就是用户相似度，本章也介绍了余弦相似度和皮尔逊相关系数两种最常见的相似度计算方式。由于不同用户有着不同的打分习惯，不同习惯的人打出相同的分数但是对于他们的感兴趣程度并不相同，余弦相似度并没有考虑到这种情况因此对计算结果上存在影响。皮尔逊相关系数的计算涉及用户打分平均分，计算中每项都是和平均分的差值，从而算出的预测评分与实际评分更为相似。

基于物品的协同过滤推荐是基于用户对对象品牌的信任进行推荐，这是基于这么一个假设：如果大部分用户对于一些推荐对象的评分比较相似，则当前用户的评分也比较相似。例如，多数用户更信任某个品牌，则其他用户也相对容易选择该品牌。该推荐方法首先是找到目标对象的最近邻目标，由于当前用户对最近邻的评分与对目标推荐对象的评分类似，所以可以根据当前用户对最近邻的评分预测其对目标推荐对象的评分，然后选择预测评分最高的目标对象作为推荐结果展现给用户。

这两种方法在应用中各有优劣，需要根据不同的情况进行分析选择。基于内容推荐方法的优点是不需要其他用户的数据，没有冷启动问题和稀疏问题；同时能为具有特殊兴趣爱好的用户进行推荐；能推荐新的或不是很流行的项目，没有新项目问题；通过列出推荐项目的内容特征，可以解释为什么推荐那些项目；已有比较好的技术，如关于分类学习方面的技术已相当成熟。其缺点在于这要求内容能容易抽取成有意义的特征，要求特征内容有良好的结构性，并且用户的口味必须能够用内容特征形式来表达，不能显式地得到其他用户的判断情况。而基于协同过滤的推荐系统可以说是从用户的角度来进行相应推荐，而且是自动的，即用户获得的推荐是系统从购买模式或浏览行为等隐式获得的，不需要用户努力地找到适合自己兴趣的推荐信息，如填写一些调查表格等。同时可以共享其他人的经验，避免了内容分析的不完全和不精确。协同过滤方法还有推荐新信息的能力。可以发现内容上完全不相似的信息，用户对推荐信息的内容事先是预料不到的。这也是协同过滤和基于内容的过滤的一个较大的差别，基于内容的过滤推荐很多都是用户本来就熟悉的内容，而协同过滤可以发现用户潜在的但自己尚未发现的兴趣偏好。

在大数据时代数据规模巨大，推荐系统中的稀疏性问题成了不可避免的困难，传统的推荐算法已经不足以解决相关问题。本章最后也介绍了基于情境感知的推荐和基于用户行为的推荐两种推荐方法，在实际应用中更多的会将商品与评分信息和其他大数据相结合起来进行分析推荐。总体来说，推荐系统是在大数据时代应运而生的产品，核心意义在于帮助用户在海量数据中更便捷地找到他们最感兴趣的内容。当内容资源越庞大，推荐系统的存在意义就越大。对于企业来讲，推荐系统的目的很简单：提高用户停留时间或者提高商品购买率，以辅助产品的主业务，完成相应的业绩目标。一个良好的推荐系统会给用户一种亲切的感觉："太棒了！这就是我想要的"，以此获得用户信任，这对运营也相当有益，可以增加用户黏性、活跃度以及提高各种转化率，在使用户得到更多便利的同时，自身也能获得更大的经济效益。

习 题

1. 什么是推荐系统？
2. 简述基于内容推荐的基本原理。
3. 简述基于用户的协同过滤和基于物品的协同过滤算法的区别。
4. 基于内容的推荐和基于协同过滤的推荐有哪些不同？

第 6 章

案例分析

6.1 Python开发环境的搭建

6.1.1 Python 语言简介

Python 是一种面向对象的解释型计算机程序设计语言,由荷兰人在 1989 年发明,第一个公开发行版发行于 1991 年。Python 语法简洁清晰,易于掌握,也是最近几年非常流行的一门语言(图 6-1),并且它的热度还在不断增长中。除此之外,它还有强大的第三方库支持,它常被称为胶水语言,能够把用其他语言制作的各种模块(尤其是 C/C++)很轻松地连接在一起。常见的一种应用情形是使用 Python 快速生成程序的原型,而后封装为 Python 可以调用的扩展类库。在爬虫中常用的库有 Requests、urllib、BeautifulSoup,在数据分析中常用的库有 NumPy、Pandas、PyQuery 等,这些都十分方便。总而言之,Python 在爬虫和数据分析科学计算中的地位越来越高。

Programming Language	2018	2013	2008	2003	1998	1993	1988
Java	1	2	1	1	16	-	-
C	2	1	2	2	1	1	1
C++	3	4	3	3	2	2	4
Python	4	7	6	11	23	17	-
C#	5	5	7	8	-	-	-
Visual Basic .NET	6	11	-	-	-	-	-
JavaScript	7	9	8	7	20	-	-
PHP	8	6	4	5	-	-	-
Ruby	9	10	9	18	-	-	-

图 6-1 热门编程语言排行(来自 TIOBE)

6.1.2 Python 程序安装

先在官网上下载 Python 安装包，如图 6-2 所示。

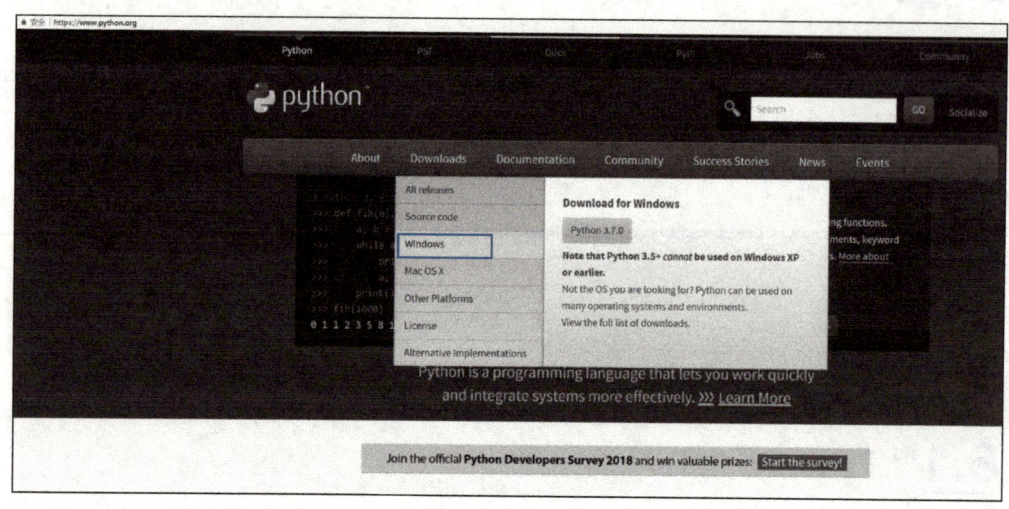

图 6-2 Python 官网

这里演示的是主流 Windows 操作系统的 Python 程序安装，其他操作系统安装同理。

关于 Python 版本的选择。如图 6-3 所示，Python 目前有两个发行版本：一个是 Python 2，另一个是 Python 3.x，两个版本现在都比较成熟，由于发行时间早，

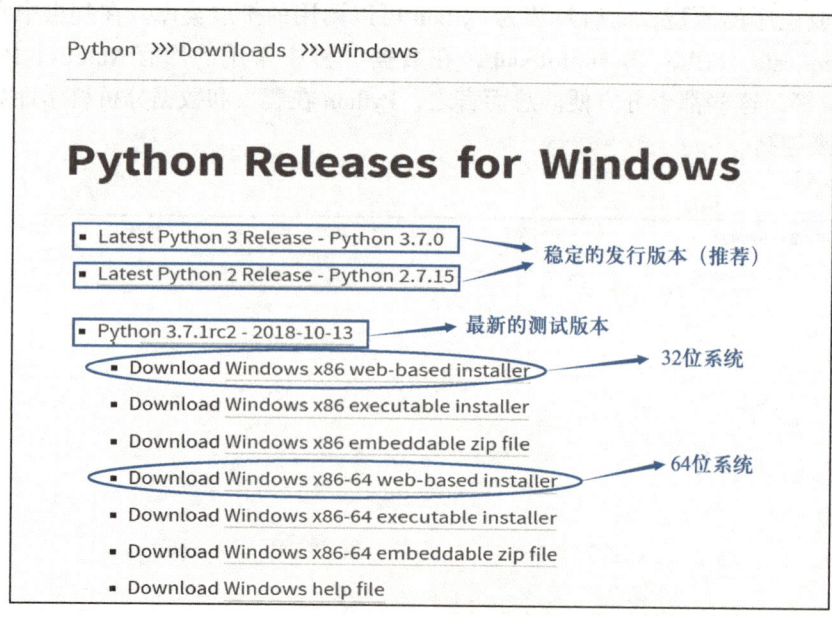

图 6-3 Python 发行版本

Python 2 版本的应用案例、参考书籍、论坛社区比较多，但近几年 Python 3 的应用案例、参考书籍、论坛社区也在逐渐增多，所以本书采用 Python 3 进行教学。

这里选择 Windows x86-64 executable installer（64 位的可执行文件版本），如图 6-4 所示。

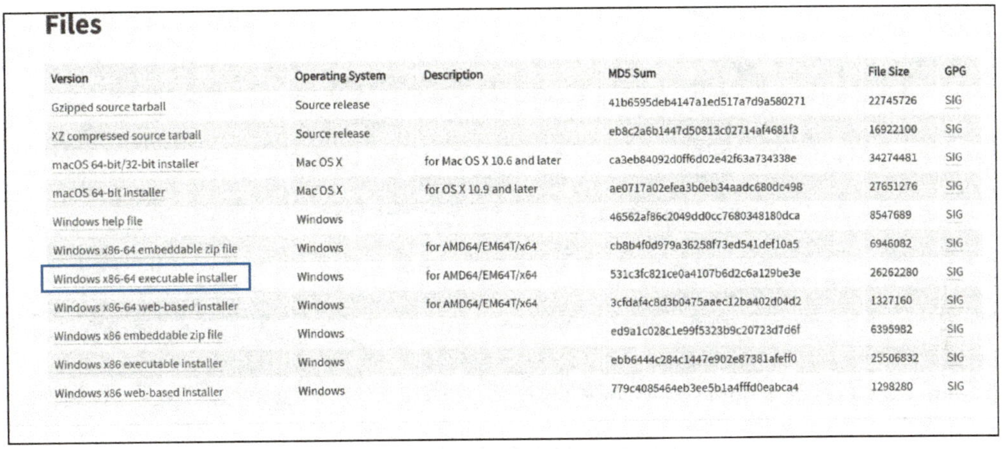

Files

Version	Operating System	Description	MD5 Sum	File Size	GPG
Gzipped source tarball	Source release		41b6595deb4147a1ed517a7d9a580271	22745726	SIG
XZ compressed source tarball	Source release		eb8c2a6b1447d50813c02714af4681f3	16922100	SIG
macOS 64-bit/32-bit installer	Mac OS X	for Mac OS X 10.6 and later	ca3eb84092d0ff6d02e42f63a734338e	34274481	SIG
macOS 64-bit installer	Mac OS X	for OS X 10.9 and later	ae0717a02efea3b0eb34aadc680dc498	27651276	SIG
Windows help file	Windows		46562af86c2049dd0cc7680348180dca	8547689	SIG
Windows x86-64 embeddable zip file	Windows	for AMD64/EM64T/x64	cb8b4f0d979a36258f73ed541def10a5	6946082	SIG
Windows x86-64 executable installer	Windows	for AMD64/EM64T/x64	531c3fc821ce0a4107b6d2c6a129be3e	26262280	SIG
Windows x86-64 web-based installer	Windows	for AMD64/EM64T/x64	3cfdaf4c8d3b0475aaec12ba402d04d2	1327160	SIG
Windows x86 embeddable zip file	Windows		ed9a1c028c1e99f5323b9c20723d7d6f	6395982	SIG
Windows x86 executable installer	Windows		ebb6444c284c1447e902e87381afeff0	25506832	SIG
Windows x86 web-based installer	Windows		779c4085464eb3ee5b1a4fffd0eabca4	1298280	SIG

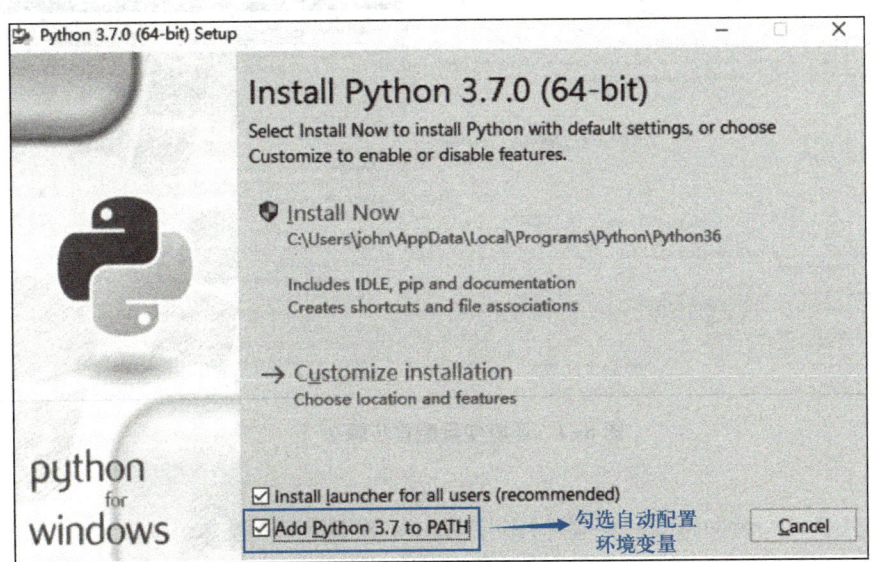

图 6-4　Python 下载页面

下载完成后选择安装路径进行安装，如果安装时勾选 Add Python 3.7 to PATH 复选框，则会自动完成环境变量配置，如图 6-5 所示。

图 6-5　Python 安装界面

接下来需要手动配置必要的环境变量，右击“此电脑”图标，在弹出的快捷菜单中选择“属性”命令，单击“高级系统设置”项，单击“环境变量”按钮，如图 6-6 所示。

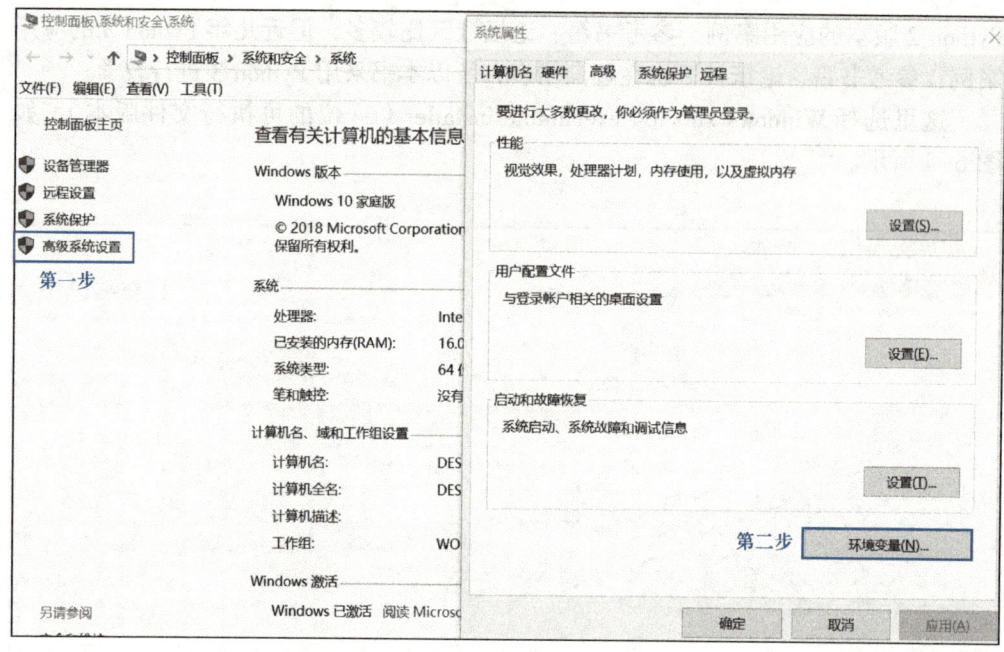

图 6-6　环境变量配置步骤 1

选择系统变量 Path，内容为 Python 文件夹所在路径（注意：需要在英文输入法下进行编辑），如图 6-7 所示。

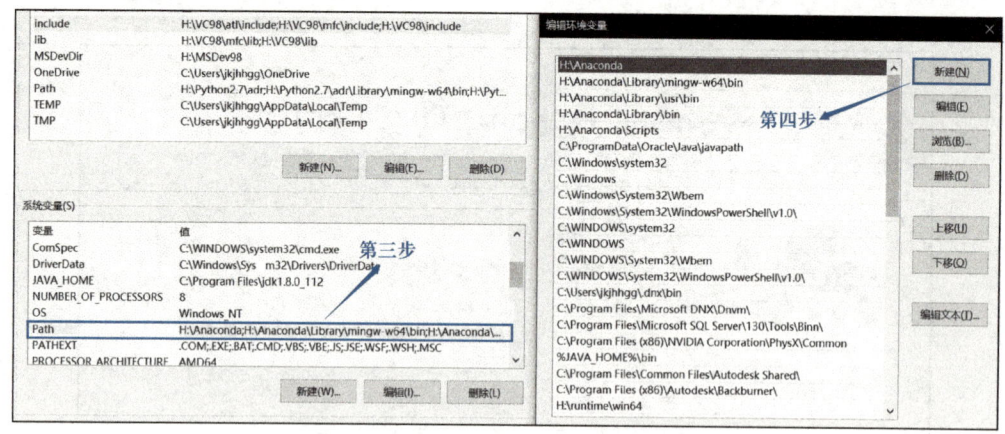

图 6-7　环境变量配置步骤 2

6.1.3　Anaconda——流行的 Python 数据科学版本

Anaconda 是专注于数据分析的 Python 发行版本，包含了 conda、Python 等 190 多个科学包及其依赖项。Anaconda 的优点总结起来就 8 个字：省时省心、分析利器。如果想要省事，省去装很多工具包的麻烦，可以选择直接安装 Anaconda 而不必安装上面介绍的最原始的 Python 发行版本。

Anaconda 通过管理工具包、开发环境、Python 版本，大大简化工作流程。不仅可以方便地安装、更新、卸载工具包，而且安装时能自动安装相应的依赖包，同时还能使用不同的虚拟环境隔离不同要求的项目。Anaconda 官网称它是适用于企业级大数据分析的 Python 工具，其中包含了 720 多个数据科学相关的开源包，在数据可视化、机器学习、深度学习等多方面都有涉及。Anaconda 不仅可以用来做数据分析，甚至可以用在大数据和人工智能领域。

Anaconda 的安装需要首先在 Anaconda 的官网下载安装包，如图 6-8 所示。

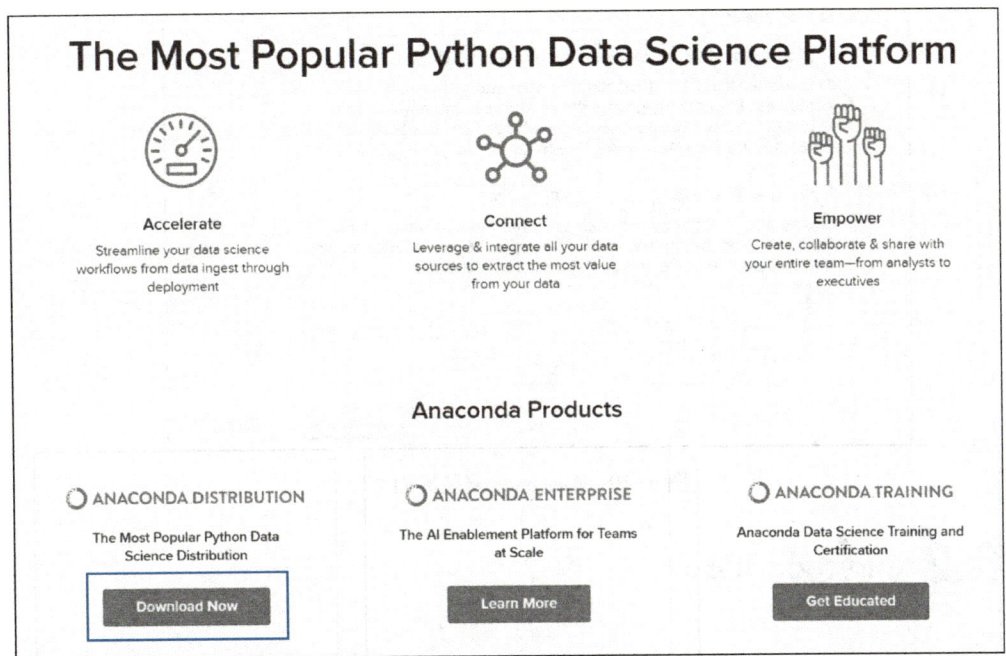

图 6-8　Anaconda 官网首页

一般选择 Windows 选项中的 Python 3.7 的 64 位版本，如图 6-9 所示。

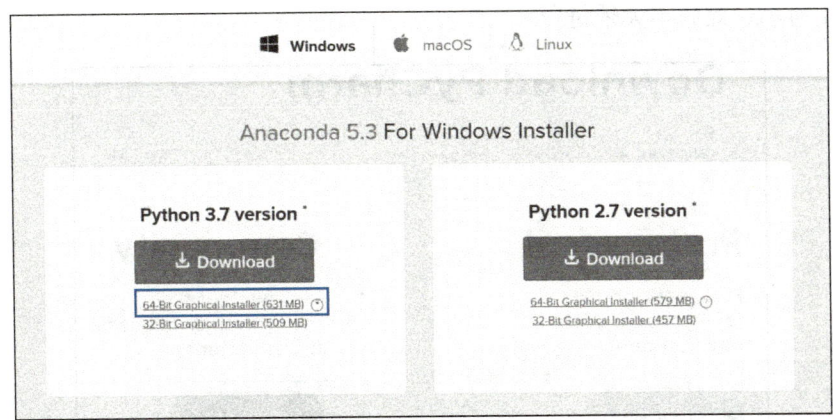

图 6-9　Anaconda 发行版本

需要勾选"Register Anaoonda as the system Python 3.7"复选框，以避免不需要的麻烦，如图 6-10 所示。如果未曾勾选，环境变量配置还是如同上面的原始 Python 版本一样配置。

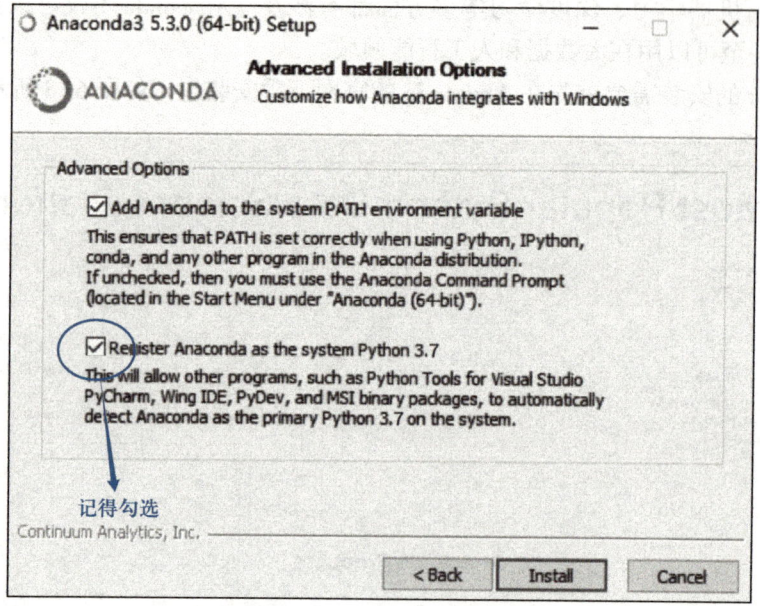

图 6-10　Anaconda 安装界面

6.2　Python IDE

PyCharm 是一个跨平台的 Python 开发工具，是 JetBrains 公司的产品。其特征包括自动代码完成、集成的 Python 调试器、括号自动匹配、代码折叠。PyCharm 支持 Windows、MacOS 以及 Linux 等系统，而且可以远程开发、调试、运行程序。

需要登录 JetBrains 官网，找到 PyCharm，选择社区版（Community）下载，如图 6-11 所示，此版本无须付费。

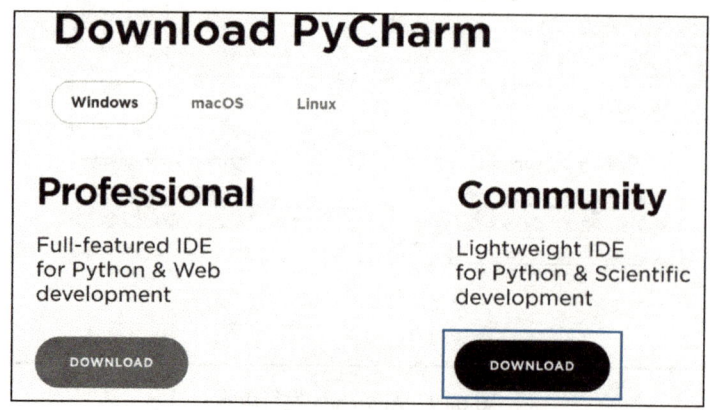

图 6-11　PyCharm 下载界面

接着单击"下一步"按钮即可,无特殊注意点。

6.3 Python数据科学常用库简介

6.3.1 Python 库的概念简介

在日常开发中开发者总做一些重复的工作,同样的代码、功能总会写好几次,但如果把写好的代码包装起来,那么下次就不用再写重复的代码了,并且这种包不仅可以自己用,还可以给其他人分享,库的概念由此而生——可以调用其他人写好的高质量代码,来实现一些功能,如此就可以省很多时间和精力。调用如 numpy、pandas 等第三方库就如此。

6.3.2 Python 第三方库的安装

(1) 使用 pip 安装

pip 是 Python 包管理工具,该工具提供了对 Python 包的查找、下载、安装、卸载的功能。

首先下载 pip 安装包,下载完成后解压文件。按 win+R 键进入 cmd 界面,如图 6-12 所示;进入当前解压文件夹位置,输入 Python setup.py install 命令完成安装。再将 pip 所在文件夹路径放入 Path 变量中完成环境变量配置。

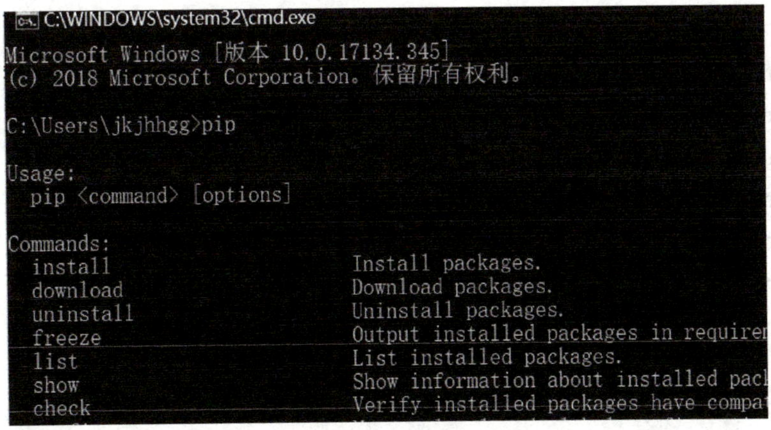

图 6-12 pip 安装

输入 pip 显示如下内容则表示 pip 已安装完成。

pip 在线安装命令如下。

```
pip install SomePackage                # 最新版本
pip install SomePackage==1.0.4         # 指定版本
pip install 'SomePackage>=1.0.4'       # 最小版本
```

如果感觉 pip 下载速度太慢，可以采用换源的方式改善下载速度，例如，输入以下命令：pip install－user mypackage-I http://mirrors.aliyun.com/pypi/simple/--trusted-host mirrors.aliyun.com。

（2）使用 wheel 安装

在 cmd 界面中输入命令：pip install wheel，即可安装 wheel，首先下载需要的对应 wheel 包，文件包以 .whl 结尾，运行命令 pip install xxx.whl 即可完成对应包的安装。

6.3.3 NumPy 库

NumPy 库是一个 Python 包，它代表"Numeric Python"，它是一个由多维数组对象和用于处理数组的例程集合组成的库。

NumPy 库的主要对象是多维数组，它是由相同元素（通常是数字）组成的，通过正整数元组（tuple）作为索引的表格。在数组中，纬度（dimensional）被称为轴（axis），轴的数量被称为级（rank）。如下面这个数组，它有两个轴（axis），第一个纬度（dimension，或者称为轴 axis）长度为 2（即纵向），第二个纬度长度为 3（即横向）。

```
[[1., 0., 0.],
 [0., 1., 2.]]
```

（1）数组的属性

ndarray 对象的主要属性如下。

ndarray.ndim：纬度或者轴的数量。

ndarray.shape：数组的每个纬度的尺寸。

ndarray.size：数组元素的总个数。

ndarray.dtype：数组元素的类型。

ndarray.itemsize：数组元素二进制的大小。

ndarray.data：数组元素容器（不常用）。

```
>>> import numpy as np
>>> a=np.arange(15).reshape(3,5)
>>> a
array([[0, 1, 2, 3, 4],
 [5, 6, 7, 8, 9],
 [10, 11, 12, 13, 14]])
>>> a.shape
(3, 5)
>>> a.ndim
```

```
2
>>> a.dtype.name
'int64'
>>> a.itemsize
8
>>> a.size
15
>>> type(a)
<type 'numpy.ndarray'>
>>> b = np.array([6, 7, 8])
>>> b
array([6, 7, 8])
>>> type(b)
<type 'numpy.ndarray'>
```

（2）创建数组

通过列表（list）或者元组（tuple）和array()函数来建立数组。元素的类型会依据序列中元素的类型来判定。

```
>>> import numpy as np
>>> a=np.array([2, 3, 4])
>>> a
array([2, 3, 4])
>>> a.dtype
dtype('int64')
>>> b = np.array([1.2, 3.5, 5.1])
>>> b.dtype
dtype('float64')
```

数组将会把序列的序列转换为二维数组，将序列的序列的序列转化为三维数组。

```
>>> b = np.array([(1.5,2,3), (4,5,6)])
>>> b
array([[1.5, 2., 3.],
       [4., 5., 6.]])
```

读者可以提前设置数组的类型。

```
>>> c=np.array([[1,2],[3,4]], dtype=complex)
>>> c
array([[1.+0.j, 2.+0.j],
 [3.+0.j, 4.+0.j]])
```

NumPy 库提供了创建包含占位符的数组的函数，这样就可以初始化内容不先预先确定的数组。

```
>>> np.zeros((3,4))
array([[0., 0., 0., 0.],
 [0., 0., 0., 0.],
 [0., 0., 0., 0.]])
>>> np.ones((2,3,4), dtype=np.int16)        # dtype can also be specified
array([[[1, 1, 1, 1],
 [1, 1, 1, 1],
 [1, 1, 1, 1]],
 [[1, 1, 1, 1],
 [1, 1, 1, 1],
 [1, 1, 1, 1]]], dtype=int16)
>>> np.empty((2,3))                          # uninitialized, output may vary
array([[3.73603959e-262, 6.02658058e-154, 6.55490914e-260],
 [5.30498948e-313, 3.14673309e-307, 1.00000000e+000]])
```

NumPy 库提供了和 range() 类似的函数 arange() 来直接创建序列数组。

```
>>> np.arange(10, 30, 5)
array([10, 15, 20, 25])
>>> np.arange(0, 2, 0.3)                     # it accepts float arguments
array([0., 0.3, 0.6, 0.9, 1.2, 1.5, 1.8])
```

类似地，还可以使用 linspace() 函数来创建，注意参数的不同之处。

```
>>> from numpy import pi
>>> np.linspace(0, 2, 9)                     # 9 numbers from 0 to 2
array([0., 0.25, 0.5, 0.75, 1., 1.25, 1.5, 1.75, 2.])
>>> x=np.linspace
```

(3)打印数组

打印数组遵循以下三个规律。

① 最后一个轴是从左往右打印。

② 倒数第二个轴是从上往下打印。

③ 剩下的轴也是从上到下,每个片段会用空白的行隔开。

```
>>> a=np.arange(6)                    # 1d array
>>> print(a)
[0 1 2 3 4 5]
>>>
>>> b=np.arange(12).reshape(4,3)      # 2d array
>>> print(b)
[[ 0  1  2]
 [ 3  4  5]
 [ 6  7  8]
 [ 9 10 11]]
>>>
>>> c=np.arange(24).reshape(2,3,4)    # 3d array
>>> print(c)
[[[ 0  1  2  3]
  [ 4  5  6  7]
  [ 8  9 10 11]]
 [[12 13 14 15]
  [16 17 18 19]
  [20 21 22 23]]]
```

如果数组太大,那么NumPy库会跳过中间的数据。

```
>>> np.set_printoptions(threshold='nan')
```

(4)基本操作

算术运算会被作用在元素对元素。结果会以新的数组的形式输出。

```
>>> a=np.array([20,30,40,50])
>>> b=np.arange(4)
>>> b
array([0, 1, 2, 3])
>>> c=a-b
```

```
>>> c
array([20, 29, 38, 47])
>>> b**2
array([0, 1, 4, 9])
>>> 10*np.sin(a)
array([9.12945251, -9.88031624, 7.4511316, -2.62374854])
>>> a<35
array([True, True, False, False], dtype=bool)
```

不同于其他语言的矩阵运算，积运算符（*）也是元素对元素，如果想进行矩阵积运算则需要使用 dot() 函数。

```
>>> A=np.array([[1, 1],
...  [0, 1]])
>>> B=np.array([[2, 0],
...  [3, 4]])
>>> A*B                          # elementwise product
array([[2, 0],
[0, 4]])
>>> A.dot(B)                     # matrix product
array([[5, 4],
[3, 4]])
>>> np.dot(A, B)                 # another matrix product
array([[5, 4],
[3, 4]])
```

一些运算，比如 +=、*= 会对本身进行更改，而不会产生新数组。

```
>>> a=np.ones((2, 3), dtype=int)
>>> b=np.random.random((2, 3))
>>> a*=3
>>> a
array([[3, 3, 3],
[3, 3, 3]])
>>> b+=a
>>> b
array([[3.417022, 3.72032449, 3.00011437],
[3.30233257, 3.14675589, 3.09233859]])
```

当两种不同类型的数组进行运算时,结果将会和更一般的或者精确度更高的数组保持一致。

```
>>> a=np.ones(3, dtype=np.int32)
>>> b=np.linspace(0, pi, 3)
>>> b.dtype.name
'float64'
>>> c=a+b
>>> c
array([1., 2.57079633, 4.14159265])
>>> c.dtype.name
'float64'
>>> d=np.exp(c*1j)
>>> d
array([0.54030231+0.84147098j, -0.84147098+0.54030231j,
    -0.54030231-0.84147098j])
>>> d.dtype.name
'complex128'
```

ndarray 也可以进行一元运算,具体如下。

```
>>> a=np.random.random((2,3))
>>> a
array([[0.18626021, 0.34556073, 0.39676747],
    [0.53881673, 0.41919451, 0.6852195]])
>>> a.sum()
2.5718191614547998
>>> a.min()
0.18626021133776709
>>> a.max()
0.6852195003967595
```

默认情况下,这些运算会把整个数组当成一个 list,而忽略了它的纬度。但是,可以指定轴(axis)。

```
>>> b=np.arange(12).reshape(3,4)
>>> b
array([[0, 1, 2, 3],
```

```
[4, 5, 6, 7],
[8, 9, 10, 11]])
>>>
>>> b.sum(axis=0)                  # sum of each column
array([12, 15, 18, 21])
>>>
>>> b.min(axis=1)                  # min of each row
array([0, 4, 8])
>>>
>>> b.cumsum(axis=1)               # cumulative sum along each row
array([[0, 1, 3, 6],
[4, 9, 15, 22],
[8, 17, 27, 38]])
```

（5）通用函数

NumPy 库提供了常用的数学函数如 sin、cos、exp，运算后将会返回数组。

```
>>> B=np.arange(3)
>>> B
array([0, 1, 2])
>>> np.exp(B)
array([1., 2.71828183, 7.3890561])
>>> np.sqrt(B)
>array([0., 1., 1.41421356])
>>> C=np.array([2., -1., 4.])
>>> np.add(B, C)
array([2., 0., 6.])
```

（6）索引、切片和迭代

一维数组的操作就像 list 等其他的 Python 序列一样。

```
>>> a=np.arange(10)**3
>>> a
array([0, 1, 8, 27, 64, 125, 216, 343, 512, 729])
>>> a[2]
8
>>> a[2:5]
```

```
array([8, 27, 64])
>>> a[:6:2]=-1000    # equivalent to a[0:6:2]=-1000; from start to position 6,
                       exclusive, set every >>> a
array([-1000, 1, -1000 27, -1000, 125, 216, 343, 512, 729])
>>> a[: :-1]         # reversed a
array([729, 512, 343, 216, 125, -1000, 27, -1000, 1, -1000])
>>> for i in a:
...     print(i**(1/3.))
...
nan
1.0
nan
3.0
nan
5.0
6.0
7.0
8.0
9.0
```

多维数组可以通过不同轴进行索引。

```
>>> def f(x,y):
...     return 10*x+y
...
>>> b=np.fromfunction(f,(5,4),dtype=int)
>>> b
array([[0, 1, 2, 3],
[10, 11, 12, 13],
[20, 21, 22, 23],
[30, 31, 32, 33],
[40, 41, 42, 43]])
>>> b[2,3]
23
>>> b[0:5, 1]           # each row in the second column of b
array([1, 11, 21, 31, 41])
>>> b[: , 1]            # equivalent to the previous example
```

```
array([1, 11, 21, 31, 41])
>>> b[1:3, :]                    # each column in the second and third row of b
array([[10, 11, 12, 13],
       [20, 21, 22, 23]])
# 迭代器：
>>> for row in b:
...     print(row)
...
[0 1 2 3]
[10 11 12 13]
[20 21 22 23]
[30 31 32 33]
[40 41 42 43]
```

如果想迭代出每一个元素，则可以使用 flat 属性。

```
>>> for element in b.flat:
...     print(element)
...
0
1
2
3
10
11
12
13
20
21
22
23
30
31
32
33
40
41
```

42
43

6.3.4 Pandas 库

Pandas 库是一个 Python 语言的软件包，是常用的基础编程库。Pandas 库提供了快速、灵活和富有表现力的数据结构，目的是使"关系"或"标记"数据的工作既简单又直观。它旨在成为在 Python 中进行实际数据分析的高级构建块。

（1）核心数据结构

Pandas 库最核心的就是 Series 和 DataFrame 两个数据结构。这两种类型的数据结构对比如表 6-1 所示。

表 6-1 Pandas 库的核心数据结构

名称	维度	说明
Series	一维	带有标签的同构类型数组
DataFrame	二维	表格结构，带有标签，大小可变，且可以包含异构的数据列

DataFrame 可以看作是 Series 的容器，即一个 DataFrame 中可以包含若干个 Series。在之前的版本中，还有一个三维的数据结构，名称为 Panel。这也是 Pandas 库取名的原因：Pan(el)-da(ta)-s。但这种数据结构由于很少被使用到，所以已经被废弃了。

Series 是一维结构的数据，可以直接通过数组来创建这种数据。

```
# data_structure.py
import pandas as pd
import numpy as np
series1 =pd.Series([1, 2, 3, 4])
print("series1:\n{}\n".format(series1))
```

这段代码的输出如下。

```
series1:
0    1
1    2
2    3
3    4
dtype: int64
```

这段输出的最后一行是 Series 中数据的类型，这里的数据都是 int64 类型的。数据在第二列输出，第一列是数据的索引，在 Pandas 中称之为 Index。可以分别打印出 Series 中的数据和索引，具体如下。

```
# data_structure.py
print("series1.values:{}\n".format(series1.values))
```

这两行代码的输出如下。

```
series1.values: [1 2 3 4]
series1.index: RangeIndex(start=0, stop=4, step=1)
```

如果不指定（像上面这样），索引是 [1, N-1] 的形式。不过也可以在创建 Series 时指定索引。索引未必一定是整数，可以是任何类型的数据，例如，字符串。例如，以 7 个字母来映射 7 个音符。索引的目的是可以通过它来获取对应的数据。

```
#data_structure.py
series2=pd.Series([1, 2, 3, 4, 5, 6, 7],
      index=["C","D","E","F","G","A","B"])
print("series2:\n{}\n".format(series2))
print("E is{}\n".format(series2["E"]))
```

这段代码的输出如下。

```
series2:
C    1
D    2
E    3
F    4
G    5
A    6
B    7
dtype: int64
E is 3
```

下面来看一下 DataFrame 的创建。可以通过 NumPy 库的接口来创建一个 4×4 的矩阵，以此来创建一个 DataFrame。

```
# data_structure.py
df1=pd.DataFrame(np.arange(16).reshape(4,4))
print("df1:\n{}\n".format(df1))
```

这段代码的输出如下。

```
df1:
    0   1   2   3
0   0   1   2   3
1   4   5   6   7
2   8   9  10  11
3  12  13  14  15
```

从这个输出可以看到,默认的索引和列名都是[0, N-1]的形式。

读者可以在创建 DataFrame 时指定列名和索引。

```
#data_structure.py
df2=pd.DataFrame(np.arange(16).reshape(4,4),
    columns=["column1","column2","column3","column4"],
    index=["a","b","c","d"])
print("df2:\n{}\n".format(df2))
```

这段代码的输出如下。

```
df2:
   column1  column2  column3  column4
a        0        1        2        3
b        4        5        6        7
c        8        9       10       11
d       12       13       14       15
```

读者也可以直接指定列数据来创建 DataFrame。

```
# data_structure.py
df3=pd.DataFrame({"note":["C","D","E","F","G","A","B"],
    "weekday":["Mon","Tue","Wed","Thu","Fri","Sat","Sun"]})
print("df3:\n{}\n".format(df3))
```

这段代码的输出如下。

```
df3:
    note    weekday
0   C       Mon
1   D       Tue
2   E       Wed
3   F       Thu
4   G       Fri
5   A       Sat
6   B       Sun
```

请注意，DataFrame 的不同列可以是不同的数据类型。如果以 Series 数组来创建 DataFrame，每个 Series 将成为一行，而不是一列。

```
# data_structure.py
noteSeries=pd.Series(["C","D","E","F","G","A","B"],
    index=[1, 2, 3, 4, 5, 6, 7])
weekdaySeries=pd.Series(["Mon","Tue","Wed","Thu","Fri","Sat","Sun"],
    index=[1, 2, 3, 4, 5, 6, 7])
df4=pd.DataFrame([noteSeries, weekdaySeries])
print("df4:\n{}\n".format(df4))
```

df4 的输出如下。

```
df4:
    1     2     3     4     5     6     7
0   C     D     E     F     G     A     B
1   Mon   Tue   Wed   Thu   Fri   Sat   Sun
2
```

可以通过下面的形式给 DataFrame 添加或者删除列数据。

```
# data_structure.py
df3["No."]=pd.Series([1, 2, 3, 4, 5, 6, 7])
print("df3:\n{}\n".format(df3))
del df3["weekday"]
print("df3:\n{}\n".format(df3))
```

这段代码的输出如下。

```
df3:
    note   weekday   No.
0   C      Mon       1
1   D      Tue       2
2   E      Wed       3
3   F      Thu       4
4   G      Fri       5
5   A      Sat       6
6   B      Sun       7
df3:
    note   No.
0   C      1
1   D      2
2   E      3
3   F      4
4   G      5
5   A      6
6   B      7
```

（2）Index 对象与数据访问

Pandas 库的 Index 对象包含了描述轴的元数据信息。当创建 Series 或者 DataFrame 时，标签的数组或者序列会被转换成 Index。可以通过下面的方式获取到 DataFrame 的列和行的 Index 对象。

```
# data_structure.py
print("df3.columns\n{}\n".format(df3.columns))
print("df3.index\n{}\n".format(df3.index))
```

这两行代码输出如下。

```
df3.columns
Index(['note', 'No.'], dtype='object')
df3.index
RangeIndex(start=0, stop=7, step=1)
```

请注意，Index 并非集合，因此其中可以包含重复的数据。Index 对象的值是不可以改变的，因此可以通过它安全地访问数据。DataFrame 提供了两个操作符来访问其中的数据，如 loc 通过行和列的索引来访问数据。

```
# data_structure.py
print("Note C, D is:\n{}\n".format(df3.loc[[0, 1], "note"]))
print("Note C, D is:\n{}\n".format(df3.iloc[[0, 1], 0]))
```

第一行代码访问了行索引为 0 和 1，列索引为 "note" 的元素。第二行代码访问了行下标为 0 和 1（对于 df3 来说，行索引和行下标刚好一样，所以这里都是 0 和 1，但它们的含义却不同），列下标为 0 的元素。

这两行代码的输出如下。

```
Note C, D is:
0    C
1    D
Name: note, dtype: object
```

（3）文件操作

Pandas 库提供了一系列的 read_ 函数来读取各种格式的文件，如 read_excel 读取 Excel 文件，要读取 Excel 文件，还需要安装另外一个库：xlrd。

通过 pip 可以这样完成安装：

pip install xlrd

安装完之后可以通过 pip 查看这个库的信息，具体如下。

```
$ pip3 show xlrd
Name: xlrd
Version: 1.1.0
Summary: Library for developers to extract data from Microsoft Excel (tm)
        spreadsheet files
Home-page: http://www.Python-excel.org/
Author: John Machin
Author-email: sjmachin@lexicon.net
License: BSD
Location:
/Library/Frameworks/Python.framework/Versions/3.6/lib/Python3.6/site-
packages
Requires:
```

接下来看一个简单的读取 Excel 文件的例子。

```
# file_operation.py
import pandas as pd
import numpy as np
df1=pd.read_excel("data/test.xlsx")
print("df1:\n{}\n".format(df1))
```

（4）读取 CSV 文件

读取 CSV 文件的方式很简单，代码如下。

```
# file_operation.py
df2=pd.read_csv("data/test1.csv")
print("df2:\n{}\n".format(df2))
```

再来看第 2 个例子，这个文件的内容如下。

```
$ cat test2.csv
C|Mon
D|Tue
E|Wed
F|Thu
G|Fri
A|Sat
```

严格来说，这并不是一个 CSV 文件，因为它的数据并不是通过逗号分隔的。在这种情况下，可以通过指定分隔符的方式来读取这个文件。

```
# file_operation.py
df3=pd.read_csv("data/test2.csv",sep="|")
print("df3:\n{}\n".format(df3))
```

另外，读取到的数据常常会带有一些无效值。如果没有处理好这些无效值，将对程序造成很大的干扰。对待无效值，主要有两种处理方法：直接忽略这些无效值，或者将无效值替换成有效值。

下面先创建一个包含无效值的数据结构。然后通过 pandas.isna 函数来确认哪些值是无效的。

```
# process_na.py
import pandas as pd
import numpy as np
df = pd.DataFrame([[1.0, np.nan, 3.0, 4.0],
                   [5.0, np.nan, np.nan, 8.0],
                   [9.0, np.nan, np.nan, 12.0],
                   [13.0, np.nan, 15.0, 16.0]])
print("df:\n{}\n".format(df));
print("df:\n{}\n".format(pd.isna(df)));
```

这段代码的输出如下。

```
df:
       0      1      2      3
0  False   True  False  False
1  False   True   True  False
2  False   True   True  False
3  False   True  False  False
df:
      0    1     2     3
0   1.0  NaN   3.0   4.0
1   5.0  NaN   NaN   8.0
2   9.0  NaN   NaN  12.0
3  13.0  NaN  15.0  16.0
```

可以通过 pandas.DataFrame.dropna 函数抛弃无效值。

```
# process_na.py
print("df.dropna():\n{}\n".format(df.dropna()));
```

注：dropna 默认不会改变原先的数据结构，而是返回一个新的数据结构。如果想要直接更改数据本身，可以在调用这个函数时传递参数 inplace=True。对于原先的结构，当无效值全部被抛弃之后，将不再是一个有效的 DataFrame，因此这行代码的输出如下。

```
df.dropna():
Empty DataFrame
```

```
Columns:[0, 1, 2, 3]
Index:[]
```

也可以选择抛弃整列都是无效值的那一列。

```
# process_na.py
print ("df.dropna(axis=1,how='all'):\n{}\n".format(df.dropna(axis=1,
    how='all')));
```

注：axis=1 表示列的轴。how 可以取值 'any' 或者 'all'，默认是前者。
这行代码的输出如下。

```
df.dropna(axis=1,how='all'):
      0      2      3
0    1.0    3.0    4.0
1    5.0    NaN    8.0
2    9.0    NaN   12.0
3   13.0   15.0   16.0
```

读者也可以通过 fillna 函数将无效值替换成为有效值。

```
# process_na.py
print("df.fillna(1):\n{}\n".format(df.fillna(1)));
```

这段代码的输出如下。

```
df.fillna(1):
      0      1      2      3
0    1.0    1.0    3.0    4.0
1    5.0    1.0    1.0    8.0
2    9.0    1.0    1.0   12.0
4   13.0    1.0   15.0   16.0
```

将无效值全部替换成同样的数据可能意义不大，因此可以指定不同的数据来进行填充。为了便于操作，在填充之前，可以先通过 rename 方法修改行和列的名称。

```python
# process_na.py
df.rename(index={0: 'index1', 1: 'index2', 2: 'index3', 3: 'index4'},
          columns={0: 'col1', 1: 'col2', 2: 'col3', 3: 'col4'},
          inplace=True);
df.fillna(value={'col2': 2}, inplace=True)
df.fillna(value={'col3': 7}, inplace=True)
print("df:\n{}\n".format(df));
```

这段代码的输出如下。

```
df:
        col1    col2    col3    col4
index1  1.0     2.0     3.0     4.0
index2  5.0     2.0     7.0     8.0
index3  9.0     2.0     7.0     12.0
index4  13.0    2.0     15.0    16.0
```

（5）处理字符串

数据中常常涉及字符串的处理，接下来就看看 Pandas 对于字符串的操作。

Series 的 str 字段包含了一系列的函数用来处理字符串，并且这些函数会自动处理无效值。

下面是一些实例，在第一组数据中，故意设置了一些包含空格的字符串。

```python
# process_string.py
import pandas as pd
s1=pd.Series(['1', '2', '3', '4', '5']);
print("s1.str.rstrip():\n{}\n".format(s1.str.lstrip()))
print("s1.str.strip():\n{}\n".format(s1.str.strip()))
print("s1.str.isdigit():\n{}\n".format(s1.str.isdigit()))
```

在这个实例中看到了对于字符串 strip 的处理以及对字符串本身是否是数字的判断，这段代码的输出如下。

```
s1.str.rstrip():
0    1
1    2
2    3
```

```
3         4
4         5
dtype: object
s1.str.isdigit():
0    False
1    False
2    False
3    True
4    True
dtype: bool
s1.str.strip():
0    1
1    2
2    3
3    4
4    5
dtype: object
```

下面的示例,展示了对于字符串大写、小写以及字符串长度的处理。

```
# process_string.py
s2=pd.Series(['Stairway to Heaven', 'Eruption', 'Freebird',
              'Comfortably Numb', 'All Along the Watchtower'])
print("s2.str.lower():\n{}\n".format(s2.str.lower()))
print("s2.str.upper():\n{}\n".format(s2.str.upper()))
print("s2.str.len():\n{}\n".format(s2.str.len()))
```

该段代码的输出如下。

```
s2.str.upper():
0          STAIRWAY TO HEAVEN
1                    ERUPTION
2                    FREEBIRD
3            COMFORTABLY NUMB
4    ALL ALONG THE WATCHTOWER
dtype: object
s2.str.len():
```

```
0                    18
1                     8
2                     8
3                    16
4                    24
dtype: int64
s2.str.lower():
0        stairway to heaven
1                  eruption
2                  freebird
3          comfortably numb
4     all along the watchtower
dtype: object
s2.str.upper():
0        STAIRWAY TO HEAVEN
1                  ERUPTION
2                  FREEBIRD
3          COMFORTABLY NUMB
4     ALL ALONG THE WATCHTOWER
dtype: object
s2.str.len():
0                    18
1                     8
2                     8
3                    16
4                    24
dtype: int64
```

6.3.5　PyQuery 库

　　PyQuery 库是一个仿照 jQuery 实现的非常强大又灵活的网页解析库。同样可以使用 pip 命令完成安装。下面通过一个简单的例子快速熟悉 PyQuery 的用法，传入文件 example.html，内容如下。

```
<div>
  <tr class="item-0">
    <td>first section</td>
```

```html
    <td>1111</td>
    <td>17-01-28 22:51</td>
  </tr>
  <tr class="item-1">
    <td>second section</td>
    <td>2222</td>
    <td>17-01-28 22:53</td>
  </tr>
</div>
```

读取该文件的代码如下。

```python
# -*- coding: utf-8 -*-
from pyquery import PyQuery as pq      # 引入 PyQuery

doc=pq(filename='example.html')        # 传入文件 example.html
print doc.html()           # html() 方法获取当前选中的 html 块
print doc('.item-1')       # 相当于 class 选择器，选取 class 为 item-1 的 html 块
data=doc('tr')             # 选取 <tr> 元素
for tr in data.items():    # 遍历 data 中的 <tr> 元素
    temp=tr('td').eq(2).text()    # 选取第 3 个 <td> 元素中的文本块
    print temp
```

运行结果如下。

```html
# print doc.html()
<tr class="item-0">
<td>first section</td>
<td>1111</td>
<td>17-01-28 22:51</td>
</tr>
<tr class="item-1">
<td>second section</td>
<td>2222</td>
<td>17-01-28 22:53</td>
</tr>
# print doc('.item-1')
```

```
<tr class="item-1">
<td>second section</td>
<td>2222</td>
<td>17-01-28 22:53</td>
</tr>
# print tr('td').eq(2).text()
17-01-28 22:51
# print tr('td').eq(2).text()
17-01-28 22:53
```

其中，html() 和 text() 获取相应的 html 块或者文本内容。

```
p=pq("<head><title>Hello World!</title></head>")
print p('head').html()        # 获取相应的 html 块
print p('head').text()        # 获取相应的文本内容
''' 输出：
<title>hello</title>
Hello World!
'''
```

'selector' 通过选择器来获取目标内容：

```
d=pq("<div><p id='item-0'>test 1</p><p class='item-1'>test 2</p></div>")
print d('div').html()          # 获取 <div> 元素内的 html 块
print d('#item-0').text()      # 获取 id 为 item-0 的元素内的文本内容
print d('.item-1').text()      # 获取 class 为 item-1 的元素的文本内容
''' 输出：
<p id="item-0">test 1</p><p class="item-1">test 2</p>
test 1
test 2
'''
```

eq(index) 根据索引号获取指定元素（index 从 0 开始）：

```
d=pq("<div><p id='item-0'>test 1</p><p class='item-1'>test 2</p></div>")
print d('p').eq(1).text()      # 获取第二个 p 元素的文本内容
''' 输出
test 2
'''
```

find() 查找嵌套元素：

```
d=pq("<div><p id='item-0'>test 1</p><p class='item-1'>test 2</p></div>")
print d('div').find('p')              # 查找 <div> 内的 p 元素
print d('div').find('p').eq(0)        # 查找 <div> 内的 p 元素，输出第一个 p 元素
''' 输出：
<p id="item-0">test 1</p><p class="item-1">test 2</p>
<p id="item-0">test 1</p>
'''
```

filter() 根据 class、id 筛选指定元素：

```
d=pq("<div><p id='item-0'>test 1</p><p class='item-1'>test 2</p></div>")
print d('p').filter('.item-1')        # 查找 class 为 item-1 的 p 元素
print d('p').filter('#item-0')        # 查找 id 为 item-0 的 p 元素
''' 输出：
<p class="item-1">test 2</p>
<p id="item-0">test 1</p>
'''
```

attr() 获取、修改属性值：

```
d=pq("<div><p id='item-0'>test 1</p><a class='item-1'>test 2</a></div>")
print d('p').attr('id')               # 获取 <p> 标签的属性 id
print d('a').attr('class','new')      # 修改 <a> 标签的 class 属性为 new
''' 输出：
item-0
<a class="new">test 2</a>
''' 其他操作如下。
```

.addClass(value)：添加 class。
.hasClass(name)：判断是否包含指定的 class，返回 True 或 False。
.children()：获取子元素。
.parents()：获取父元素。
.next()：获取下一个元素。
.nextAll()：获取后面全部元素块。
.not_('selector')：获取所有不匹配该选择器的元素。
for i in d.items('li'):print i.text()：遍历 d 中的 li 元素。

6.4 Selenium工具

Selenium 是一种自动化测试工具，它支持各种浏览器，包括 Chrome、Safari、Firefox 等主流浏览器，如果在这些浏览器里面安装一个 Selenium 插件，那么便可以方便地实现 Web 界面的测试。这里利用的是 Selenium 模拟人工操作来完成网页

的抓取。

具体安装可以使用 pip 命令来进行：

pip install selenium

除此以外，还需要安装浏览器驱动。本书用的是 chromedriver，除此之外还有 Firefoxdriver 等，还要看对应版本，不同版本的浏览器对应的驱动版本也不同。下载 chromedriver 时需要注意匹配浏览器对应版本，否则无法正常使用。

如本例使用的浏览器版本是 Chrome v66，则要选择对应 2.38 以上的版本，如图 6-13 所示。

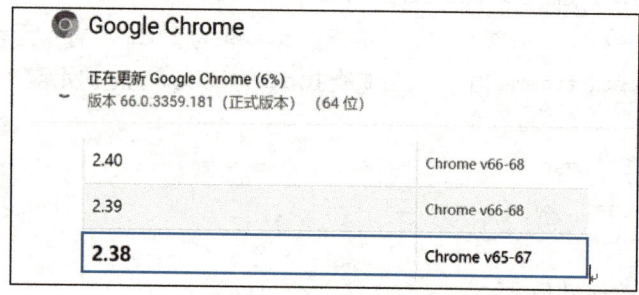

图 6-13　chromedriver 对应版本

找到 Chrome 浏览器所在的文件夹，将解压的 chromedriver.exe 放进文件夹，再配置环境变量，把 driver 的目录添加到 Path 中去即可，如图 6-14、图 6-15 所示。

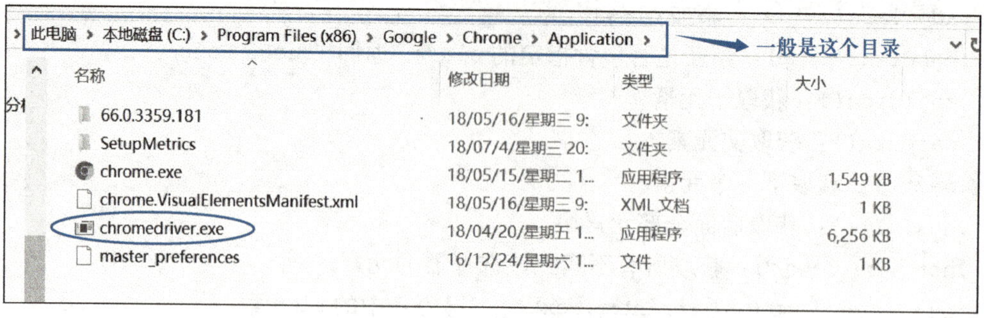

图 6-14　chromedriver 安装

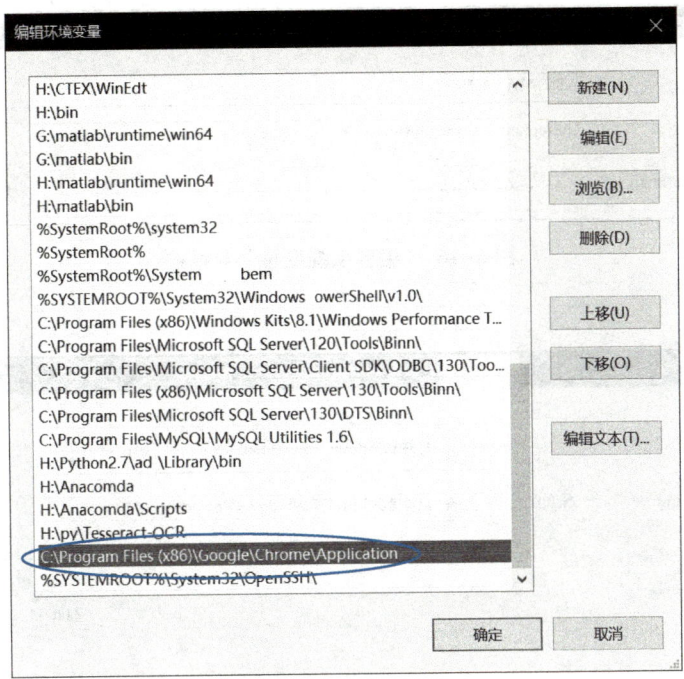

图 6-15　环境变量配置

6.5　Tesseract OCR引擎

Tesseract 的 OCR 引擎最先由惠普（HP）实验室于 1985 年开始研发，用于图像文字识别，至 1995 年时已经成为 OCR 业内最准确的三款识别引擎之一。然而，惠普不久便决定放弃 OCR 业务，Tesseract 也从此尘封。数年以后，谷歌对 Tesseract 进行改进、消除 Bug、优化工作。Tesseract 目前已作为开源项目发布在 Google Project，其 3.0 版本已经支持中文 OCR，并提供了一个命令行工具。目前的最新版本是 4.0，可以用 C++、C# 修改源程序，这里也是用 4.0 进行介绍。

首先下载 Tesseract 安装包，然后配置环境变量：在"环境变量"界面"选择系统变量"栏中选中 path 项，然后单击"编辑"按钮，打开"编辑环境变量"对话框，新建一个 C:\Program Files (x86)\Tesseract-OCR（注意，此路径为你的安装路径，并不绝对）的值，然后单击"确定"按钮。在系统变量下面单击"新建"按钮，新建一个变量，如图 6-16 中的变量名为 TESSDATA_PREFIX，变量值为 C:\Program Files (x86)\Tesseract-OCR\tessdata。然后单击"确定"按钮，在之后界面中依次单击"确定"按钮，完成设置。变量建立完成。

可以采用 Windows PowerShell 演示 Tesseract。Windows PowerShell 是一种命令行外壳程序和脚本环境，使命令行用户和脚本编写者可以利用 .NET Framework 的强大功能。Windows PowerShell 一般为 Windows 自带，可以直接使用。

随意打开一个文件夹，在左上角"文件"选项就可以发现 Windows PowerShell，如图 6-17 所示。

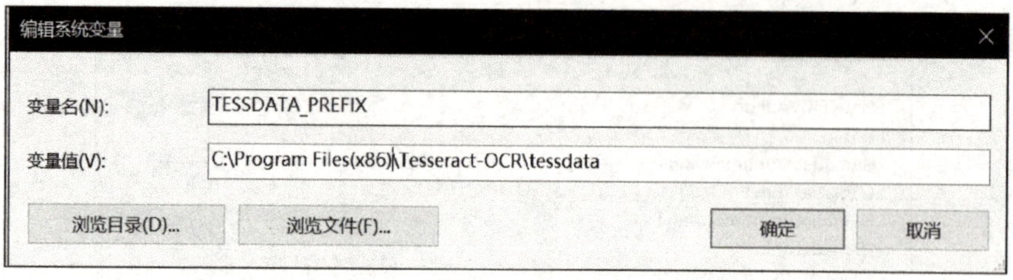

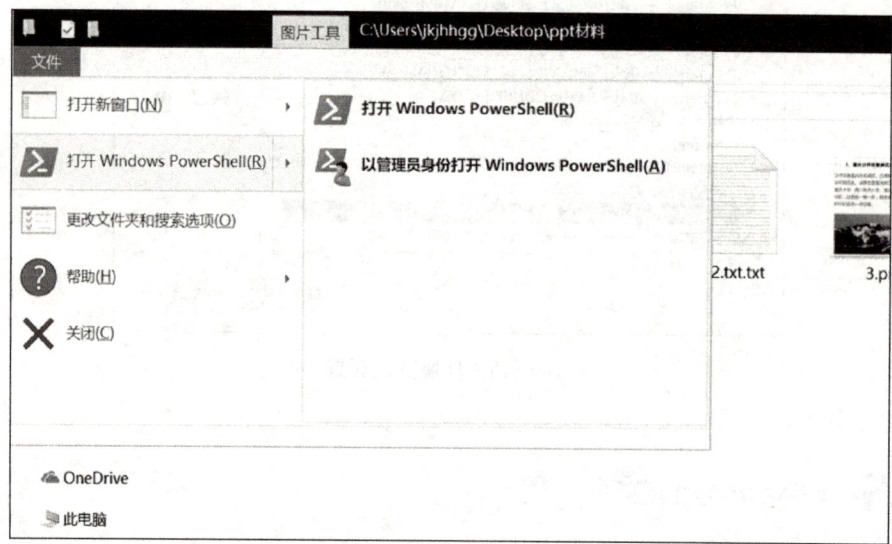

图 6-16 "编辑系统变量"对话框

图 6-17 Windows PowerShell

6.6 具体案例分析

6.6.1 目标

这里选取的案例是通过对京东上的华为手机商品和评价信息进行抓取、处理分析，得出最近比较热门的几款华为手机和它们各自的推荐标签。

6.6.2 数据获取

本例采用网络爬虫的方式采集华为手机的商品和评价信息，商品信息和评价信息同时采用两种不同的爬虫方式分开爬取。

商品信息数据爬取对象包括商品价格、商品销量、商品名称、销售地点，如图 6-18 所示。

商品信息爬取方式为 Selenium+Python。

类似于京东、淘宝网这种大型的电子商务网站都会有反爬虫措施来保护它的服务器和数据。许多网站都有 robots 协议，robots 协议就是每个网站对于来到的爬虫所提出的要求，如图 6-19 所示。

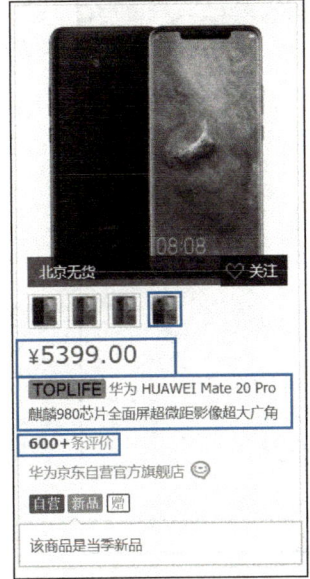

图 6-18 京东商品信息样例

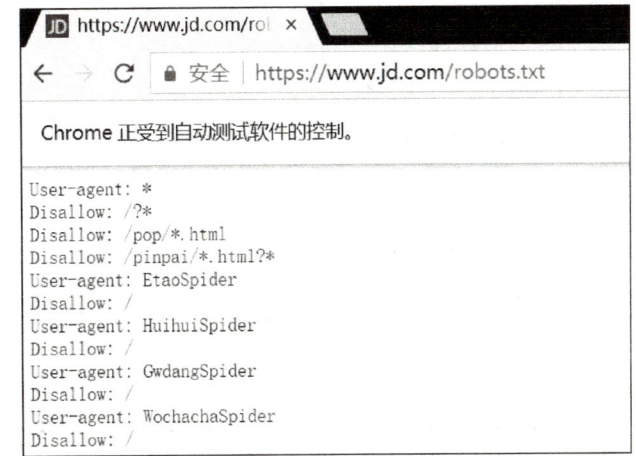

图 6-19 京东的部分 robots 协议

针对网站的反爬虫措施，爬虫的一方也有"反反爬虫"措施可用，例如，借助 Selenium 组件可以让计算机模拟用户点击浏览器，网站就无法识别是否为机器人，这种"反反爬虫"方式成功率最高，但爬虫的效率较低。本例就借助 Selenium 组件和 Python 语言实现商品信息获取。

用户使用浏览器搜索商品的步骤拆分如下。

① 打开浏览器。
② 输入网址。
③ 在搜索框内输入商品名称。
④ 单击"搜索"按钮。
⑤ 查看商品。
⑥ 单击"下一页"按钮继续查看商品。

打开浏览器和输入网址计算机都能轻松实现，因为浏览器和对应的网址的输入方式都唯一。但是在搜索框内输入商品名称并不唯一，每个网站的输入框位置都不一样，搜索按钮也不同，因此需要告诉计算机应该在哪里输入搜索内容，单击什么按钮才能实现搜索。为此需要解析网页。在 Chrome 浏览器中按 F12 键即可查看网页源代码，京东首页源代码如图 6-20 所示。

Chrome 浏览器提供了方便的选择功能，单击左上角的"选择"按钮，再在网页任意一处单击即可显示对应源码位置。右击，选择 Copy->Copy selector 命令就获取到了计算机能识别的元素位置 CSS 选择器代码，如图 6-21 所示。

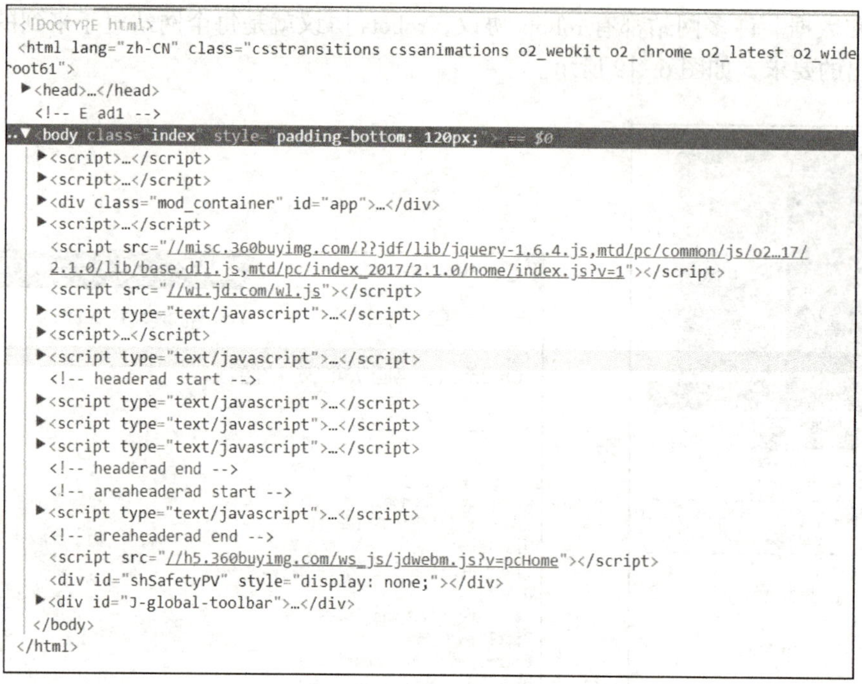

图 6-20　京东首页源代码

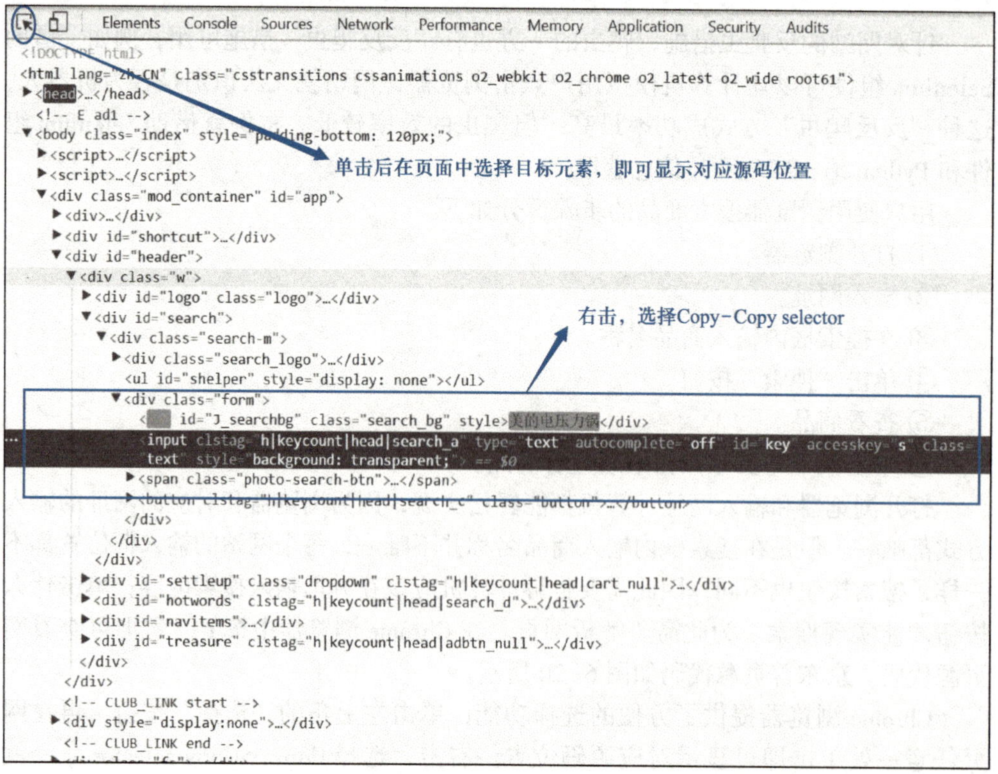

图 6-21　利用 Chrome 浏览器工具来选择网页元素

按照此方法找到搜索栏和搜索按钮的 selector 发现分别是 #key 和 #search>div>div.form>button>i，如图 6-22 所示。

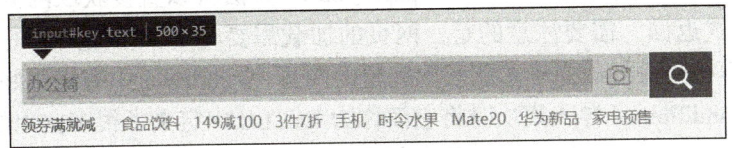

图 6-22　搜索栏的 selector

到此为止就可以完成一个浏览器搜索商品的过程了，将它定义为如下 search 方法。

```
browser=webdriver.Chrome()
wait=WebDriverWait(browser,1)
def search(obj):
browser.get('https://www.jd.com/')
input=wait.until(EC.presence_of_element_located((By.CSS_SELECTOR,'#key')))
submit=wait.until(EC.element_to_be_clickable((By.CSS_SELECTOR,
                '#search>div>div.form>button')))
    input.send_keys(obj)
    submit.click()
  getProducts()
```

对于商品信息获取功能而言，可以继续通过对网页结构的分析来详细了解。

取出一个商品的网页源码详细分析，发现商品源码都是由一个个 <li> 标签包装起来的，要找的信息就在 "gl-i-wrap" 的 class 下，并且分好了类，如商品价格对应 p-price，商品名称对应 p-name，商品评价对应 p-commit，如图 6-23 所示，进一步展开核对信息是否正确。

图 6-23　商品类结构

展开之后发现的确和需要的信息一样，如图 6-24 所示，目标信息位置找到了，接下来就可以进行信息提取。需要在网页源码里获取商品信息，首先必须获取每个网页源码。调用 webdriver 中的 page_source 方法可以直接获取网页源码，并以 string 的格式返回。需要注意的是，网页的加载需要时间，根据网速的不同而有变化，需要等待网页加载完毕才能获取完整的网页。Webdriver 中有定义好的方法——expected_conditions，导入模块时将它简称为 EC，EC 中定义了很多实用的辅助方法，如 presence_of_element_located（元素部署完毕）、element_to_be_clickable（元素可被点击）等。在前面定义的 search 方法中其实已经用到了这样的辅助方法，帮助判定合适的时间。

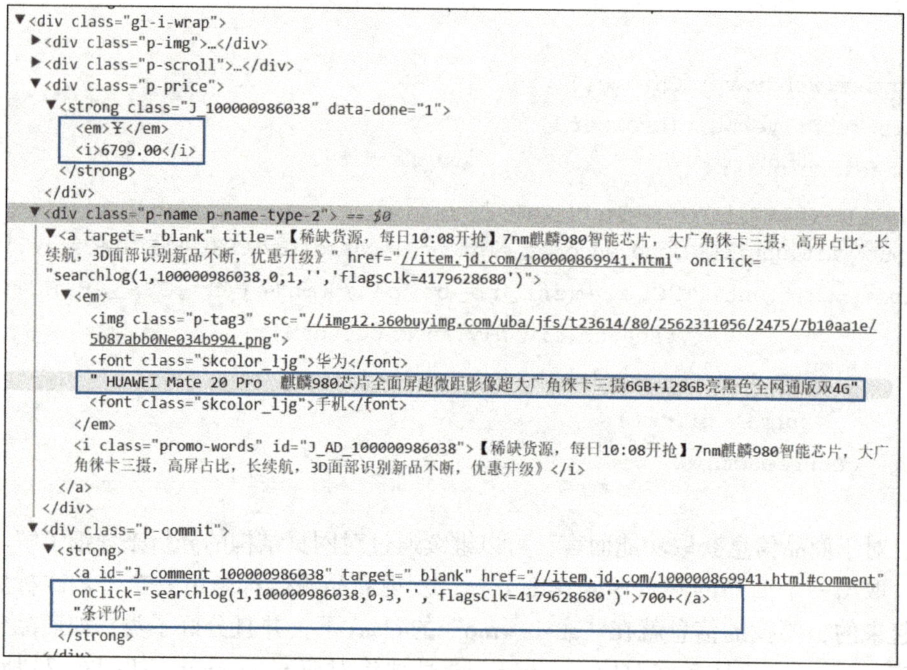

图 6-24　商品信息源码展开

代码如下。

```
def getProducts():
    wait.until(EC.presence_of_element_located((By.CSS_SELECTOR,'#J_
        goodsList > ul >li:nth-child(1)')))
    html=browser.page_source
    doc=pq(html)
    list=doc('#J_goodsList')('.gl-item').items()
    with open('C:\\Users\\jkjhhgg\\Desktop\\shuju.csv','a',encoding='ANSI') as f:
        for i in list:
```

```
product={
    'price': i('.p-price').text()[2:8],
    'title': i('.p-name').text(),
    'comment_num': i('.p-commit').text()[:-3]
}
print(product)
f.write("{},{},{}\n".format(re.sub(r'\n',",product['title']),re.sub(r'\n',
        ",product['price']),re.sub(r'\n',",product ['comment_num'])))
```

这里选择网页中第一个商品信息部署完成时获取网页源码，然后使用 PyQuery 中的方法循环遍历每个商品，解析提取网页中需要的信息，以字典的形式保存下来，最后将提取的信息保存在 csv 文件中。需要注意的是，re.sub(r'\n',",product['title'])是用 re 中的 sub 方法把原文本中的 '\n' 替换成 "（空），实现去掉换行符的功能，若不去掉，存储到 csv 文件中时排版会错乱。Encoding='ANS' 是为了适应 Excel 的编码读取方式而改写的编码格式，若改为 UTF-8 或者其他编码，打开时会乱码。

上面的代码只能获取一页的商品信息，数据量远远不够，需要通过模拟点击进入下一页重新获取信息，如图 6-25 所示，翻页时只需要在框内输入要进入的页数，再单击"确定"按钮即可到达目的页面。代码实现原理同上，只要找到目标元素的 selector 即可。

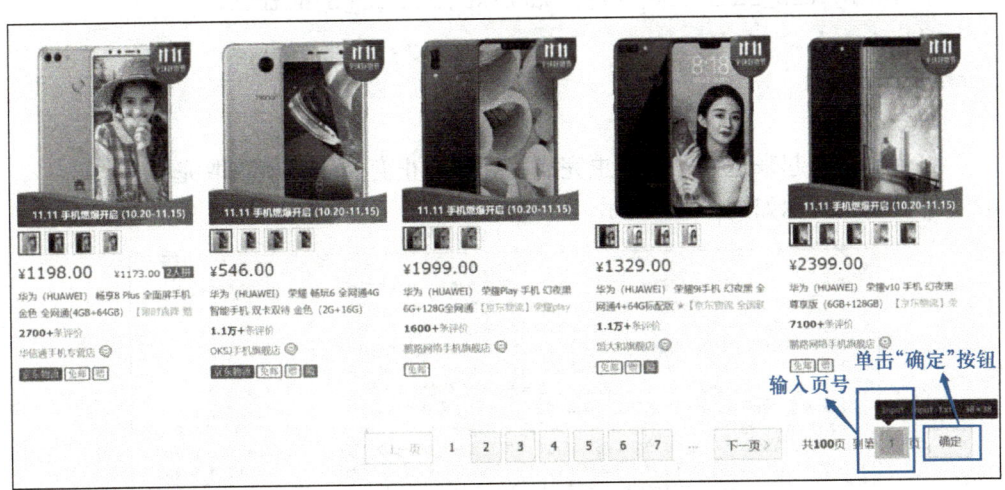

图 6-25 京东网页底部翻页功能

需要注意的是，在输入页数之前要使用 input.clear () 命令把框内数据清除。在翻页时由于页面不同经常会出现一些报错提示，使用 try except 语句捕捉和解决异常。

```python
def nextPage(page_number):
    input=wait.until(EC.presence_of_element_located((By.CSS_SELECTOR,
                    '#J_bottomPage> span.p-skip>input')))
    submit=wait.until(EC.element_to_be_clickable((By.CSS_SELECTOR,
                    '#J_bottomPage>span.p-skip>a')))
    input.clear()
    input.send_keys(page_number)
    try:
        submit.click()
    except StaleElementReferenceException as SE:
print(SE)
    browser.refresh()
    input=wait.until(EC.presence_of_element_located((By.CSS_SELECTOR,
                    '#J_bottomPage>span.p-skip>input')))
    submit=wait.until(EC.element_to_be_clickable((By.CSS_SELECTOR,
                    '#J_bottomPage>span.p-skip>a')))
    input.clear()
    input.send_keys(page_number)
    submit.click()
    wait.until(EC.text_to_be_present_in_element(
        (By.CSS_SELECTOR,'#J_goodsList'),str(page_number)
    ))
getProducts()
```

将代码组装起来运行等待爬虫完成，到此为止商品信息就获取完毕。部分结果展示如图 6-26 所示。

图 6-26　商品信息文件

理论上用 Selenium 也可以模拟获取京东的评价信息，只不过需要一个个模拟点进去，时间会比较长，所以换一种方法，使用 Requests 获取商品评论。

Requests 是用 Python 语言基于 urllib 编写，采用的是 Apache2 Licensed 开源协议的 HTTP 库，requests 是一个很实用的 Python HTTP 客户端库，编写爬虫和测试服务器响应数据时经常会用到。可以说，Requests 完全满足如今网络的需求。

通过查找资料发现，京东的评论是隐藏在网页中的，评论网页样例如下：

https://club.jd.com/comment/productPageComments.action?callback=fetchJSON_comment98vv107237&productId=*********&score=0&sortType=5&page=2&pageSize=10

解评论网址结构，发现主要参数只有两个，一个是 productId，即商品 ID，还有一个是 page，即页数，通过改变这两项就可以获取京东上任意商品的评论。

如图 6-27 所示，这个页面中除了评论还有很多其他的不需要的东西，所以需要过滤，这里使用正则表达式进行评论提取，方法如下：

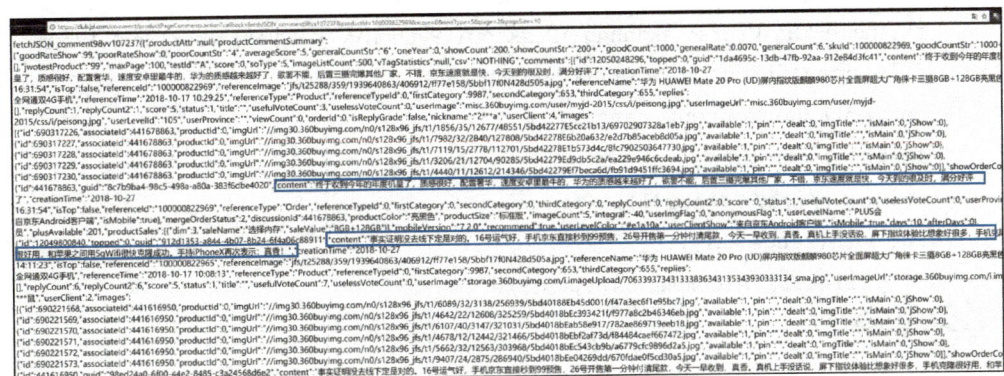

图 6-27 评论网页实际效果

```
rate_content.extend(re.findall(re.compile(',"content":
"(.*?)"'),content))
```

其中，(',"content": "(.*?)"') 指的是从 ,"content":" 到 " 为止的所有字符，即为所取的评价内容。

评论获取功能实现的代码如下。

```
rate_url='https://club.jd.com/comment/productPageComments.
        action?callback='\'fetchJSON_comment98vv107237&productId=1000
        00822969&score=0&sortType=5&page='
def getContent(rate_url):
    # 创建循环链接
    urls=[]
    for i in range(1,100):
        urls.append(rate_url+str(i)+'&pageSize=10')
```

```python
# 构建字段容器
rate_content=[]
# 循环抓取数据
for url in urls:
    content=requests.get(url).text
    # 借助正则表达式使用 findall 进行匹配查询
    rate_content.extend(re.findall(re.compile(',"content": "(.*?)"'),content))
return rate_content
```

下面介绍评论存储功能的实现，效果如图 6-28 所示。

```python
def fileWrite(Noi):
    filename='C:\\Users\\jkjhhgg\\Desktop\\Python\\手机评价'+str(Noi)+'.txt'
    file=open(filename,'w',encoding='utf-8')
    comments=getContent(rate_url)
    l=len(comments)
    print('评价数：'+str(l))
    for i in(range(0,l)):
        file.write(comments[i]+'\n')
file.close()
```

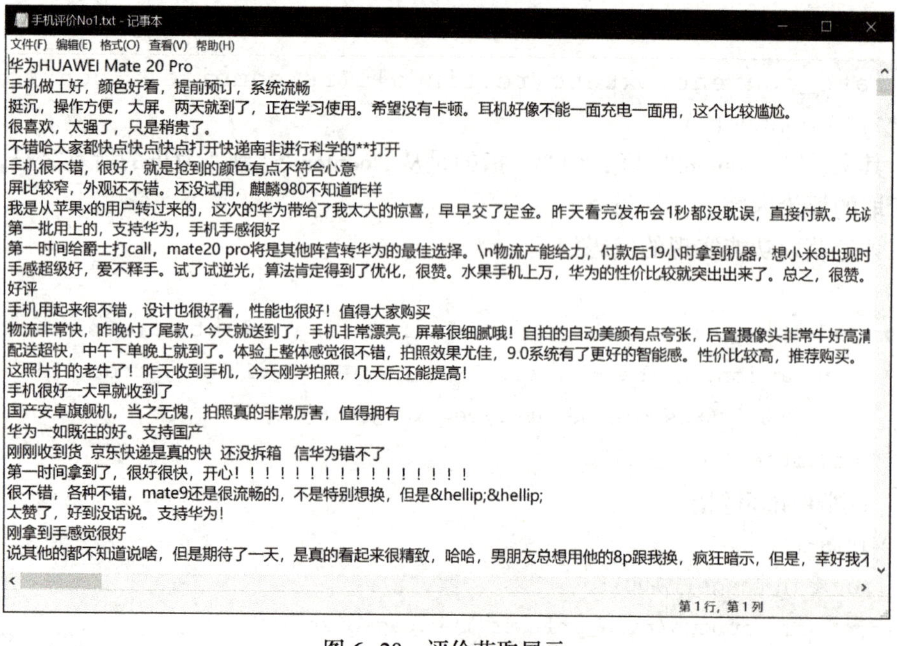

图 6-28　评价获取展示

需要注意的是，这里实现的方法没有实现自动化，需要手动修改商品 ID 和破解文件数量。

6.6.3 数据处理

针对爬虫数据一般存在的几大问题——数据缺失、数据重复、数据离群进行数据清洗。同时，还要进行诸如数据归一化和评论分词等常见的数据处理操作。

（1）数据缺失

当数据缺失量占比不大时可以考虑直接删除，当某个属性严重缺失时可以考虑删除该属性，除此之外，条件允许的话可以考虑插值补充数据。本例使用的是京东上爬取的数据，发现存在着数据错位，导致第二、第三列数据缺失，如图 6-29 所示，由于占比不大可以考虑直接删除。

```
华为（HUAWEI）荣耀 畅玩7 全面屏 智能老人手机蓝色 全网通(2G+16G)    599 1.2万+
华为HUAWEI 麦芒 6 全网通 4GB+64GB版 曜石黑 移动联通电信4G手机双卡双   1499 二手有售15万+
华为（HUAWEI）荣耀 畅玩7 智能老人手机金色 全网通(2G+16G)【限时特惠    599 6800+
华为（HUAWEI）华为畅享8手机金色 全网通（4G+64G）【京仓配送 可靠快    1088 3800+
华为（HUAWEI）畅享9Plus手机宝石蓝 全网通 4GB+64GB【全部现货    送原装耳机+自    1499    0
华为（HUAWEI）P20 全面屏手机极光 全网通 （6G+128G）【送华为原装好    3888 4600+
华为（HUAWEI）荣耀8X手机全面屏全网通 魅海蓝 6GB+128GB 尊享版【购    1999 3000+
华为（HUAWEI）荣耀play GT加速游戏手机幻夜景 全网通6G+128G尊享版月支持7天价格保    2018 2400+
华为 畅玩7 全网通 移动联通电信4G 全面屏智能老人手机又通话大音量     华为 畅玩7X/7C特    599 9600+
华为（HUAWEI）荣耀 畅玩7X 移动联通电信 全网通4G 全面屏智能手机双卡    989 5700+
```

图 6-29 数据格式偏差

```
import pandas as pd
data=pd.read_csv('C:\\Users\\jkjhhgg\\Desktop\\shuju.csv',encoding='ANSI')
print(data.shape)
```

使用 Pandas 库中的 read 方法读取文件，如图 6-30 所示，打印读取数据矩阵维度发现矩阵有 7 列而不是正常的 3 列。也证实了数据存在异常，这里直接将异常的数据删除，即将第 4、5、6、7 列非空的数据行删除。

```
H:\Anaconda\python.exe H:/Anaconda/selen/reque test/read.py
(2033, 7)
```

图 6-30 运行结果

代码如下。

```python
import pandas as pd
data=pd.read_csv('C:\\Users\\jkjhhgg\\Desktop\\shuju.csv',encoding='ANSI')
data_mat=data.values
print(data.shape)
for i in range(1,data_mat.shape[0]):
```

```
    if(pd.isnull(data_mat[i,3]) and pd.isnull(data_mat[i,4]) and
pd.isnull(data_mat[i,5]) and pd.isnull(data_mat[i,6])):
            pass
    else:
            data.drop(i,inplace=True)
print(data.shape)
data.drop(data.columns[3],axis=1,inplace=True)
data.dropna(axis=1,inplace=True)
data.to_csv('C:\\Users\\jkjhhgg\\Desktop\\shuju2.csv',encoding='ANSI')
```

结果由原来的2 033条记录减少到了1 972条记录，如图6-31所示。重新打开商品信息csv文件（如图6-32所示）发现已经没有了原来的缺失错乱数据。

由于商品评价数量这一列的格式不一致，无法进行数据处理，需要把数据格式统一化。“+”和“二手有售”可以直接去掉，“万”需要转换成10 000。采用re中的sub功能可以完成，如图6-33所示。

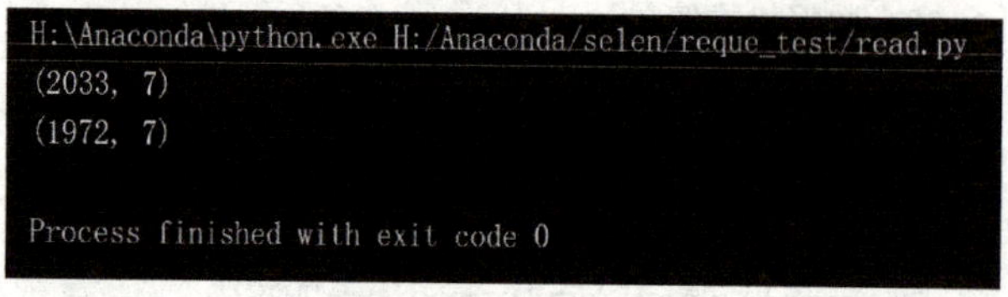

图6-31 运行结果

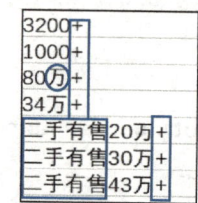

图6-32 评价数量格式问题

华为HUAW	1499	3200+	华为HUAW	1499	3200
华为HUAW	1699	1000+	华为HUAW	1699	1000
荣耀9i 4GE	1299	80万+	荣耀9i 4GE	1299	800000
荣耀8X 千	1399	34万+	荣耀8X 千	1399	340000
华为HUAW	1279	二手有售20万+	华为HUAW	1279	200000
荣耀 V10	2099	二手有售80万+	荣耀 V10	2099	800000
华为HUAW	3388	二手有售43万+	华为HUAW	3388	430000

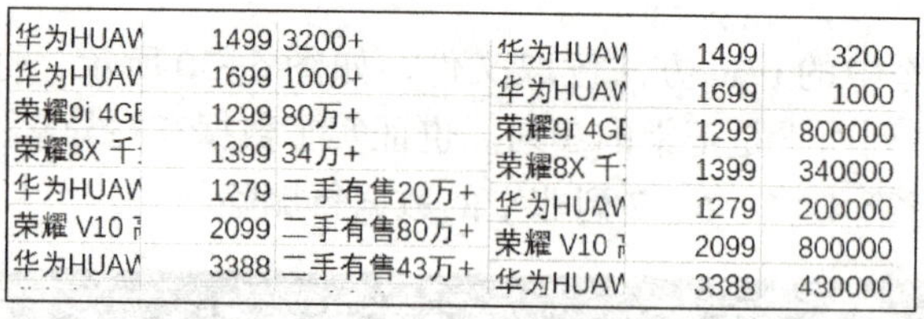

图6-33 前后效果对比

```
import pandas as pd
import re
data=pd.read_csv('C:\\Users\\jkjhhgg\\Desktop\\shuju2.csv',encoding='ANSI')
data_mat=data.values
for i in range(data.shape[0]):
    data_mat[i, 2]=re.sub(r'二手有售', '',data_mat[i, 2])
    data_mat[i, 2]=re.sub(r'万', '0000', data_mat[i, 2])
```

```
    data_mat[i,2]=re.sub(r'\+',",data_mat[i,2])
    if(data_mat[i,2].find('.')>0):
        data_mat[i,2]=re.sub(r'\.',",data_mat[i,2])[:-1]
data=pd.DataFrame(data_mat)
data.to_csv('C:\\Users\\jkjhhgg\\Desktop\\shuju3.csv',encoding='ANSI')
```

（2）数据去重

在爬取的评论数据中有很多重复的评论，需要将其去除，利用 set 的不可重性可以简单实现数据去重，代码如下。

```
def removeal(comment):
    comment=list(set(comment))
return comment
```

（3）清除噪声

整理数据时发现靠后的商品信息数据中存在噪声，一些手机的配件也混入其中。直接识别手机配件比较困难，换个角度考虑，手机配件的价格一般比较低，观察发现将价格低于 300 的数据都删除，基本可以达到消除手机配件噪声的影响。

代码如下。

```
import pandas as pd
data=pd.read_csv('C:\\Users\\jkjhhgg\\Desktop\\shuju3.csv',encoding='ANSI')
data_mat=data.values
print(data.shape)
for i in range(1,data_mat.shape[0]):
    if(data_mat[i,2]>300):
        pass
    else:
        data.drop(i,inplace=True)
print(data.shape)
data.to_csv('C:\\Users\\jkjhhgg\\Desktop\\shuju4.csv',encoding='ANSI')
```

去除噪声后数据从 1 972 条减少到 1 837 条，如图 6-34 所示。

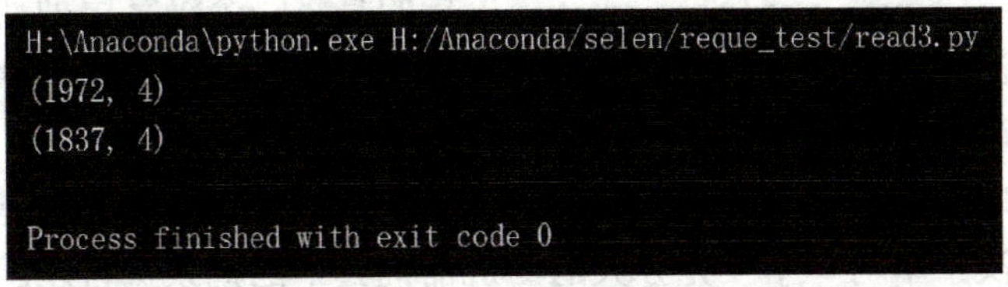

图 6-34　运行结果

（4）数据归一化

归一化是一种简化计算的方式，即将有量纲的表达式，经过变换，化为无量纲的表达式，成为纯量。

为何要进行归一化处理？如图 6-35 所示的数据，两个属性值之间数量级差距较大，当第一个属性变化时（1 279 → 2 099），如果计算两点距离（即两个属性差值平方之和），相对于第二个属性的变化（200 000 → 800 000），其对距离的影响简直微乎其微，导致第一个属性值失去价值。

采用极值法对数据进行归一化。

荣耀9i 4GE	1299	800000
荣耀8X 千	1399	340000
华为HUAV	1279	200000
荣耀 V10	2099	800000

图 6-35　归一化数据对比

$$x^* = \frac{x - \min}{\max - \min} \qquad (6-1)$$

代码如下。

```
import numpy as np
import pandas as pd
def autoNorm(dataSet):
    minVals=np.min(dataSet)
    maxVals=np.max(dataSet)
    ranges=maxVals-minVals
    normDataSet=np.zeros(dataSet.shape)
    m=dataSet.shape[0]
    normDataSet=dataSet-minVals
    normDataSet=normDataSet/ranges
    return normDataSet
data=pd.read_csv('C:\\Users\\jkjhhgg\\Desktop\\shuju4.csv',encoding='ANSI')
data_mat=data.values
data_mat=np.delete(data_mat,[0,1],axis=1)
data_mat[1:data_mat.shape[0],0]=autoNorm(data_mat[1:data_mat.shape[0],0])
data_mat[1:data_mat.shape[0],1]=autoNorm(data_mat[1:data_mat.shape[0],1])
data=pd.DataFrame(data_mat)
data.to_csv('C:\\Users\\jkjhhgg\\Desktop\\shuju5.csv',encoding='ANSI')
```

（5）分词处理

中文分词（Chinese word segmentation）指的是将一个汉字序列切分成一个一个单独的词。分词就是将连续的字序列按照一定的规范重新组合成词序列的过程。现有的分词算法可分为三大类。

基于字符串匹配的分词方法：这种方法又叫机械分词方法，它是按照一定的策略将待分析的汉字串与一个"充分大的"机器词典中的词条进行匹配，若在词典中找到某个字符串，则匹配成功（识别出一个词）。具体方法如下。

① 正向最大匹配法（由左到右的方向）。

② 逆向最大匹配法（由右到左的方向）。

③ 最少切分（使每一句中切出的词数最小）。

④ 双向最大匹配法（进行由左到右、由右到左两次扫描）。

基于理解的分词方法：该方法通过让计算机模拟人对句子的理解，达到识别词的效果。其基本思想就是在分词的同时进行句法、语义分析，利用句法信息和语义信息来处理歧义现象。它通常包括三个部分，即分词子系统、句法语义子系统、总控部分。在总控部分的协调下，分词子系统可以获得有关词、句子等的句法和语义信息来对分词歧义进行判断，即它模拟了人对句子的理解过程。这种分词方法需要使用大量的语言知识和信息。由于汉语语言知识的笼统、复杂性，难以将各种语言信息组织成机器可直接读取的形式，因此目前基于理解的分词方法还处在试验阶段，应用范围有限。

基于统计的分词方法：给出大量已经分词的文本，利用统计机器学习模型，学习词语切分的规律（称为训练），从而实现对未知文本的切分。例如最大概率分词方法和最大熵分词方法等。随着大规模语料库的建立以及统计机器学习方法的研究和发展，基于统计的中文分词方法渐渐成了主流方法。

常见的分词工具有很多，举例如下。

THULAC-Python：THULAC（THU lexical analyzer for Chinese）是由清华大学自然语言处理与社会人文计算实验室研制推出的一套中文词法分析工具包，具有中文分词和词性标注功能。该工具目前仅处理 UTF-8 编码中文文本。官网上关于它的用法很清晰，另外官网上有个 demo 可以直接测试分词效果，安装比较方便，是用 pip 安装，如果从 GitHub 上下载 THULAC 源码，需要模型的支持，需要将下载的模型放到 THULAC 目录下。

jieba：它的精确模式可以将句子最精确地切开，适合文本分析；全模式可以把句子中所有的可以成词的词语都扫描出来，速度非常快，但是不能解决歧义问题；搜索引擎模式可以在精确模式的基础上对长词再次切分，提高召回率，适合用于搜索引擎分词。一般测评采用默认的精确模式。待分词的字符串可以是 Unicode 或 UTF-8 字符串、GBK 字符串。

pynlpir：pynlpir 是对中国科学院计算技术研究所开发的 CTCLAS 2015 的 Python 封装。安装步骤如下。

-pip install pynlpir 安装 pynlpir

-pynlpir update 下载最新的 license，或到 GitHub 的 license 地址下载 NLPIR.user，覆盖安装路径下的原文件

支持 UTF-8、GBK 和 BIG5 编码的字符串。

pyltp：语言技术平台是哈尔滨工业大学社会计算与信息检索研究中心研发的一整套中文语言处理系统。pyltp 所有输入的分析文本和输出的结果的编码均为 UTF-8。

本例采取综合效果最好的 jieba 分词进行分词实验。

分词代码如下。

```python
import jieba
filename="C:\\Users\\jkjhhgg\\Desktop\\Python\\手机评价No1.txt"
stopwords_file="停用词.txt"
stop_f=open(stopwords_file,"r",encoding='ANSI')
stop_words=list()
for line in stop_f.readlines():
    line=line.strip()
    if not len(line):
        continue
    stop_words.append(line)
stop_f.close
print(len(stop_words))
f=open(filename,"r",encoding='utf-8')
result=list()
for line in f.readlines():
    line=line.strip()
    if not len(line):
        continue
    outstr=''
    seg_list=jieba.cut(line,cut_all=False)
    for word in seg_list:
        if word not in stop_words:
            if word !='\t':
                outstr +=word
                outstr +=""
    # seg_list="".join(seg_list)
    result.append(outstr.strip())
f.close
with open("C:\\Users\\jkjhhgg\\Desktop\\Python\\手机评价分词No1.txt",
          "w",encoding='utf-8') as fw:
    for sentence in result:
        sentence.encode('utf-8')
        data=sentence.strip()
        if len(data)!=0:
            fw.write(data)
        fw.write("\n")
```

这里的停用词是指在信息检索中为节省存储空间和提高搜索效率，在处理自然语言数据（或文本）之前或之后会自动过滤掉的某些字或词。这些停用词一般都是由人工输入而非自动生成，生成后的停用词会形成一个停用词表。但是，并没有一个明确的停用词表能够适用于所有的工具。甚至有一些工具是明确地避免使用停用词来支持短语搜索。

分词效果如图 6-36 所示。

```
华为 HUAWEI Mate 20 Pro
手机 做工 颜色 好看 提前 预订 系统 流畅
挺沉 操作 大屏 两天 学习 希望 卡顿 耳机 好像 充电 尴尬
喜欢 太强 稍贵 一把
不错 快点 快点 快点 打开 快递 南非 科学 打开
手机 不错 抢到 颜色 符合 心意
屏 窄 外观 不错 试用 麒麟 980 咋样
是从 苹果 x 用户 转过 华为 带给 太大 惊喜 早早 交 定金 昨天 完 发布会 秒 耽误 付款 先说 说 感觉 开机 第一眼
第一批 支持 华为 手机 手感
第一 时间 爵士 call mate20 pro 阵营 转 华为 最佳 选择 n 物流 产能 给力 付款 19 小时 拿到 机器 想 小米 时 发
手感 超级 爱不释手 试了试 逆光 算法 肯定 优化 很赞 水果 手机 上万 华为 性价比 很赞
好评
手机 不错 设计 好看 性能 值得 购买
物流 昨晚 付 尾款 送到 手机 漂亮 屏幕 细腻 自拍 自动 美颜 夸张 后置 摄像头 牛好 高清 可惜 没送 贴膜
配送 超快 中午 下单 晚上 体验 整体 感觉 不错 拍照 效果 尤佳 9.0 系统 更好 智能 感 性价比 高 推荐 购买
照片 拍 老牛 昨天 收到 手机 刚学 拍照 几天 提高
手机 一大早 收到
国产 安卓 旗舰机 当之无愧 拍照 真的 厉害 值得 拥有
华为 一如既往 支持 国产
刚刚 收到 货   京东 快递 真的   拆箱   信 华为 错
第一 时间 拿到 很快 开心
不错 不错 mate9 流畅 特别 想换
太赞 没话说 支持 华为
拿到 手 感觉
说 说 期待 真的 精致 男朋友 总想 8p 换 疯狂 暗示 幸好 不为所动 这是 真的 第一次 买 华为
```

图 6-36　分词效果

6.6.4　数据分析

（1）TF-IDF 分析

如果某个词比较少见，但是它在某篇文章中多次出现，那么它很可能就反映了这篇文章的特性，它就更有可能揭示这篇文字的话题所在。词频–逆文档频率（term frequency-inverse document frequency，TF-IDF）是一种常见的有效词语权值测度方法，词频为某词在某篇文档中的频次，某词的文档频率是指包含该词的文档在总文档中所占的比率，而某词的逆文档频率，则是文档频率的倒数再取对数。若以 $m(i)$ 表示 m 篇文档中包含词语的文档数，则词语 i 的逆文档频率可表示为

$$IDF_i = \log \frac{m}{m(i)} \tag{6-2}$$

将词频与逆文档频率相结合，就可以得到 TF-IDF 值：

$$TFIDF(d_j, t_k) = TF(d_j, t_k) \times \log \frac{m}{m(k)} \tag{6-3}$$

为方便计算，将 TF-IDF 值进行归一化操作，使得 $w_{j1}^2 + w_{j2}^2 + \cdots + w_{jn}^2 = 1$，即

$$w_{jk} = \frac{TFIDF(d_j, t_k)}{\sqrt{\sum_{s=1}^{n} TFIDF(d_j, t_s)^2}} \tag{6-4}$$

本例中对爬取的商品评价分词后的结果进行 TF-IDF 特征提取，提取出评论中的关键字使评论更加直观。本例使用 sklearn 机器学习库中的 tfidf 转换器直接实现权重计算，如图 6-37 所示。

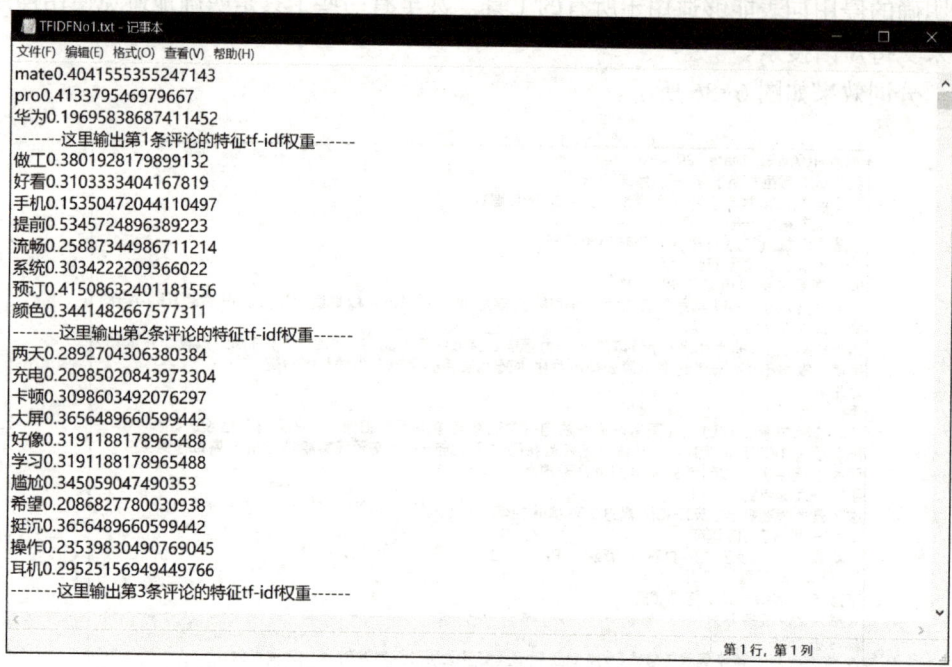

图 6-37　TF-IDF 关键词权重展示

代码如下。

```
from sklearn.feature_extraction.text import TfidfTransformer
from sklearn.feature_extraction.text import CountVectorizer
corpus=[]
filename="C:\\Users\\jkjhhgg\\Desktop\\Python\\手机评价分词No1.txt"
f=open(filename, "r",encoding='utf-8')
result=list()
for line in f.readlines():
    corpus.append(line)
vectorizer=CountVectorizer()
transformer=TfidfTransformer()
tfidf=transformer.fit_transform(vectorizer.fit_transform(corpus))
word=vectorizer.get_feature_names()
weight=tfidf.toarray()
with open("C:\\Users\\jkjhhgg\\Desktop\\Python\\TFIDFNo1.txt", "w",
```

```
            encoding='utf-8') as fw:
    for i in range(len(weight)):
        context="------- 这里输出第 "+str(i)+u" 条评论的特征 TF-IDF 权重 ------"
        fw.write(context)
        fw.write("\n")
        for j in range(len(word)):
            if(weight[i][j]>0):
                fw.write(word[j])
                fw.write(str(weight[i][j]))
                fw.write("\n")
```

（2）词云制作

词云图是展示对象特征的一种直观数据展现形式。词云图制作原理是根据所选文档中每个词的词频来设置字体的大小，文档中众多词按不同的大小一起组合起来，拼成特定的形状就变成了词云图。

根据爬取的淘宝网评论，进行分词后，使用词云库中的 WordCloud 方法进行词云绘制配置，主要配置字体路径、背景颜色、背景形状图片、最大字体大小，使用 imread 方法读取图片形状，使用 matplotlib 库进行画图。注意背景形状图片和字体都需要自行准备，比如本例中使用的背景形状图片是华为的 logo，结果词云图形状如图 6-38 所示。

图 6-38　评论词云图

具体代码如下。

```python
from wordcloud import WordCloud
import matplotlib.pyplot as plt
from scipy.misc import imread
text="".join(word_list)
plt.figure(figsize=(30,10))
pic=imread("huawei.png")
w_c=WordCloud(font_path="MFShangHei_Noncommercial-Regular.otf",
              background_color="white",
              mask=pic,max_font_size=40,margin=1)
w_c.generate(text)
plt.imshow(w_c,interpolation='bilinear')
plt.axis("off")
plt.show()
```

（3）数据可视化

观察时间与交易数量的关系，可以通过数据可视化进行更为有效的展示，如图6-39所示。

```
2018-10-10 17:03:58
2018-09-06 19:36:41
2018-10-16 00:02:49
2018-09-10 07:17:04
2018-09-28 10:08:18
2018-10-10 05:42:13
2018-10-01 22:40:25
2018-10-21 10:07:52
2018-09-18 20:29:45
2018-10-22 21:20:19
2018-09-27 10:01:47
```

图6-39　与评论一起爬取的时间

代码如下。

```python
import matplotlib.pyplot as plt
from collections import Counter
import matplotlib.dates as mdate
import pandas as pd
import numpy as np
date_list=[]
with open("C:\\Users\\jkjhhgg\\Desktop\\Python\\下单时间No1.txt","r",
          encoding='utf-8') as f:
```

```
    for line in f.readlines():
        date_list.append(line[0:10])
    cnt=Counter()
    for date in date_list:
        if(date!=""):
            cnt[date]+=1
    date=np.array(cnt.most_common())
    print(date)
    date_time=pd.to_datetime(date[:,0])
    fig,ax=plt.subplots()
    ax.plot_date(date_time,date[:,1],fmt='g--')
    fig.autofmt_xdate()
    plt.grid(True)
plt.show()
```

基于线性回归的手机销量预测思路是假设销量与日期有一定的关系,再截取一部分上面获取的数据,使用线性回归来确认销量与日期之间的具体关系,如图 6-40 所示。

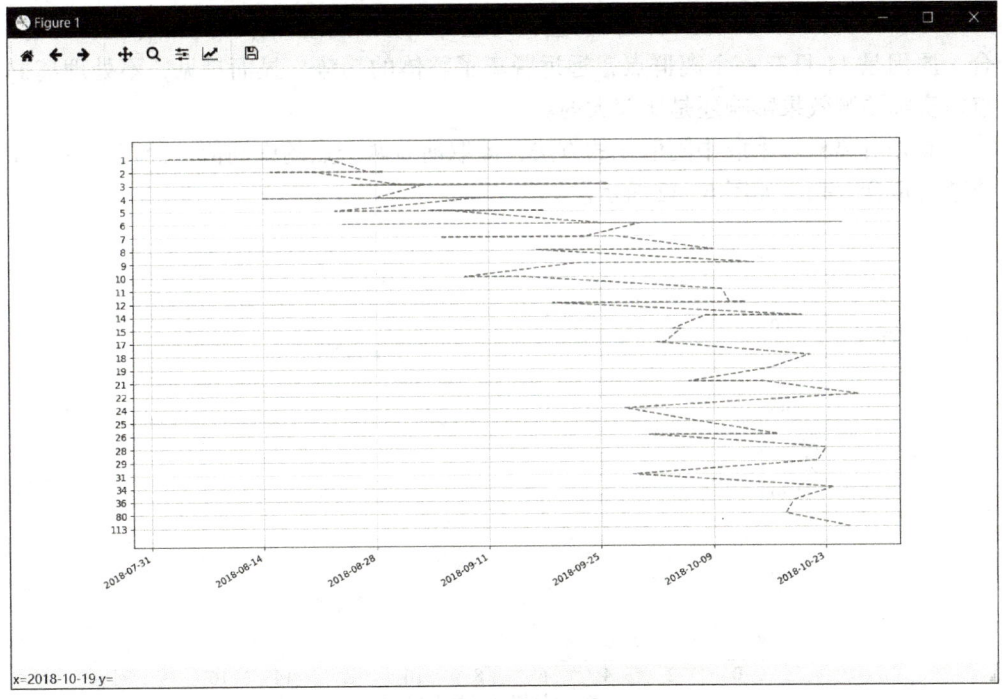

图 6-40　下单日期与成交数量关系图

一般的线性回归指的是简单线性回归或称一元线性回归，本例中也是如此。线性回归的主要目标是寻找一条直线 $\beta_0+\beta_1 x=y$，要求这条直线能够尽可能多地经过数据集中的点，或者说，离数据集中的点的距离总和要最小，这条直线就用来刻画两个变量之间的具体关系，来达到预测的效果。线性回归一般使用最小二乘法求解。通过代入上面的数据，求得回归直线，结果如图 6-41 所示。

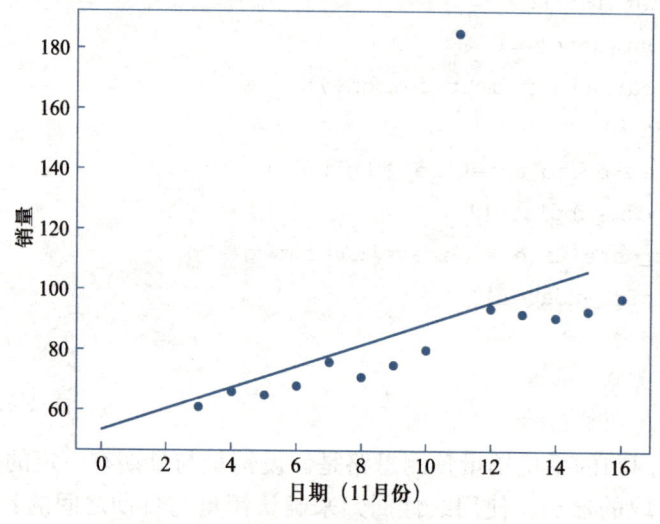

图 6-41　销量与日期线性回归直线 1

分析计算出的回归直线，发现直线与整体的数据集点偏离并且偏向上，欠拟合。原因是 11 日有一个离群点，远远脱离了整体的趋势，显而易见，不处理离群点对实际预测效果影响还是比较大的。

此处对离群点采取中间值化的方法，即取前后两个点的中间值，处理完后再计算查看拟合效果，如图 6-42 所示。

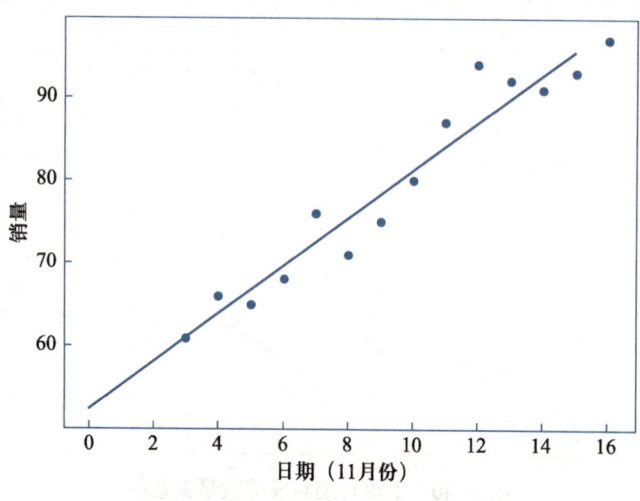

图 6-42　销量与日期回归直线 2

6.6 具体案例分析

对离群点进行处理之后发现效果明显好了很多，代码如下。

```
test_data=np.loadtxt("C:\\Users\\jkjhhgg\\Desktop\\Python\\销量和日期
                     No1.txt")
x=test_data[:,0]
y=test_data[:,1]
x=x.reshape(len(x),1)
y=y.reshape(len(y),1)
one_m=np.ones((len(x),1))
x=np.concatenate((one_m,x),axis=1)
x_t=np.transpose(x)
A=np.linalg.inv(np.dot(x_t,x))
b=np.dot(np.dot(A,x_t),y)
test_x=np.arange(0,15,0.01)
test_y=b[0,0]+b[1,0]*test_x
x=test_data[:,0]
y=test_data[:,1]
fig,ax=plt.subplots()
ax.plot(test_x,test_y)
plt.scatter(x,y)
plt.xlabel("日期（11月份）",fontproperties="SimHei")
plt.ylabel("销量",fontproperties="SimHei")
plt.show()
```

注：此处用matplotlib画图时，使用fontproperties参数设置了字体为黑体，如果不设置字体，则会出现乱码的情况。

使用sklearn库可以轻松实现线性回归，代码如下。

```
from sklearn import linear_model
import numpy as np
clf=linear_model.LinearRegression()
test_data=np.loadtxt("C:\\Users\\jkjhhgg\\Desktop\\Python\\销量和日期
                     No1.txt")
x=test_data[:,0]
y=test_data[:,1]
x=x.reshape(-1,1)
y=y.reshape(-1,1)
clf.fit(x,y)
```

```
print(" 回归系数 \n")
print((clf.coef_))
print("11 月 18 日的销量预测为 \n")
print(clf.predict(18))
```

clf.coef 表示的是回归系数子上文中的 β，predict（18）表示预测 11 月 18 日的销量，注意当数据为单属性时，需要使用 reshape(-1, 1) 统一成一列的形式，sklearn 库才好识别数据。

（4）基于 KNN 的手机性价比分析

首先确定分类为如图 6-43 所示 4 类，然后采集一些样例确定性价比作为训练集，最后使用 KNN 算法进行分类确定性价比。

A	B	C	D
性价比很高	性价比一般	性价比较低	无性价比

图 6-43　手机性价比分类图

邻近算法，或者 K 近邻（K-nearest neighbor，KNN）分类算法是数据挖掘分类技术中最简单的方法之一。所谓 K 近邻，就是 K 个最近的邻居的意思，说的是每个样本都可以用它最接近的 K 个邻居来代表。

KNN 算法的核心思想是如果一个样本在特征空间中的 k 个最相邻的样本中的大多数属于某一个类别，则该样本也属于这个类别，并具有这个类别上样本的特性。该方法在确定分类决策上只依据最邻近的一个或者几个样本的类别来决定待分样本所属的类别。KNN 方法在类别决策时，只与极少量的相邻样本有关。由于 KNN 方法主要靠周围有限的邻近的样本，而不是靠判别类域的方法来确定所属类别的，因此对于类域的交叉或重叠较多的待分样本集来说，KNN 方法较其他方法更为适合。

该算法思想就是在训练集中数据和标签已知的情况下，输入测试数据，将测试数据的特征与训练集中对应的特征进行相互比较，找到训练集中与之最为相似的前 K 个数据，则该测试数据对应的类别就是 K 个数据中出现次数最多的那个分类，其算法的描述如下。

① 计算测试数据与各个训练数据之间的距离。
② 按照距离的递增关系进行排序。
③ 选取距离最小的 K 个点。
④ 确定前 K 个点所在类别的出现频率。
⑤ 返回前 K 个点中出现频率最高的类别作为测试数据的预测分类。

代码如下。

```python
from numpy import*
import operator
from os import listdir
import csv
def classify0(inX, dataSet, labels, k):
    dataSetSize=dataSet.shape[0]
    diffMat=tile(inX, (dataSetSize,1))-dataSet
    sqDiffMat=diffMat**2
    sqDistances=sqDiffMat.sum(axis=1)
    distances=sqDistances**0.5
    sortedDistIndicies=distances.argsort()
    classCount={}
    for i in range(k):
        voteIlabel=labels[sortedDistIndicies[i]]
        classCount[voteIlabel]=classCount.get(voteIlabel,0) + 1
    sortedClassCount=sorted(classCount.iteritems(), key=operator.
                    itemgetter(1), reverse=True)
    return sortedClassCount[0][0]
def createDataSet():
    with open('shuju.csv') as f:
        f_csv=csv.reader(f)
        rows=[row for row in f_csv]
        for i in range(len(rows)):
            del rows[i][0]
        group=array(rows)
    labels=['A','A','B','B']
    return group, labels
def file2matrix(filename):
    fr=open(filename)
numberOfLines=len(fr.readlines())
returnMat=zeros((numberOfLines,3))
classLabelVector=[]
    fr=open(filename)
    index=0
    for line in fr.readlines():
        line=line.strip()
        listFromLine=line.split('\t')
```

```python
            returnMat[index,:]=listFromLine[0:3]
            classLabelVector.append(int(listFromLine[-1]))
            index += 1
    return returnMat, classLabelVector
def autoNorm(dataSet):
    minVals=dataSet.min(0)
    maxVals=dataSet.max(0)
    ranges=maxVals-minVals
    normDataSet=zeros(shape(dataSet))
    m=dataSet.shape[0]
    normDataSet=dataSet-tile(minVals, (m,1))
    normDataSet=normDataSet/tile(ranges, (m,1))
    return normDataSet, ranges, minVals
def datingClassTest():
    hoRatio=0.50                 # hold out 10%
    datingDataMat,datingLabels=file2matrix('datingTestSet2.txt')
                                 # load data setfrom file
    normMat, ranges, minVals=autoNorm(datingDataMat)
    m=normMat.shape[0]
    numTestVecs=int(m*hoRatio)
    errorCount=0.0
    for i in range(numTestVecs):
        classifierResult=classify0(normMat[i,:],normMat[numTestVecs:m,:],
                                   datingLabels[numTestVecs:m],3)
        print ("the classifier came back with: %d, the real answer is: %d
            " % (classifierResult, datingLabels[i]))
        if (classifierResult != datingLabels[i]): errorCount += 1.0
    print("the total error rate is: %f" % (errorCount/float(numTestVecs)))
print(errorCount)
def img2vector(filename):
    returnVect=zeros((1,1024))
    fr=open(filename)
    for i in range(32):
        lineStr=fr.readline()
        for j in range(32):
            returnVect[0,32*i+j]=int(lineStr[j])
    return returnVect
```

```python
def handwritingClassTest():
    hwLabels=[]
    trainingFileList=listdir('trainingDigits')
    m=len(trainingFileList)
    trainingMat=zeros((m,1024))
    for i in range(m):
        fileNameStr=trainingFileList[i]
        fileStr=fileNameStr.split('.')[0]
        classNumStr=int(fileStr.split('_')[0])
        hwLabels.append(classNumStr)
        trainingMat[i,:]=img2vector('trainingDigits/%s' % fileNameStr)
    testFileList=listdir('testDigits')
    errorCount=0.0
    mTest=len(testFileList)
    for i in range(mTest):
        fileNameStr=testFileList[i]
        fileStr=fileNameStr.split('.')[0]
        classNumStr=int(fileStr.split('_')[0])
        vectorUnderTest=img2vector('testDigits/%s' % fileNameStr)
        classifierResult=classify0(vectorUnderTest, trainingMat, hwLabels, 3)
        print ("the classifier came back with: %d, the real answer is: %d
              " % (classifierResult, classNumStr))
        if (classifierResult != classNumStr): errorCount += 1.0
    print ("\nthe total number of errors is: %d" % errorCount)
    print ("\nthe total error rate is: %f"%(errorCount/float(mTest)))
```

最后采用测试集测试, 效果如图 6-44 所示。

手机名称	价格	销量	性价比
华为HUAWEI Mate 20 麒麟980AI智能芯片全面屏超微距	4499	400	D
华为HUAWEI Mate 20 X 麒麟980芯片全面屏超微距影像	4999	100	D
华为HUAWEI 畅享9 Plus 4GB+64GB 幻夜黑 全网通 四摄	1499	3200	A
华为HUAWEI 畅享MAX 4GB+64GB 幻夜黑 全网通版 珍	1699	1000	B
荣耀9i 4GB+64GB 幻夜黑 移动联通电信4G全面屏手机	1299	800000	A
荣耀8X 千元屏霸 91%屏占比 2000万AI双摄 4GB+64GB	1399	340000	A
华为HUAWEI 畅享7S 全面屏双摄 4GB +64GB 黑色 移动	1279	200000	A
荣耀 V10 高配版 6GB+64GB 幻夜黑 移动联通电信4G全	2099	800000	C
华为HUAWEI P20 AI智慧徕卡双摄全面屏游戏手机6GB+	3388	430000	C
荣耀畅玩7C 全面屏手机全网通标配版 3GB+32GB 铂光	899	660000	A
华为麦芒5 全网通 4GB+64GB版 香槟金 移动联通电信4	1099	180000	A
荣耀10 GT游戏加速 AIS手持夜景 6GB+64GB 幻影蓝全	2299	720000	B
华为HUAWEI nova3全面屏高清四摄游戏手机6GB+128	2799	130000	C
荣耀 畅玩7 2GB+16GB 金色 全网通4G手机双卡双待限	599	230000	A
华为HUAWEI nova 3e 全面屏2400万前置摄像 4GB +64	1659	260000	C
华为HUAWEI P20 Pro 全面屏徕卡三摄游戏手机6GB+12	4988	270000	D
华为HUAWEI 畅享8e 青春版 2GB+32GB全面屏 金色 全	799	93000	A
华为畅享8 Plus 高清四摄大电池 4G+64G 金色 全网通版	1499	170000	B

图 6-44 KNN 算法测试效果

使用 sklearn 来实现，代码如下。

```python
from sklearn.neighbors import KNeighborsClassifier
import numpy as np
import pandas as pd
data=pd.read_csv('C:\\Users\\jkjhhgg\\Desktop\\shuju4.csv',encoding='ANSI')
train_data=data.values
train_data=train_data[:100,[2,3,4]]
x_train=train_data[:90,[0,1]]
y_train=train_data[:90,[2]]
y_train=y_train.reshape(-1,1)
x_test=train_data[-10:,[0,1]]
y_test=train_data[-10:,[2]]
y_test=y_test.reshape(-1,1)
knn=KNeighborsClassifier()
knn.fit(x_train,y_train)
y_predict=knn.predict(x_test)
print(y_predict)
print("\n")
print(y_test)
```

（5）商品评论情感分析

情感分析主要就是分析文字表达的情感是积极情绪还是消极情绪，这里的文字可以是一个词、一句话或一段话。实现情感分析的方法有很多，简单一点的比如利用情感词典进行词性 PN 标注，再使用分类算法或者加权计分的方式进行情感分析，复杂一点的比如当下流行的深度学习、神经网络等。本例主要运用情感词典标注加权计分的方式进行情感分析。

通过下面一句话来对此做个简单说明。

"这手机的画面极好，操作也比较流畅。不过拍照真的太烂了！系统也不好。"

要分析一句话是积极还是消极，最简单、最基础的方法就是找出句子里面的情感词，积极的情感词比如赞、好、顺手、华丽等，消极情感词比如差、烂、坏等。

比较简单的整体情感判断方法可以考虑出现一个积极词就 +1，出现一个消极词就 −1。这句话里面就有"好""流畅"两个积极情感词，"烂"一个消极情感词。那它的情感分值就是 1+1−1+1=2。很明显这个分值不合理，下面介绍进一步的修改方法。

"好""流畅"和"烂"前面都有一个程度修饰词。"极好"就比"较好"或者"好"的情感更强，"太烂"也比"有点烂"情感强得多。所以需要在找到情感词后往前找一下有没有程度修饰，并给不同的程度一个权值。比如"极""无比""太"就可以把情感分值乘以 4，"较""还算"就可以把情感分值乘以 2，

"只算""仅仅"就可以把情感分值乘以 0.5,因此这句话的整体情感分值就是 $4×1+1×2-1×4+1=3$。

进一步还考虑标点符号的作用。可以发现太烂了后面有感叹号,叹号意味着情感强烈,因此发现叹号可以为情感值 +2,那么这句话的情感分值就变成 $4×1+1×2-1×4-2+1=1$。

另外,对于一些词语还需结合上下文来进一步判断它的真实情感。如最后面那个"好"并不是表示"好",因为前面还有一个"不"字。所以在找到情感词时,需要往前找否定词,比如"不""不能"这些词,而且还要数这些否定词出现的次数,如果是单数,情感分值就 ×(-1),但如果是偶数,那么情感就没有反转,还是 ×1。在这句话里面,可以看出"好"前面只有一个"不",所以"好"的情感值应该反转,即 ×(-1)。因此这句话的准确情感分值是 $4×1+1×2-1×4-2+1×(-1)=-1$。

同时还很明显看出,这句话里面有褒有贬,不能用一个分值来表示它的情感倾向,而且这个权值的设置也会影响最终的情感分值,敏感度较高。因此对这句话最终的正确的处理应该是得出这句话的一个积极分值和一个消极分值(这样消极分值也是正数而无须使用负数)。它们同时代表了这句话的情感倾向,所以这句评论应该是"积极分值:6,消极分值:7"。

再进一步分析,一条评论的情感分值是由不同的分句加起来的,因此要得到一条评论的情感分值,就要先计算出评论中每个句子的情感分值。这条示例评论有 4 个分句,因此其结构如下([积极分值,消极分值]):[[4,0],[2,0],[0,6],[0,1]]。

以上就是使用情感词典来进行情感分析的主要流程,算法的设计也会按照这个思路来实现。基本过程如下。

① 读取评论数据,对评论进行分句。
② 查找对分句的情感词,记录积极还是消极以及位置。
③ 情感词前查找程度词,找到就停止搜寻。为程度词设权值,乘以情感值。
④ 往情感词前查找否定词,找完全部否定词,若数量为奇数,乘以 -1,若为偶数,乘以 1。
⑤ 判断分句结尾是否有感叹号,有叹号则往前寻找情感词,有则相应的情感值 +2。
⑥ 计算完一条评论所有分句的情感值,用数组记录起来。
⑦ 计算并记录所有评论的情感值。
⑧ 通过分句计算每条评论的积极情感均值、消极情感均值、积极情感方差、消极情感方差。

测试评论数据和结果展示如下。

积极评论:手感超级好,爱不释手,试了试逆光,算法肯定得到了优化,很赞,苹果手机上万,华为的性价比就突出出来了,总之,很赞。

[105.0, 0.0, 3.0, 0.0, 2.2, 0.0]

消极评论:手机暂且不说,但是京东自营店发给我的手机居然是二手货,现在在换货,而且要求京东客服必须给个说法。

[0, 23, 0.0, 0.9, 0.0, 0.8]

最终结果是一个一行 6 列的矩阵，矩阵内数据依次表示积极情感总分、消极情感总分、积极情感平均分、消极情感平均分、积极情感方差、消极情感方差。根据这一组数据可以直观评判是消极评论还是积极评论。

代码如下。

```python
import jieba
import numpy as np
# 打开词典文件，返回列表
def open_dict(Dict='hahah',path=r'C:\Users\jkjhhgg\Desktop\Python\Textming\Textming\\'):
    path=path + '%s.txt' %Dict
    dictionary=open(path, 'r', encoding='utf-8')
    dict=[]
    for word in dictionary:
        word=word.strip('\n')
        dict.append(word)
return dict
def judgeodd(num):
    if num % 2 == 0:
        return 'even'
    else:
        return 'odd'
deny_word=open_dict(Dict='否定词')
posdict=open_dict(Dict='positive')
negdict=open_dict(Dict='negative')

degree_word=open_dict(Dict='程度级别词语',path=r'C:\Users\jkjhhgg\Desktop\Python\Textming\Textming\\')
mostdict=degree_word[degree_word.index('extreme')+1: degree_word.
         index('very')]            # 权重 4，即在情感前乘以 3
verydict=degree_word[degree_word.index('very')+1: degree_word.
         index('more')]            # 权重 3
moredict=degree_word[degree_word.index('more')+1: degree_word.
         index('ish')]             # 权重 2
ishdict=degree_word[degree_word.index('ish')+1: degree_word.
        index('last')]             # 权重 0.5
def sentiment_score_list(dataset):
```

```python
seg_sentence=dataset.split('。')

count1=[]
count2=[]
for sen in seg_sentence:            # 循环遍历每一个评论
    segtmp=jieba.lcut(sen,cut_all=False)
    # 把句子进行分词，以列表的形式返回
    i=0                             # 记录扫描到的词的位置
    a=0                             # 记录情感词的位置
    poscount=0                      # 积极词的第一次分值
    poscount2=0                     # 积极词反转后的分值
    poscount3=0                     # 积极词的最后分值（包括叹号的分值）
    negcount=0
    negcount2=0
    negcount3=0
    for word in segtmp:
        if word in posdict:         # 判断词语是否是情感词
            poscount +=1
            c=0
            for w in segtmp[a:i]:   # 扫描情感词前的程度词
                if w in mostdict:
                    poscount *= 4.0
                elif w in verydict:
                    poscount*=3.0
                elif w in moredict:
                    poscount*=2.0
                elif w in ishdict:
                    poscount*=0.5
                elif w in deny_word:c+=1
            if judgeodd(c)=='odd':  # 扫描情感词前的否定词数
                poscount*=-1.0
                poscount2+=poscount
                poscount=0
                poscount3=poscount+poscount2+poscount3
                poscount2=0
            else:
                poscount3=poscount+poscount2+poscount3
```

```python
            poscount=0
        a=i+1
    elif word in negdict:              # 消极情感的分析，与上面一致
        negcount+=1
        d=0
        for w in segtmp[a:i]:
            if w in mostdict:
                negcount*=4.0
            elif w in verydict:
                negcount*=3.0
            elif w in moredict:
                negcount*=2.0
            elif w in ishdict:
                negcount*=0.5
            elif w in degree_word:
                d+=1
        if judgeodd(d)=='odd':
            negcount*=-1.0
            negcount2+=negcount
            negcount=0
            negcount3=negcount+negcount2+negcount3
            negcount2=0
        else:
            negcount3=negcount+negcount2+negcount3
            negcount=0
        a=i+1
    elif word=='！' or word=='!':      # 判断句子是否有感叹号
        for w2 in segtmp[::-1]:
            # 扫描感叹号前的情感词，发现后权值+2，然后退出循环
            if w2 in posdict or negdict:
                poscount3+=2
                negcount3+=2
                break
    i+=1

# 以下是防止出现负数的情况
pos_count=0
```

```
            neg_count=0
            if poscount3 <0 and negcount3 > 0:
                neg_count += negcount3 - poscount3
                pos_count=0
            elif negcount3<0 and poscount3>0:
                pos_count=poscount3-negcount3
                neg_count=0
            elif poscount3<0 and negcount3<0:
                neg_count=-pos_count
                pos_count=-neg_count
            else:
                pos_count=poscount3
                neg_count=negcount3
            count1.append([pos_count,neg_count])
        count2.append(count1)
        count1=[]
return count2
def sentiment_score(senti_score_list):
    score=[]
    for review in senti_score_list:
        score_array=np.array(review)
        Pos=np.sum(score_array[:,0])
        Neg=np.sum(score_array[:,1])
        AvgPos=np.mean(score_array[:,0])
        AvgPos=float('%.1f' % AvgPos)
        AvgNeg=np.mean(score_array[:, 1])
        AvgNeg=float('%.1f' % AvgNeg)
        StdPos=np.std(score_array[:, 0])
        StdPos=float('%.1f' % StdPos)
        StdNeg=np.std(score_array[:, 1])
        StdNeg=float('%.1f' % StdNeg)
        score.append([Pos, Neg, AvgPos, AvgNeg, StdPos, StdNeg])
return score

data1='手机暂且不说，但是京东自营店发给我的手机居然是二手货，现在在换货，而且要求京东客服必须给个说法'
```

```
data2='手感超级好，爱不释手，试了试逆光，算法肯定得到了优化，很赞，苹果
手机上万，华为的性价比就突出出来了，总之，很赞'
print(sentiment_score(sentiment_score_list(data1)))
print(sentiment_score(sentiment_score_list(data2)))
```

还可以使用 snownlp 轻松实现情感分析。测试评论数据和结果展示如下。

积极评论：手感超级好，爱不释手，试了试逆光，算法肯定得到了优化，很赞，水果手机上万，华为的性价比就突出出来了，总之，很赞。

0.9999972657379956

消极评论：手机暂且不说，但是京东自营店发给我的手机居然是二手货，现在在换货，而且要求京东客服必须给个说法。

9.454210723625067e-06

情感分析结果是一个 0~1 之间的数，越靠近 1 情感越积极。

代码如下。

```
from snownlp import SnowNLP
data1='手机暂且不说，但是京东自营店发给我的手机居然是二手货，现在在换
货，而且要求京东客服必须给个说法'
data2='手感超级好，爱不释手，试了试逆光，算法肯定得到了优化，很赞，苹果
手机上万，华为的性价比就突出出来了，总之，很赞'
sentiment1=SnowNLP(data1)
sentiment2=SnowNLP(data2)
print(sentiment1.sentiments)
print(sentiment2.sentiments)
```

参考文献

[1] Famili A, Shen W M, Weber R, et al. Data preprocessing and intelligent data analysis [J]. Intelligent Data Analysis, 1997, 1(1): 3-23.

[2] Abbas A, Zhang L, Khan S U. A survey on context-aware recommender systems based on computational intelligence techniques [J]. Computing, 2015, 97(7): 667-690.

[3] B Pinkerton, E Lazowska, J Zahorjan. Webcrawler: Finding What People Want [D]. University of Washington, 2001.

[4] B Thorat P, M Goudar R, Barve S. Survey on collaborative filtering, content-based filtering and hybrid recommendation system [J]. International Journal of Computer Applications, 2015, 110(4): 31-36.

[5] Caldeira E, Brandao G, Pereira A C M. Fraud analysis and prevention in e-commerce transactions [C]. Latin American Web Congress. IEEE Computer Society, 2014: 42-49.

[6] Champiri Z D, Shahamiri S R, Salim S S B. A systematic review of scholar context-aware recommender systems [J]. Expert Systems with Applications, 2015, 42(3): 1743-1758.

[7] Crawford M, Khoshgoftaar T M, Prusa J D, et al. Survey of review spam detection using machine learning techniques [J]. Journal of Big Data, 2015, 2(1): 23.

[8] David R A, Dennis J S, Thomas A W. Statistics for business and economics [M]. USA Mason: South-Western, Cengage Learning, 2011.

[9] Deng K, Zhang R, Zhang D, et al. Analysis and study on detection of credit fraud in e-commerce [C]. International Conference on Future Computer Sciences and Application (icfcsa), 2011: 12-15.

[10] Dijana Oreški, Božidar Kliček. Review of recommender systems [J]. International Journal of Advanced Research in Computers & Communication Engineering, 2015.

[11] Edward T A, Bogdan G, Amanda S. Customer profile classification using transactional data [J]. Nature & Biologically Inspired Computing, 2011: 37-43.

[12] F Ahmadi-Abkenari. An architecture for a focused trend parallel web crawler with the application of clickstream analysis [J]. Information Sciences, 2012, 184(1): 266-281.

[13] Fang L J, Kim H, LeFevre K, et al. A Privacy recommendation wizard for users of social networking sites [J]. Proceedings of the 17th ACM conference on Computer and Communications Security, 2010, Chicago, New York: ACM New York, 2010: 630-632.

[14] Wang G, Xie S, Liu B, et al. Review graph based online store review spammer detection [C]// Proceedings of the 2011 IEEE 11th International Conference on Data Mining, 2011: 1242-1247.

[15] Gandhi S R, Gheewala J. A survey on recommendation system with collaborative filtering using big data [C]//International Conference on Innovative Mechanisms for Industry Applications. IEEE, 2017: 457-460.

[16] Gareth James, Daniela Witten, Trevor Hastie, et al. An introduction to statistical learning with applications in R [M]. Springer New York Heidelberg Dordrecht London, 2017.

[17] Gediminas Adomavicius, Alexander Tuzhilin. Context-aware recommender systems [J]. Ai Magazine, 2011, 32(3): 335-336.

[18] Geng G, Wang C, Li Q. Improving web spam detection with re-extracted features [C]. International Conference on World Wide Web, WWW 2008, Beijing, China. DBLP, 2008: 1119-1120.

[19] Herlocker J, Konstan J, Terveen L, et al. Evaluating collaborative filtering recommender systems. ACM Transactions on Information Systems (TOIS), 2004, 22(1): 5-53.

[20] IH Ting, L Clark, C Kimble, D Kudenko, P Wright. APD-a tool for identifying behavioural patterns automatically from clickstream data [J]. Springer-Verlag Berlin Heidelberg, 2007, 4693(2): 66-73.

[21] J Yan, B Zhang, N Liu, S Yan, Q Cheng. Effective and efficient dimensionality reduction for large-scale and streaming data preprocessing [J]. IEEE Transactions on Knowledge & Data Engineering, 2006, 18(3): 320-333.

[22] Jannach D, Zanker M, Felfernig A, et al. Recommender systems: an introduction [M]. Cambridge University Press, 2010.

[23] Ji C, Kang D K. Detecting the spam review using tri-training [C]. International Conference on Advanced Communication Technology. IEEE, 2015: 374-377.

[24] Joao Pedro Diasa, Hugo Sereno Ferreirab. Automating the extraction of static content and dynamic behaviour from e-commerce websites [J]. International Conference on Ambient Systems, Networks and Technologies, 2017: 297-304.

[25] Kim J, Hwang S T. A study of conceptual recommender system for big data platform [C] // International Conference on Database Theory and Application. IEEE, 2016: 22-25.

[26] Kohavi, Ron & Martini Software, Blue. (2001). Mining e-commerce data: the good, the bad, and the ugly. 10.1145/502512.502518.

[27] Kutty S, Chen L, Nayak R. A people-to-people recommendation system using tensor space models [C] //ACM Symposium on Applied Computing. ACM, 2012: 187-192.

[28] Lerato M, Esan O A, Ebunoluwa A D, et al. A survey of recommender system feedback techniques, comparison and evaluation metrics [C] //International Conference on Computing, Communication and Security. IEEE, 2016: 1-4.

[29] Li F, Huang M, Yang Y, et al. Learning to identify review spam [C]. International Joint Conference on Artificial Intelligence. AAAI Press, 2011:2488-2493.

[30] Liu Q I, Haiping M A, Chen E, et al. A survey of context-aware mobile recommendations [J]. International Journal of Information Technology & Decision Making, 2013, 12(01): 139-172.

[31] M Abukausar, V S Dhaka, S Kumar Singh. Web crawler: a review [J]. International Journal of Computer Applications, 2013, 63(2): 31-36.

[32] Mukherjee A, Kumar A, Liu B, Wang J, Hsu M, Castellanos M,Ghosh R. Spotting opinion spammers using behavioral footprints. The 19th ACM SIGKDD International Conference on

Knowledge Discovery and Data Mining (KDD), 2013, 632−640.

[33] Najada H A, Zhu X. iSRD: spam review detection with imbalanced data distributions [C]. IEEE, International Conference on Information Reuse and Integration. IEEE, 2015: 553−560.

[34] Orit Raphaeli, Anat Goldstein, Lior Fink. Analyzing online consumer behavior in mobile and PC devices: A novel web usage mining approach [J]. Electronic Commerce Research and Applications, 2017, 26(1): 1−12.

[35] P Gupta, K Johari. Implementation of web crawler [J]. 2009 Second International Conference on Emerging Trends in Engineering & Technology, 2009: 838−843.

[36] P A Chirita, W Nejdl, C Zamfir. Preventing shilling attacks in online recommender systems [C]. Proceedings of ACM Int. Workshop on Web Information and Data Management, 2005, 67−74.

[37] Pasquale Lops, Marco de Gemmis, Giovanni Semeraro. Content-based recommender systems: state of the art and trends [J]. Recommender Systems Handbook, 2011:73−105.

[38] R Agrawal, A Somani, Y Xu. Storage and querying of e-commerce data [J]. International Conference on Very Large Data Bases, 2001: 149−158.

[39] R Kohavi, L Mason, R Parekh, Z Zheng. Lessons and challenges from mining retail e-commerce data [J]. Machine Learning, 2004, 57(1−2): 83−113.

[40] Rai S, Rai S, Rai S. Measures of similarity in memory-based collaborative filtering recommender system: a comparison [C] //Multidisciplinary International Social Networks Conference. ACM, 2017: 32.

[41] Rendle S, Marinho L B, Nanopoulos A, et al. Learning optimal ranking with tensor factorization for tag recommendation [C] //ACM SIGKDD International Conference on Knowledge Discovery and Data Mining, Paris, France. DBLP, 2009: 727−736.

[42] Ryan Mitchell. Python 网络数据采集 [M]. 北京：人民邮电出版社，2016.

[43] Sun J, Qu H, Chakrabarti D, Faloutsos C. Neighborhood formation and anomaly detection in bipartite graphs [J]. The 5th International Conference on Data Mining (ICDM), 2005, 418−425.

[44] V Prybutok. An introduction to statistical methods and data analysis [J]. Technometrics, 2001, 31(3): 389−390.

[45] Wei K, Huang J, Fu S. A survey of e-commerce recommender systems [C] //International Conference on Service Systems and Service Management. IEEE, 2007: 1−5.

[46] Liang W, Wu Z, Cao J. Understanding customer behavior in shopping mall from indoor tracking data [C]. CSCWD, 2018.

[47] Yang Q, Hu X, Cheng Z, et al. Based big data analysis of fraud detection for online transaction orders [C]. //International Conference on Cloud Computing. Springer International Publishing, 2014.

[48] Ye J, Akoglu L. Discovering opinion spammer groups by network footprints [C]. Joint European Conference on Machine Learning and Knowledge Discovery in Databases. Springer International Publishing, 2015: 97−97.

[49] Jiang Y, Yu S. Mining e-commerce data to analyze the target customer behavior [J]. International Workshop on Knowledge Discovery and Data Mining, 2008: 406−409.

[50] 陈潇洋. 电商如何拥抱大数据——以京东、阿里为例 [J]. 当代经济, 2015 (18): 64-65.

[51] 电子商务课题组, 王诚庆, 荆林波, 等. B2C模式电子商务发展的现状与前景分析 [J]. 财贸经济, 2000 (12): 48-53.

[52] 董昕, 邱悦, 王乃加. 社交网络大数据下的电商个性化推荐系统发展动向探析 [J]. 经济师, 2017 (8): 27-29.

[53] 高荣. 基于Scrapy和casperjs的电子商务网站信息采集系统研究 [J]. 数字技术与应用, 2015: 67-68.

[54] 黄海, 张维迎. 中国企业互联网应用与电子商务白皮书 (2000~2001年度) [M]. 北京: 中国经济出版社, 2002.

[55] 李翠平, 蓝梦微, 邹本友, 等. 大数据与推荐系统 [J]. 大数据, 2015, 1 (3): 23-35.

[56] 李东义. 电子商务中的热点新技术 [J]. 东方企业文化, 2010 (3): 29.

[57] 李全喜, 马晓苗. 电子商务模式其及发展趋势研究 [J]. 情报科学, 2005, 23 (8): 1138-1142.

[58] 刘坤怡. 电子商务新模式 [J]. 中国科技博览, 2010 (33): 553-553.

[59] 刘明吉, 王秀峰, 黄亚楼. 数据挖掘中的数据预处理 [J]. 计算机科学, 2000, 27 (4): 54-57.

[60] 刘宜金, 王汝传, 张颖. 虚拟现实技术及其在电子商务中的应用 [J]. 微型机与应用, 2002, 21 (6): 47-50.

[61] 吕博庆. 基于爬虫与数据挖掘的电商页面信息分析 [D]. 兰州大学, 2018.

[62] 吕廷杰, 徐华飞. 中国电子商务发展研究报告 [M]. 北京: 北京邮电大学出版社, 2003.

[63] 卖家. 淘宝大数据 [M]. 北京: 中国友谊出版社, 2014.

[64] 孟令全, 刘志刚, 施伯琰, 等. 美国医药电子商务发展情况及其对我国的启示 [J]. 中国药房, 2006, 17 (7): 551-553.

[65] 莫倩, 杨珂. 网络水军识别研究 [J]. Journal of Software, 2014, 25 (7).

[66] 聂林海. 我国电子商务发展的特点和趋势 [J]. 中国流通经济, 2014 (6): 97-101.

[67] 彭海静. 第三方电子商务大数据分析平台的构建与应用研究 [J]. 电子商务, 2017 (2): 24-25.

[68] 彭拥兵. 电子商务欺诈的特点和防控对策 [J]. 零陵学院学报, 2004 (12): 34-36.

[69] 申作兰. 电子商务物流大数据处理探析 [J]. 电子商务, 2015 (6): 39-40.

[70] 沈旺, 马一鸣, 李贺. 基于情境感知的用户推荐系统研究综述 [J]. 图书情报工作, 2015, 59 (21): 128-138.

[71] 王立才, 孟祥武, 张玉洁. 上下文感知推荐系统 [J]. 软件学报, 2012, 23 (1): 1-20.

[72] 王汝传, 刘宜金. 基于虚拟现实技术新一代电子商务模式研究 [J]. 系统仿真学报, 2001 (s2): 330-332.

[73] 王石林生. "电商欺诈" 行为形成的原因分析与治理 [J]. 西部经济管理论坛, 2016, 27 (04): 79-82.

[74] 王雍. 电子商务的大数据时代 [J]. 成功营销, 2012 (9): 3-3.

[75] 魏倩男, 贺正楚, 陈一鸣. 基于网络爬虫的京东电商平台数据分析 [J]. 经济数学, 2018 (1): 77-85.

[76] 伍之昂,王有权,曹杰. 推荐系统托攻击模型与检测技术[J]. 科学通报,2014,59(07):551-560.

[77] 伍之昂,庄毅,王有权,等. 基于特征选择的推荐系统托攻击检测算法[J]. 电子学报,2012,40(08):1687-1693.

[78] 夏欣. 电子商务潮流下大数据的应用及发展[J]. 决策与信息旬刊,2013(3):15-16.

[79] 项亮. 推荐系统实践[M]. 北京:人民邮电出版社,2012.

[80] 杨定中,赵刚,王泰. 网络爬虫在Web信息搜索与数据挖掘中应用[J]. 计算机工程与设计,2009(24):5658-5662.

[81] 张兰芳. 电子商务与人工智能技术[J]. 商场现代化,2007(28):97-98.

[82] 张引,陈敏,廖小飞. 大数据应用的现状与展望[J]. 计算机研究与发展,2013,50(S2):216-233.

[83] 张周平. 大数据在电子商务企业中的应用现状及趋势[J]. 信息与电脑,2014(6):45-46.

[84] 赵卫东,黄丽华. 电子商务模式[J]. 系统管理学报,2007,16(1):96-96.

郑重声明

高等教育出版社依法对本书享有专有出版权。任何未经许可的复制、销售行为均违反《中华人民共和国著作权法》，其行为人将承担相应的民事责任和行政责任；构成犯罪的，将被依法追究刑事责任。为了维护市场秩序，保护读者的合法权益，避免读者误用盗版书造成不良后果，我社将配合行政执法部门和司法机关对违法犯罪的单位和个人进行严厉打击。社会各界人士如发现上述侵权行为，希望及时举报，我社将奖励举报有功人员。

反盗版举报电话　（010）58581999　58582371
反盗版举报邮箱　dd@hep.com.cn
通信地址　北京市西城区德外大街4号　高等教育出版社法律事务部
邮政编码　100120

读者意见反馈

为收集对教材的意见建议，进一步完善教材编写并做好服务工作，读者可将对本教材的意见建议通过如下渠道反馈至我社。

咨询电话　400-810-0598
反馈邮箱　gjdzfwb@pub.hep.cn
通信地址　北京市朝阳区惠新东街4号富盛大厦1座
　　　　　高等教育出版社总编辑办公室
邮政编码　100029

防伪查询说明

用户购书后刮开封底防伪涂层，使用手机微信等软件扫描二维码，会跳转至防伪查询网页，获得所购图书详细信息。

防伪客服电话　（010）58582300

网络增值服务使用说明

一、注册/登录

访问http://abook.hep.com.cn/1878817，点击"注册"，在注册页面输入用户名、密码及常用的邮箱进行注册。已注册的用户直接输入用户名和密码登录即可进入"我的课程"页面。

二、课程绑定

点击"我的课程"页面右上方的"绑定课程"，正确输入教材封底防伪标签上的20位密码，点击"确定"完成课程绑定。

三、访问课程

在"正在学习"列表中选择已绑定的课程，点击"进入课程"即可浏览或下载与本书配套的课程资源。刚绑定的课程请在"申请学习"列表中选择相应课程并点击"进入课程"。

如有账号问题，请发邮件至：abook@hep.com.cn。